汉语国际传播热点透视

第3辑

郑通涛 方环海 陈荣岚◎编

中国出版集团

世界图书出版公司

广州·上海·西安·北京

图书在版编目（ＣＩＰ）数据

汉语国际传播热点透视. 第3辑 / 郑通涛，方环海，陈荣岚
编. -- 广州：世界图书出版广东有限公司,2016.2
ISBN 978-7-5192-0765-6

Ⅰ．①汉… Ⅱ．①郑… ②方… ③陈… Ⅲ．①汉语－
传播学－研究 Ⅳ．①H1

中国版本图书馆CIP数据核字(2016)第033201号

汉语国际传播热点透视·第3辑

总 策 划	王颖萱
策划编辑	汪　玲
责任编辑	赵黎黎
封面设计	行言工作室
出版发行	世界图书出版广东有限公司
地　　址	广州市新港西路大江冲25号
电　　话	020-84459702
印　　刷	北京天河印刷厂
规　　格	710mm×1000mm　1/16
印　　章	13.75
字　　数	250千
版　　次	2016年2月第1版　2016年2月第1次印刷
ISBN	978-7-5192-0765-6/H·1030
定　　价	56.00元

《汉语国际传播热点透视》总序

郑通涛

随着经济全球化的发展和中国经济的持续快速增长,中国与世界各国在经济、政治、文化等各个领域的交流融合进一步加深,世界各国了解中国、与中国加强往来的愿望日益增强。汉语作为外国人了解中国、进入中国的交际工具和文化载体,正日益受到世界上越来越多的国家政府、教育机构、企业、传媒以及民间社区的重视。世界对汉语学习的需求不断增长,并成为一种全球性的热潮。

汉语国际传播是为了满足世界各国人民学习汉语和了解中国文化的需求,以汉语国际教育的教学实践活动为载体的信息传递、接受与反馈的汉语文化传播过程,也是近来国际传播研究的新领域。由于中国语言、历史和文化的独特性,我们和其他国家,尤其是与西方国家的语言和文化存在很多差异,这也为世界了解中国造成了一定的障碍和困难。破解跨语言文化交际的难题绝非只是中国人学习其他语言文化,而是应该同时推动外国人学习和了解汉语文化。唯其如此,外国人才能在文化情感、思维方式、价值观念上更好地理解与认识中国的发展道路,进而为中国和平发展创造更宽松有利的国际环境。因此,借助汉语国际传播,有利于越过跨文化的障碍,更好地向世界说明中国,让世界更好地了解中国。

汉语国际传播是中国走向世界的桥梁和纽带,也是提升国家文化软实力的一项系统工程,必须有高瞻远瞩的战略目标和巧妙得宜的传播策略,必须有布局合理、功能多样、覆盖广泛的汉语文化全球传播体系。因而,汉语国际传播就不单是汉语推广层面上的问题,更是多学科交叉融合的领域,语言学、文化学、教育学、传播学、政治学、社会学、国际关系学、外交学、经济学、管理学、信息科学等均已纳入了汉语国际传播的研究视野。多学科、全方位透视汉语国际传播的热点问题,深入探析汉语国际传播的规律、路径、策略,进而创新汉语国际传播的理念、机制、内容、手段和技术,这是加强中华文化走出去的能力建设,更好向世界说明中国及在国际舆论中争得更多话语权的必然诉求。

当今时代,以信息技术为核心的新一轮科技革命正在孕育兴起,互联网和大数据日益成为创新驱动发展的先导力量,深刻改变着人们的生产生活,有力推动着社会发展。随着现代传媒技术的不断推进和演变,汉语国际传播面貌相比过去已经大不相同,汉语借助各类传播媒介不断地向海外传播,其传播速度、传播范围及受众群均发生了质的变化。汉语国际传播从语言推广进深到跨文化对话,通过文化的平等消除西方的霸权话语,通过文化的互动平衡全球的文化生态。璀璨的中华文化正不断地与世界各国文明交流融合、交相辉映,中国形象也从遥远的神秘到零距离的亲切。

汉语国际传播为满足各国民众学习汉语的需要,为推动世界各国文明交流互鉴、增进中国人民与各国人民相互了解和友谊发挥了重要作用。然而,在国际社会的一片赞扬声中,有关汉语国际传播的一些负面报道也愈演愈烈,国际舆论对中国在世界各国推广汉语与中外合作共建孔子学院是否是政治影响和文化入侵的工具还存在某些忧虑,汉语国际传播在一些国家和地区仍有不少阻力或波折,尤其是美国、加拿大等西方国家对中国的汉语国际传播一直存有戒心,甚而出现了某些抵制行为。

汉语国际传播遇到的某些阻力或波折,以及国际舆论出现的一些负面报道,究其原因是多方面的,其中既有中国和平崛起、文化走出去和软实力增强对西方世界心理上的冲击,也有我们自身汉语文化对外传播能力、路径、策略等方面存在的问题,这些都给汉语国际传播带来了很多新挑战。当今全球化时代,世界各国经济文化广泛交流已是不可阻挡的潮流,作为中国一项长期国家战略,推进海外汉语文化传播事业,我们无论如何都不应因海内外的舆论批评和某些西方国家的抵制行为而缩手缩脚。为彻底改变和扭转"西方中心主义"的思维定式及其"单向输出"的话语霸权,为汉语国际传播和中华文化走向世界赢得更大的发展空间,我们应对此予以足够重视并思考有效的应对之策。

当中国正加快步伐走向世界的时候,并不意味着我们已经完整获得了文化传播的对外表达的方式。一方面,这当然是由于"西方中心主义"的惯性依然主导着通行的概念和标准;另一方面,我们习以为常的话语也未必能与世界达成有效的沟通,我们对汉语和中华文化走向世界的传播规律,对如何从国际受众方的角度看待、感受、理解问题,对如何建立在话语双方对于彼此意图充分了解的基础上的对话模式,构建融通中外的国际传播话语体系都还研究得很不够。

世界语言文化多样性的理念来源于对生物多样性的尊重和保护,其包含了人类在对待环境方面累积下来的经验储备,引导人们尊重历史和宽容地看待不同文化。大自然把不同构造、不同面貌的环境赐予了不同民族,多样的环境滋生了多样的生态系统,多样的生态系统哺育了各具形态和个性的语言文化,正如多样的生物体和生态系统的相互弥合造就了生机盎然的全球生物圈一样,世界各国语言文化都对人类文明做出过各自的贡献。跟生物体一样,语言文化也必须强调内容的多样性和发展的多元性。因而,包括汉语文化在内的各种语言文化传播,对于维护世界语言文化多样性、避免人类文明同质化,显然具有重要的意义。

跨语言文化交流应突破本民族文化的局限去认识和了解他族文化,从而拓展自己内在的文化心理空间,把本族文化置于更广泛复杂的世界文化背景中去审视,更好地同世界文明对话。这一方面可以让世界更好地了解本族文化,另一方面也吸收融合不同文化的有益因素,使本族文化不断得到更新和丰富。为此,汉语文化国际传播应当,以"中国文化与世界关系"为纽带,摒弃西方中心式的单向传播、单向输出和单向影响,从语言文化推广进深到跨文化对话,通过文化的互动交流平衡全球的文化生态。在与世界文明的对话中,吸收借鉴世界各国文明,建立具有中国特色的跨文化互动交流体制,构建中国平等、发展、和谐、共赢的价值观体系。

目前,中国要向世界展示自我形象与世界迫切要了解中国之间仍存在着矛盾,主要原因在于中国自身感知的形象与其他国家认知的形象并不完全一致,尤其是西方国家希望以自己的方式去了解中国与中国希望以自己的方式对外宣传自己似乎成为一个难点与矛盾之处。一个日益强大的中国,将给世界带来怎样的影响?中欧国际工商学院教授戴维·戈塞在谈到中国复兴的世界意义时指出,中国的复兴并不意味着西方的衰落,而是一种机遇。然而,复兴的中国将带来的威胁,却成为西方主流媒体的重要关注点。美国等西方国家担忧中国强盛会危及其霸权和世界主导地位,对"中国梦"有不少负面的解读,而东亚一些国家则对中国的"民族复兴"怀有复杂感受,搭顺风车和担心中国"称霸"的不同想法错综交织。

为此,瞄准汉语和中华文化国际传播的战略需求,加强对汉语传播的国际舆情分析,加强外国人对华认知的实证研究,了解他们是怎样认识中国的;系统挖掘、梳理、激活中国语言文化资源,加强对中华文化的思想观念和价值理念的阐述,将丰富文化资源有效转化为对外文化传播的优势,更好向世界各国人民展示中华文化深厚底蕴及其现代价值;如何用外国人的思维和话语方式,更有成效地向国际社会讲好中国故事,传播好中国声音,塑造好中国形象,让世界各国产生共鸣并认同欣赏"中国梦"。这些问题都是汉语国际传播面对的热点问题。

当前的汉语国际传播应着重从以下方面进行拓展:

第一,汉语国际传播要遵循信息时代的传媒规律,"以受众为中心",贴近中国的发展实际,对外传播中国普通人的故事,贴近外国受众对中国信息的需求,消除他们对中国的疑虑和担心。汉语国际传播应避免刚性传播,关注传播形式的"柔性化",贴近国际受众的思维习惯,以他们最想听的、听得进去、听得明白的话语讲述中国故事,让中国文化和中国形象从细节上流露出来。要遵循普世价值观,重视"共享信息"的传播,以文化中的共性弥合差异,通过对话寻求"最大共识",从而达到更好的沟通效果。

第二,汉语国际传播既要融会贯通中华文明、中国道路、中国精神,也要兼收并蓄世界不同文明的成果。搭建海外汉学与中国本土学术对话的桥梁,深入探究探讨世界对中国的阐释和"中国道路"对世界的意义,以及中华文化海外传播的途径、方式和影响,使"文明对话"与"文化交流"的主旨得到进一步深化。汉语国际传播是联通中国梦与各国梦、世界梦的桥梁和纽带,我们应超越自身历史文化与国情制约,借助汉语文化国际传播,提出一整套"源于中国而属于世界"的核心价值观与国际主张,切实有效回答国际社会对中国与世界的关切,引导国际合作,共同推动全球治理进程。

第三,汉语国际传播应不断丰裕传播的媒介和途径,以独具特色的文化品牌为载体,有效提高对外传播能力。为此,应汇聚政府、高校、研究机构和社会民间各方力量开展汉语文化传播的协同创新,推广机制以汉语国际教育市场需求为导向,淡化政府官方色彩,引入社会民间资本参与运营,打造出更多创意性文化品牌,形成以世界各地汉语文化教学机构或教学点为依托,以创意文化品牌项目为牵引,以在线网站为纽带,融合专业报纸、门户网站、手机、微博平台、云资源库、专业期刊等为一体的现代化汉语文化国际传播阵地。

第四,汉语国际传播是一个复杂的适应系统,应以"受众体验驱动"为引领,即以受众自身体验为中心来达到"入耳、入心、入脑"的传播效果。要不断激发受众接收传播信息的潜能和主动性,让他们不满足于单纯从组织者和媒体那里接受单向传播的信息,而是更积极主动去搜集信息、参与活动,调动身体的各种感官在各类实际体验中形成对传播内容的感知和认知。同时,利用现代信息技术开发课程,如运用虚拟技术,提供给学习者真实的中国生活场景,让他们通过视觉、听觉、触觉等多种感官的刺激来完成汉语和中华文化的学习,从而在具体经验基础上构建起自己的概念意义,增进对中国语言文化的深层认知。

第五,汉语国际传播必须充分考虑到语言文化传播对个体、族群、民族、社会及国家的意义。鉴于各国的语言、文化和政治情况不同,与中国的国家关系不同,因而必须加强对汉语传播输入国社会的需求分析和舆情研判,加强与当地政府和社会各界的沟通交流,以"服务当地、满足需求、中外合作、互利共赢"为主旨,制定针对不同国家和地区语言文化背景及政治、法律、教育体制的汉语和中华文化推广模式,构建汉语国际传播进入各对象国的机制体制,更好向世界展示既有历史传承,又有现代感与亲和力的中国形象,实现中外人文交流的"接地气",形成与我国国际地位相适应的舆论力量和传播影响力。

第六,建立和完善汉语文化国际传播效果的评估指标和评估体系,包括对传播过程的受众需求与舆情反馈的分析评判、对传播效果的评估标准和评估手段、途径等,为相关决策和资源配置提供科学依据。要增强忧患意识、使命意识,建立健全教学和管理人力资源体系,推动汉语国际传播的内涵式发展,全面提高汉语和中华文化的国际影响力。

第七,汉语文化教学是汉语国际传播的载体和支撑。汉语作为外语教学的主要难点是什么? 如何降低汉语学习的门槛,帮助外国人更快更好地掌握汉语,这是我们在汉语国际传播过程中不得不面对的问题。作为汉语教学的母语国,我们不能仅仅依赖于对外来模式的借鉴,必须具有国际领先和模式输出意识,必须首先建立自己的有说服力的品牌。在汉语教学国际化进程中,掌握制定规则、输出规则的主动权,这是决定我们能够引领国际汉语教学潮流的重要之举。

为此必须进一步促进汉语国际教育学科理论的深化和教学实践的创新,在借鉴、吸收世界第二语言教学经验和成果的同时,应着重从汉语内在的特征和自身规律出发,建构汉语作为第二语言教学基础理论。一是进行针对外国学习者的汉语本体研究,侧重点是教学中的难点以及汉语跟学习者的母语或第一语言的差异,并结合学习者的认知心理和语言习得以及跨文化交际等对汉语进行多角度综合研究;二是进行汉语第二语言的学习理论与教学理论的研究,包括习得理论、教学模式、教学方法等的研究;三是进行针对教学实践和解决遇到的瓶颈问题的研究,包括教学案例、课堂教学设计、教学管理、测试评估、语料库建设、教材编写、师资培训、现代教育技术等的研究与推广。

第八,构建两岸同胞和海外侨胞华文教育和汉语国际传播协同传新平台。两岸同胞同属中华民族,血同缘、书同文、语同声,构建两岸同胞和海外侨胞华文教育和汉语国际传播协同传新平台,有利于两岸同胞在文化认同和民族认同的基础上超越政治分歧,聚同化异,增进相互了解,融洽彼此感情,共同推动汉语和中华文化传播的融合和创新,也更好地造福于广大海外侨胞,将全世界的华侨华人与海峡两岸更紧密地联系在一起,形成海内外中华儿女共促两岸关系和平发展和实现祖国统一的局面。

要充分发挥海外华侨华人的作用。我们有 6000 万海外侨胞遍布在世界各地,活跃于居住国的政治、经济、文化、社会等领域,是一个集人力、资本、政治、文化、科技、信息等于一体的资源系统,是中国走向世界和融入世界丰富而宝贵的资源。华文教育、华人社团、华文传媒一直以来是中国语言文化海外传播的重在载体,华侨华人是居住国推广汉语和中华文化的主力军,汉语国际传播理应更加重视发挥海外华侨华人的积极作用。

当今互联网技术和大数据时代为汉语国际传播的舆情分析和决策判断提供了便捷条件和有力支持。为顺应这一时代发展潮流,由厦门大学海外教育学院、厦门大学两岸关系和平发展协同创新中心共同策划推出了《汉语国际传播热点透视》系列丛书。该系列丛书以"大数据背景下的舆情分析与决策支持"为主旨,在广泛汇聚当今海内外各类传媒有关汉语国际传播的信息资源基础上,对监测收集到的海内外舆情数据进行鉴别、萃取、分析和解读,对提炼出的热点问题进行综合研判,通过"加工"实现数据资源的"增值",从而为应对汉语国际传播的社会舆情提供决策参考和智力支持。值得一提的是该丛书还邀请包括两岸知名学者在内的海内外相关学科领域的专家对这些热点问题进行透视分析和精辟点评,体现了两岸和海内外学者跨学科的协同创新。衷心希望本套系列丛书的出版,能为汉语国际传播事业添砖加瓦,做出一点应有的贡献。

目录

MULU

瑞典斯德哥尔摩大学宣布将关闭欧洲第一首所孔子学院 ⋯⋯⋯⋯⋯ 1

缘起 ⋯⋯⋯⋯⋯⋯⋯⋯⋯⋯⋯⋯⋯⋯⋯⋯⋯⋯⋯⋯⋯⋯⋯⋯⋯⋯ 1

《环球时报》:瑞典要关闭首所孔子学院 专家:西方对华仍有偏见 ⋯⋯ 1

相关报道 ⋯⋯⋯⋯⋯⋯⋯⋯⋯⋯⋯⋯⋯⋯⋯⋯⋯⋯⋯⋯⋯⋯⋯⋯ 2

BBC 中文网:孔子学院——瑞典关门,伦敦沉默 ⋯⋯⋯⋯⋯⋯⋯⋯ 2

美国《侨报》:欧洲首次关停孔子学院,运营推广模式成争议焦点 ⋯⋯ 4

《法制晚报》:斯德哥尔摩大学将关孔子学院:这样的合作显得多余 ⋯ 6

新浪国际:斯德哥尔摩大学副校长解释为何关闭孔子学院 ⋯⋯⋯⋯ 8

《联合早报》:孔子学院其实"蛮拼的" ⋯⋯⋯⋯⋯⋯⋯⋯⋯⋯⋯ 11

观察者网:瑞典不是第一个,法国里昂先关了孔子学院 ⋯⋯⋯⋯⋯ 14

《中国经营报》:孔子学院缘何在西方总有争议? ⋯⋯⋯⋯⋯⋯ 17

中国侨网:盘点孔子学院十年风雨路:海外发展屡遭尴尬引深思 ⋯⋯ 19

《国际先驱导报》:孔子学院海外发展现状调查 ⋯⋯⋯⋯⋯⋯⋯ 22

延伸阅读 ⋯⋯⋯⋯⋯⋯⋯⋯⋯⋯⋯⋯⋯⋯⋯⋯⋯⋯⋯⋯⋯⋯⋯ 27

约瑟夫·奈:提升国家软实力是中国的明智战略 ⋯⋯⋯⋯⋯⋯⋯ 27

新华网:从大邱到北京——孔子学院架设中韩"心"桥 ⋯⋯⋯⋯⋯ 29

人民网:孔子学院十年间开办 475 所,200 多所待申 ⋯⋯⋯⋯⋯ 31

语言癌 ⋯⋯⋯⋯⋯⋯⋯⋯⋯⋯⋯⋯⋯⋯⋯⋯⋯⋯⋯⋯⋯⋯⋯⋯ 34

缘起 ⋯⋯⋯⋯⋯⋯⋯⋯⋯⋯⋯⋯⋯⋯⋯⋯⋯⋯⋯⋯⋯⋯⋯⋯⋯⋯ 34

《北京日报》:"语言癌"正侵入华语圈 ⋯⋯⋯⋯⋯⋯⋯⋯⋯⋯⋯ 34

相关报道 ⋯⋯⋯⋯⋯⋯⋯⋯⋯⋯⋯⋯⋯⋯⋯⋯⋯⋯⋯⋯⋯⋯⋯ 36

《人民日报海外版》:余光中谈"语言癌":和中文的"恶性西化"有很大

关系 …………………………………………………………………… 36

《光明日报》:以优雅表达治疗"语言癌" ……………………… 37

东南网:"语言癌"让人更爱经典语言 ……………………… 38

《宁波日报》:动辄称"癌"更是一种病 ……………………… 39

《联合报》:赘字用语成困扰 台湾餐厅业者喊戒"语言癌" …… 40

延伸阅读 …………………………………………………………… 40

台"教育部"将对高三生进行素养调查 讨论"语言癌" …… 40

是不是语言癌? ……………………………………………… 41

自媒体时代的语言乱象 ……………………………………… 42

教师,请远离"语言癌" ……………………………………… 43

汉字简繁之争又起 …………………………………………… 45

缘起 ……………………………………………………………… 45

《现代快报》:冯小刚张国立呼吁让富有涵义的繁体字入课本 … 45

相关报道 ………………………………………………………… 47

王旭明:纠结繁简之争是自陷误区 ……………………… 47

黄德宽:繁体字进课本没必要 反而让学生们更累了 …… 48

申小龙:汉字发展 须尊重字理与规律 ……………………… 49

《联合早报》:中国恢复繁体字就能彰显字体的意义? …… 51

《文汇报》:简体字"爱"民国教育已普遍使用 曾现于北魏碑刻 … 52

《光明日报》:汉字繁简争论:眼光应向前看 ……………… 54

《南方日报》:也别忽视简化字的社会价值 ……………… 57

《长沙晚报》:繁体字进课堂确实可以有 ……………… 58

《大连日报》:繁体字复活有意义吗? ……………… 59

《中国文化报》:汉字繁简之争不是孤零零的语言学事件 … 62

《京华时报》:透过汉字繁简之争看文化共识 ……………… 64

延伸阅读 ………………………………………………………… 65

澎湃新闻:"繁简"之争:蒋介石曾两度推行汉字简化 …… 65

《闽南日报》:校园书法课中的"繁简之争" ……………… 68

志愿青春在泰国——泰国汉语教师志愿者生存状况调查 …… 72

缘起 ……………………………………………………………… 72

中新网:中国今年将派 1800 名汉语教师志愿者赴泰国教学 ………… 72

人民网:1600 余名赴泰汉语教师志愿者离任回国 ……………… 73

相关文章 …………………………………………… 74

泰国汉语教师志愿者教学适应能力探析 ……………… 74

泰国汉语教师志愿者项目实施情况调查报告——以云南师范大学为例

………………………………………………………………… 80

赴泰汉语教师志愿者心理濡化研究 ……………… 87

延伸阅读 …………………………………………… 99

中国驻泰汉语教师志愿者:青春做伴在异乡 ……………… 99

海南汉语教师志愿者赴泰国支教:"苦行僧"般的经历 ……… 109

"一带一路"下文化产业格局的构建 ……………… 112

缘起 ……………………………………………… 112

中国经济网:专家共议"一带一路"下文化产业格局的构建 …… 112

相关报道 ………………………………………… 115

《光明日报》:"一带一路"和"互联网+"推升文化产业发展 …… 115

《中国文化报》:"一带一路"释放文化软实力 ……………… 120

《经济日报》:"一带一路"下的文化传承与创新 …………… 122

《南方日报》:"一带一路"文化交流先行 东南亚现华文教育热 …… 124

《人民日报》海外版:"一带一路"助孔子学院高飞 ………… 129

蔡武:坚持文化先行建设"一带一路" ……………… 130

裘援平:"一带一路"机会无限 华侨华人大有可为 ………… 133

何亚非:华侨华人是"一带一路"传播者实践者受益者 …… 134

王林旭:"一带一路"建设需文化先行 ……………… 135

西沐:"一带一路"格局中文化产业发展的战略维度 ……… 137

蔡建国:华侨华人与"一带一路"战略 ……………… 143

梁海明:"一带一路"需要文化包容 ……………… 145

赵磊:"一带一路"应文化与经贸并重 ……………… 147

贾秀东:"一带一路"最大特点是包容 ……………… 150

王义桅:"一带一路"是欧洲文明复兴的机遇 …………… 151

汝信:期待"一带一路"搭建文明互通新桥梁 …………… 153

单霁翔:加强"一带一路"文化遗产保护 …………………………… 153

陈维亚:"一带一路"在文化上也要有所作为 ………………………… 154

方汉文:"一带一路"是中国与世界文明的融新之道 ……………… 155

郭建兰:"一带一路"创造文化产业新机遇 …………………………… 161

张学栋:"一带一路"——文化创意产业大跨越的新机遇 ………… 162

范玉刚:以文化交融促进"一带一路"建设 ………………………… 168

新华网:"一带一路"建设为中亚留学生创造更多机会 ………… 170

延伸阅读 …………………………………………………………………… 171

京华网:2015 国际文化产业发展形势与趋势研讨会召开 ………… 171

中新社:50 位中亚侨领聚首西安"一带一路"引热议 ………… 172

《人民日报》:伊斯兰堡 共建"一带一路"路更宽情更浓 ………… 173

刘结成:2015 年文化创意产业园区发展七大新趋势 ………… 174

魏鹏举:"一带一路"背景下特色文化产业的投融资路径 ………… 176

广西新闻网:助力"一带一路"建设 广西积极打造教育丝绸之路…… 178

《云南日报》:云南推进"丝路书香"项目建设 ………………………… 180

海外汉字教学需要改革 …………………………………………………… 182

问题在哪里? ………………………………………………………………… 182

外国学生的汉字学习与认知有哪些特点? ………………………… 183

关于汉字的字感教学 ……………………………………………………… 184

谈谈字域概念 ………………………………………………………………… 186

再谈"汉字教学笔画始" …………………………………………………… 187

谈谈汉字笔画(一) ………………………………………………………… 189

谈谈汉字笔画(二) ………………………………………………………… 191

谈谈汉字笔画(三) ………………………………………………………… 192

海外汉字教学需要改革(9)——结束语 ……………………………… 194

延伸阅读 …………………………………………………………………… 195

掌握汉语汉字特点创新教学法让"瓶颈"变"引擎" ………………… 195

汉语教师陈淑红改革教学方法 边拼边玩识汉字 ………………… 197

越南胡志明市各所大学的汉字教学浅论 …………………………… 198

瑞典斯德哥尔摩大学宣布将关闭
欧洲第一首所孔子学院

　　肇始于美国和加拿大的"孔子学院"风波开始席卷欧洲。据《环球时报》1 月12 日报道,瑞典斯德哥尔摩大学近日宣布将关闭孔子学院。理由是:"如今我们与中国已拥有完全不同层次的学术交流,这样的合作显得多余。"

　　斯德哥尔摩大学孔子学院开办于 2005 年,是欧洲第一所孔子学院。瑞典是中国研究重镇,斯德哥尔摩大学东方语言学院中文系的高本汉、马跃然、罗多弼等人,都是中国人耳熟能详的汉学家。

　　目前斯德哥尔摩大学此举对欧洲孔子学院的影响尚不能评估。不过此前即使北美孔子学院身陷争议之时,欧洲的孔子学院也少有此类新闻。作为欧洲首所孔子学院,斯德哥尔摩大学孔子学院即将关闭的新闻一出即引发大批网民关注,一时间,孔子学院这一话题再次被推上舆论的风口浪尖。

缘起

《环球时报》:瑞典要关闭首所孔子学院 专家:西方对华仍有偏见

　　据"德国之声"中文网 12 月 11 日报道,瑞典斯德哥尔摩大学近日宣布将关闭孔子学院。该学院开办于 2005 年,是欧洲第一所孔子学院。据《环球时报》记者报道,瑞典斯德哥尔摩大学网站发布通告,大学与孔子学院的合作协议于 2014 年年底到期,之后不再续约,孔子学院将于 6 月 30 日关闭。

　　斯德哥尔摩大学在网站上表示,如今的情况与十年前已不相同,对该校而言,当年与中国展开交流至关重要,而"如今我们与中国已拥有完全不同层次的学术交流,这样的合作显得多余"。该校副校长维丁对瑞典《每日新闻报》说:"通常来说,大学里设立的一个机构由另一个国家政府提供经费,确实是有问题的做法。"

　　有美国媒体评论说,孔子学院是中国在全球彰显"软实力"和推进中国文化的平台。但有一些批评人士认为,与英国文化协会、德国歌德学院这类同样以文化交流为目的的机构不同,中国的孔子学院往往直接设在其他国家的学校中,并由中国政府提供经费、选派教师和确定教学材料。去年,美国大学教授联合会曾呼吁美国近百所大学取消与孔子学院的合作或进行重新谈判。他们认为孔子学院是中国政府的一个分支机构,目的是宣传中国政府的意识形态,有违学术自由。

美国福克斯新闻网1月9日称,根据国家公开档案文件披露的信息,2005年中国为在俄克拉荷马大学开设一个孔子学院,曾邀请时任艺术与科学学院院长的保罗·贝尔作为"特殊客人"飞往北京参加会议。中方为其支付了2000多美元的机票款和数额不明的住宿费。福克斯新闻网评论说,这是中国劝说美国学校促进宣传中国文化的长期活动的一部分。芝加哥大学人类学教授马歇尔·萨林斯最近正在帮助说服他的学校结束同中国的合作关系。他称旅行津贴是"中国用来说服美国学校的经济策略之一"。

一名曾在北欧驻华机构工作过的人士11日告诉《环球时报》记者,事实上,北欧国家在中国也开设跟孔子学院类似的文化教育机构,通过定期举办活动、培训课程、出国访学等途径,促进对华文化交流,部分经费、人员和教材由北欧国家政府提供支持。据《环球时报》记者了解,在瑞典,孔子学院也并非唯一的外国文化交流机构。一些在瑞典的西班牙人成立了西班牙学院,教授西班牙语。

针对一些西方媒体指责"孔子学院宣传政府意识形态",中国国际问题研究院欧洲研究所所长崔洪建反驳说,西方一些人仍抱着意识形态方面的偏见看中国,想当然地认为政府主导的孔子学院是中国政府输出意识形态的工具。孔子学院在日常教学中不可避免地会介绍现代中国,其中涉及新中国取得的成就部分容易被这些人带着有色眼镜地放大、歪曲,成为中国进行意识形态输出的例证。

崔洪建11日对《环球时报》记者说,这是欧洲地区第一次出现孔子学院被关闭的情况,我们应当高度重视并反思孔子学院的全球推广和日常运营中是否有值得改进的地方。譬如,政府主导的孔子学院办学模式能否多元化并邀请更多社会组织参与?在展示中国文化、教授中华语言的同时,课程的设置能否更接地气,多一些当地文化元素?这些都值得我们思考。(陈雪菲 曲翔宇)(《环球时报》2015.1.12)

相关报道

BBC 中文网:孔子学院——瑞典关门,伦敦沉默

1月7日,欧洲第一所孔子学院——瑞典斯德哥尔摩大学孔子学院宣布将于今年6月正式关闭。这使原本就备受争议的孔子学院再次引起各界关注。

为此,BBC 中文网记者对位于伦敦的几所孔子学院展开了调查,希望能获得更多相关信息。

名目众多

根据主管孔子学院的中国政府部门"汉办"的官网公开的信息显示,目前英国

共有 24 所孔子学院,92 个孔子学堂。

除了以大学命名的孔子学院外(如曼彻斯特大学孔子学院、谢菲尔德大学孔子学院),还有以城市命名的孔子学院(如"英国伦敦孔子学院"(由伦敦大学亚非学院承办)),以及以领域命名的孔子学院(如"伦敦中医孔子学院"(由南岸大学承办)、伦敦商务孔子学院(由伦敦政经、英国石油公司、汇丰银行等联合承办)等。

据了解,孔子学院采取中外高校合作办学的模式。一般情况下由一所中国大学与一所外国大学合作,共同组成理事会,由中国对口大学以及国家汉办联合输送汉语教师,也有少数本地华人侨胞教师被聘用。例如,即将关闭的斯德哥尔摩大学孔子学院是斯德哥尔摩大学与复旦大学合办的,伦敦商务孔子学院是伦敦政治经济学院(LSE)与清华大学合办的,伦敦大学教育研究院孔子学院是伦敦大学与北京外国语大学合办的。

采访受阻

BBC 中文网的记者试图采访伦敦几所孔子学院的相关负责人,但各孔子学院的负责人,无论中国人还是外国人,都以各种理由"搪塞",无法得到正面的回应。

记者随即走访了位于伦敦政治经济学院校园内的伦敦商务孔子学院,发现原来伫立在某教学楼里的孔子雕像竟然不翼而飞。记者询问楼里的安保人员孔子雕像的去处,安保人员的答复是因为空间狭小转移到了其他楼里。

记者去保安人员给出的位置,但并没有发现孔子雕像。当天记者逛遍了整个校园,也没见孔子雕像的踪影。

记者随即去了孔子学院教授中文课程的教学楼 Twin Tower,发现楼内设有门禁,必须刷卡才能进入。

记者以想要在孔子学院学习中文的学生名义向楼内前台人员咨询,得到的答复是必须通过学校语言中心进行咨询,不能直接接触汉语老师,也不能向学习中文的学生询问课程内容与质量。

外界质疑

孔子学院发展十年来曾经遭到国际各界的质疑。

去年 10 月,继加拿大多伦多市教育局决定终止与中方合作开办孔子学院后,美国芝加哥大学也宣布终止其孔子学院的续约合同。

美国众议院外交事务委员会于去年 12 月 4 日举行听证会,认为中国对美国大学的影响威胁到了学术自由。

亦有国际媒体批评指出,孔子学院是中国政府意识形态输出的工具。中国官方否定了这一说辞,同时指出,孔子学院与英国文化委员会(British Council)本质一样,就是传播中国文化以及中国开展与世界各国多种形式文化交流活动的桥梁。

学生反应

记者在伦敦政经校园内随机采访了几位外国同学对在孔子学院学习中文的看法。大部分外国同学表示很有兴趣学习中文,并认为学习中文对以后的职业发展有好处;也有外国同学表示学习中文单纯是为了赶时髦,或者只是为了正确说出中国美食的名字。

问及关于孔子学院的相关问题,有一位来自德国的同学表示,在他的价值观里孔子代表的儒家思想是宗教的一种,带有鲜明的意识形态色彩。他认为汉语教学没有必要非得打着"孔子"的旗号,也没有必要所有机构都带上"孔子学院"的帽子。

另外一位来自美国的学生说,他根本不关注是不是孔子学院,他更关心中文教学的质量和内容。他说,除了汉语本身,能参与一些有趣的活动是他继续学中文的动力。

也有一名在伦敦的中国留学生向 BBC 中文网记者透露,他之前申请过以色列特拉维夫大学孔子学院的志愿者,得到的回应是必须联系中国人民大学的相关负责人,特拉维夫大学无权决定能否招收留学生志愿者来做中文教师。

以前曾经就职于英国某孔子学院的一位中文老师对 BBC 中文网记者说,她认为孔子学院"束缚"过多,教师发挥的空间非常局限,与她的预期相差甚远。后来便辞职转而去了伦敦当地一所小学继续教汉语。

不过,一位来自美国某孔子学院的中文老师否认了外界"意识形态输出"的说辞。"我们除了教汉语外,顶多涉及一些文化、社会、经济和商业领域的课程,根本不涉及意识形态。老外也不是傻子,哪儿那么容易被洗脑"。

官方回应

针对各界于前几日斯德哥尔摩大学关闭孔子学院的猜测,斯德哥尔摩大学官方也给出了相关回应,称"此举与政治无关"。

据中国官方媒体新华社的消息称,个别学校停办或退出是正常现象,在各国语言推广机构中,这种情况也是非常普遍的。

根据孔子学院总部最新发布的消息,目前仍有 70 多个国家 200 多所大学正在积极申办孔子学院,开展各种形式的汉语教学以及文化交流活动。(BBC 中文网2015.1.15)

美国《侨报》:欧洲首次关停孔子学院,运营推广模式成争议焦点

近日,瑞典斯德哥尔摩大学宣布将关闭孔子学院。该学院开办于 2005 年,是欧洲第一所孔子学院。这也是欧洲地区第一次出现孔子学院被关闭的情况。

瑞典斯德哥尔摩大学网站发布通告说,大学与孔子学院的合作协议于 2014 年年底到期后不再续约,孔子学院将于 6 月 30 日关闭。通告上还说,如今的情况与 10 年前已不相同,当年对该校而言,与中国展开交流至关重要,"如今我们与中国已拥有完全不同层次的学术交流,这样的合作显得多余"。

该校副校长维丁对瑞典《每日新闻报》说:"通常来说,大学里设立的一个机构由另一个国家政府提供经费,确实是有问题的做法。"

去年,美国芝加哥大学和宾夕法尼亚州立大学也先后宣布将停办孔子学院,去年年底,美国大学教授联合会曾呼吁美国近百所大学取消与孔子学院的合作或进行重新谈判。

别光顾着吵嘴 想点可行办法

从美欧连续有高校宣布关停孔子学院,可以看到孔子学院在海外已经遇到了前所未有的瓶颈。

一些批评人士认为,与英国文化协会、德国歌德学院这类同样以文化交流为目的的机构不同,中国孔子学院往往直接设在其他国家的学校中,并由中国政府提供经费、选派教师和确定教学材料。

有中国专家表示,这次的听证行为从本质上说明美国对自己缺乏信心,是一种非常封闭的心态。专家表示,事实上资助外国学者是美国最先搞起来的,现在不行了,别人搞又不愿意,这显然是双重标准。

而中国外交部发言人华春莹此前曾在例行记者会上称,孔子学院属于中国,也属于世界。中方希望有关方面能够摒弃偏见,共同努力,把这座沟通中国和世界的友好桥梁建设得更加牢固。

很明显,双方的争论不可能一两天就能消停。孔子学院的当务之急,不是跟东道国在嘴上一较高下,而是认真反思多年来的运营之道。

中国国际问题研究院欧洲研究所所长崔洪建就说,我们应当高度重视,反思孔子学院的全球推广和日常运营中是否有值得改进的地方。譬如,政府主导的孔子学院办学模式能否多元化,邀请更多社会组织参与?在展示中国文化、教授中华语言的同时,课程设置能否更接地气,多一些当地文化元素?这些都值得我们思考。

全球有近 500 家孔子学院

2004 年 6 月 15 日,时任中国国家主席胡锦涛出席了第一所孔子学院——乌兹别克斯坦塔什干孔子学院协议的签字仪式,拉开了中国在全球合作举办孔子学院的序幕。

至今,已有 475 家孔子学院和 851 家孔子课堂在 126 个国家建立起来。据负责学院事务机构的中国汉办数据显示,仅 2014 年全球就开办了 35 家孔子学院和 205 家孔子课堂。(美国《侨报》2015.1.13)

《法制晚报》:斯德哥尔摩大学将关孔子学院:这样的合作显得多余

近日有外媒报道,瑞典斯德哥尔摩大学宣布将关闭孔子学院。该校负责孔子学院事务的副校长阿斯特丽德·索德伯格·维丁教授在接受《法制晚报》记者采访时表示,作为欧洲第一所孔子学院,过去十年来,它为促进中瑞交流做出了非常有价值的工作,应获得高度评价。维丁表示,孔子学院"关门"确实是因为自身原因。

不过,结合去年也有部分美国学校取消与孔子学院合作的情况,西方媒体再次将孔子学院"妖魔化",认为其是中方传递自己意识形态的工具。

对此,韩国圆光大学孔子学院院长金仁喆向法晚记者表达了不同看法称,孔子学院从不强制学生用中国教材,这样做也是对学生负责。

负责人说

十年来促进中瑞交流 孔子学院应获高评价

北京时间今晨,《法制晚报》记者独家联系到瑞典斯德哥尔摩大学负责孔子学院事务的副校长维丁。

维丁向记者介绍说,斯德哥尔摩孔子学院已经存在了 10 年。2005 年 2 月,斯德哥尔摩大学孔子学院正式成立,当时是欧洲第一所孔子学院。去年年底,孔子学院第二个 5 年协议到期,之后不再续约,孔子学院将于 6 月 30 日关闭。

目前,斯德哥尔摩大学有四五百名学习中文的学生,课程包括中文、历史、文化、经济等。

"这 10 年,孔子学院在传授汉语和促进中瑞文化交流上做了非常有价值的工作。"维丁对此高度评价。但是,由于大学校内必须符合瑞典对高等教育所作出的法律法规的规定,且由外国政府资助的学院在主办学校内运行本身存在着一些问题。因此,这样的学院在瑞典一直存在一些争议。

关闭原因

东方语言学院也有中文课,教学职能有重叠

斯德哥尔摩大学网站发布通告说,如今的情况与 10 年前已不相同,当年对该校而言,与中国展开交流至关重要,"如今我们与中国已拥有完全不同层次的学术交流,这样的合作显得多余"。

虽然孔子学院的课程包括传授汉语等中国文化,但其实在孔子学院成立之前,斯德哥尔摩大学东方语言学院就已经设有中文课程。而孔子学院成立后,学院的老师主要负责教授没有中文基础的学生以及一些传播汉语的社会活动。

据记者了解,东方语言学院的汉学研究无论是在汉语教育还是在中国文化层面都自成体系、师资充足。因此,以教授汉语为主的孔子学院在职能上与其有所重叠。

另一方面,孔子学院对外宣传力度一般,校外求学慕名者不多,而校内的学生普遍会选择去东方语言学院进修学校本身的中文课程。

斯德哥尔摩大学校长在接受采访时也表示,孔子学院关闭本身无关政治,是由于学校自身原因。

今后打算
学校代表团访华,将强化更多高校文化交流

尽管孔子学院即将关闭,但是维丁告诉记者,也正是这个原因促使斯德哥尔摩大学比以往更加愿意在研究上、学术上与中国发展双边的交流。事实上,斯德哥尔摩大学已经与中国签署了数项双边协议。

在接受法晚记者采访时,维丁本人就正在中国访问一些高校,希望借此进一步加强两国之间的学术和文化交流。维丁说:"我跟随大学的代表团,在北京、上海两地造访了一些伙伴大学,希望借此加强和进一步发展双边合作,加强斯德哥尔摩大学和一些中国主要的大学之间的相互交流。"

而孔子学院总部也介绍,截至 2014 年底,全球已有 127 个国家和地区开办了 476 所孔子学院和 851 个中小学孔子课堂。目前仍有 70 多个国家 200 多所大学正在积极申办孔子学院,有个别学校停办或退出是正常现象。

排除杂音
部分西方人抱着偏见看中国,曲解孔子学院课程

有美国媒体评论说,孔子学院是中国在全球彰显"软实力"和推进中国文化的平台。但有一些批评人士认为,中国孔子学院往往直接设在其他国家的学校中。去年,美国大学教授联合会曾呼吁美国近百所大学取消与孔子学院的合作,他们认为孔子学院目的是宣传中国的意识形态。

对此,韩国圆光大学孔子学院院长金仁喆今天上午在接受《法制晚报》记者采访时表示,该学院于 2014 年 9 月 24 日揭牌,是韩国的第 20 所孔子学院。虽然运行不久,但是该孔子学院致力于让学生了解中国文化。在这方面,孔子学院做得确实不错。

金仁喆院长认为,韩国乃至亚洲范围内的孔子学院并不存在这种看法。毕竟中韩两国的文化很相近,韩国学生接受起来本也不难,比如他们会在学习过程中常常反映说,"原来中国也是这样过年""原来中国的书法和汉字是这样的"等。

中国国际问题研究院欧洲研究所所长崔洪建在接受媒体采访时表示,西方一些人仍抱着偏见看中国,将孔子学院日常教学中介绍现代中国的课程,歪曲成中国

进行意识形态输出。

从未强制必须用中国教材,也是对学生负责

金仁喆院长指出,圆光大学极为重视中国文化的传播,甚至在学校四大发展战略中有一项就是中国问题特色化战略。之所以设立孔子学院也是基于此战略。

而记者发现,部分外媒对"孔子学院是给国外学生洗脑的说法",其实也是不存在的。

金仁喆院长表示,孔子学院在选取教材上注重因材施教。对于零基础的学生,他们会选用韩国自己的中文教材,而对于中高级学生,则也可以利用中国提供的教材进行学习。"孔子学院不会强制必须用中国教材进行教育工作,这样也是对学生更负责的做法。"

金仁喆院长还表示,今年是孔子学院创立后第二个10年的开始。如今,圆光大学孔子学院已经有150至200名学生就读,作为校方,他们深知孔子学院对中韩文化交流的意义深远,也深感让两国年轻人有更多文化交流的责任重大。(黎史翔 张秀晨 李志豪)(《法制晚报》2015.1.15)

新浪国际:斯德哥尔摩大学副校长解释为何关闭孔子学院

斯德哥尔摩大学孔子学院已有10年历史,更有欧洲第一、全球第二的"金招牌",但最近,斯大方面却称之多余。到底什么原因导致孔子学院关闭?该校副校长向新浪国际透露背后缘由。

作为欧洲第一家、全球第二家孔子学院,斯德哥尔摩大学孔子学院可谓在孔子学院的全球发展进程中有着重要的象征意义。但就在不久前,斯德哥尔摩大学孔子学院在其官网上宣布,今年在与中方的协议到期后,将停办孔子学院。

1月15日上午,斯德哥尔摩大学副校长阿斯特里德－维丁向新浪表示,决定不再办孔子学院是因为其不符合瑞典法律,也存在争议。

"多余、有问题"的孔子学院?

斯德哥尔摩大学不再办孔子学院的消息是该校副校长维丁在接受瑞典媒体采访时宣布的。她的原话,本月7日也被发布在该校官网上。

"今天的情况已经与十年前不同。"维丁说,"我们与中国的学术交流已经达到了一个完全不同的层次,这使得(以孔子学院为平台的)合作形式显得多余。"

此外,维丁称,在一所瑞典大学内建立一所由另一个国家资助的学校,是一个"容易产生问题的操作方式"。

其实上,斯德哥尔摩大学孔子学院并非第一所面临关闭的孔子学院,去年,美国两所大学也对本校的孔子学院做出了关闭决定,但维丁"多余""容易产生问题"等较为刺眼的用词,让斯德哥尔摩大学关闭孔子学院的决定立即成为中国舆论关注的焦点。

斯大图书馆曾受中方"厚礼"

据斯德哥尔摩大学官网介绍,斯德哥尔摩孔子学院成立于 2005 年 2 月,是欧洲第一家、也是全球第二个孔子学院。作为斯德哥尔摩大学与中国国家汉办的合作项目,学院的中方承办单位为上海复旦大学。

据介绍,学院理事会由 6 名成员组成,中瑞双方各 3 名理事。官网报道称,"理事会现任主席是复旦大学朱永生教授。学院日常管理由院长负责。现任院长为斯德哥尔摩大学罗多弼教授(罗多弼系瑞典著名汉学家。),副院长是复旦大学宛新政博士。"

斯德哥尔摩孔子学院也是中瑞友好关系的重要象征。据中国政府网报道,2010 年 3 月 30 日,时任国家副主席习近平在访问瑞典时,还参观了斯德哥尔摩大学孔子学院,并向斯德哥尔摩大学赠送电子版图书。

至今在斯德哥尔摩大学的网站上,还能看到 4 年前对这次访问的报道。

从这篇报道可以看出,斯大当时把中方赠送的电子版图书视作"难得的大礼"。报道称,中方赠送的电子版图书包括中国古典文学和大量中国现代人文社科研究成果,"斯德哥尔摩大学是世界上第二所获得如此礼物的大学。"

当时,斯德哥尔摩大学方面致谢称,这是该校图书馆接受的数量最大的捐赠之一,"将吸引更多研究者来斯大图书馆。"

舆论压力让斯大放弃孔子学院?

这样一所有着重要意义的学院,斯德哥尔摩大学为何要选择关闭? 而维丁所言的"多余"又作何解释?

带着这些疑问,新浪致电斯德哥尔摩大学媒体办公室,结果被告之副校长维丁正在开会,而在 4 个小时后的邮件中,工作人员又告诉新浪,副校长已经登上飞往中国的飞机。

直到 15 日上午,这位繁忙的副校长才给予新浪邮件回复。维丁在邮件中称,不能接受电话采访,也不能回答任何具体问题。但她解释说,孔子学院在斯德哥尔摩大学创办已有十年之久,在瑞典为传播中华文化和汉语教学做出重大贡献。其主要问题在于在高校中开办完全外资的教育机构这件事上。

维丁表示,"我们不得不遵从瑞典法律及关于高等教育的相关章程,在斯德哥尔摩大学开办孔子学院也一直是个争议话题。因此,相比开办孔子学院,我们更倾向于在学术研究和教育事业上,签订双边学术交流协议。"

但具体是何种法规? 新浪查询瑞典政府网站,并没有找到最近几年有任何新法律禁止在瑞典学校里创办外资教育机构。

一名不愿透露姓名的中国欧洲问题专家对新浪解释到,2005 年前后正是中瑞关系急速升温的时期。期间,两国为了友好邦交组织了一系列的活动,孔子学院的开办也可纳入其中。如今,孔子学院的关闭一定没有"法律"二字那么简单,社会舆论的压力或许是背景之一。

维丁也对新浪提及,孔子学院在瑞典是个争议话题。但就在一年多前,维丁在对瑞典媒体谈到孔子学院时,却是另一种态度,当时她称,这个项目对斯德哥尔摩大学有好处,培养了一些带薪教师,给大学节省了经费。

到底是什么原因,导致了维丁的改变?

瑞典媒体曾激烈辩论孔子学院去留

新华社 13 日报道,去年年底,斯德哥尔摩大学与复旦大学合作开办孔子学院第二个 5 年协议到期,外方院长退休,由于学校自身原因,人文学院一些教授要求不再与中方续约,得到校长同意。

报道称,斯德哥尔摩大学校长致信孔子学院总部表示,孔子学院延期半年停办,该校本身中文师资很强,不会影响汉语教学,此举与政治无关。

报道还称,目前仍有 70 多个国家 200 多所大学正在积极申办孔子学院,有个别学校停办或退出是正常现象。

新浪驻瑞典观察员了解到,在维丁宣布停办前,瑞典主流媒体曾对孔子学院的去留问题进行激烈的讨论。瑞典媒体称,孔子学院的教师多数接受了中国政府的培训,也拿中国政府的薪水,而这容易引发"批评"。一些瑞典专栏作家甚至称,孔子学院不是一个"独立的机构",这使得它的教师不能独立教学。

瑞典第一大报《SVD 日报》去年 12 月 9 日在一篇报道中称,孔子学院的形象在近年来愈发受到争议,尤其是当涉及"学术自由"这个领域时。

此外,《SVD 日报》和瑞典另一媒体《每日新闻报》在报道孔子学院消息时,都谈及了半年前的一件事。去年 7 月,在葡萄牙举行的欧洲汉学学会第 20 届双年会开幕典礼上,中方一名参会官员要求主办方将会议手册上第 59 页有关台湾某基金会赞助的部分全部撕掉,这一事件引发争议。欧洲汉学会甚至发表抗议信,声称这一做法"干扰"了他们的学术自由。

《SVD 日报》报前驻亚洲记者 Ingvar Oja 称,"没有人反对中国传播自己的文化和语言,相反,这是值得称赞的……但这种传播应当以一种'自由'的方式进行。"

瑞典媒体称,斯德哥尔摩大学孔子学院关闭后,瑞典还有三所大学里的孔子学院在办。它们分别是布莱津理工大学、吕勒奥大学和卡尔斯塔德大学。

专家建议文化推广应"润物细无声"

到底孔子学院的教师有没有授课自由?

日本工学院大学孔子学院院长西园寺一晃和中方院长李顺刚此前在接受新浪驻日本观察员采访时称,在他们学校的孔子学院,教材是由日方根据学生需要自由选择,教师的选择也由日方做决定,不由汉办指派。

关于瑞典舆论对孔子学院的质疑,中国一名欧洲问题专家对新浪说,瑞典学者在意识形态上对中国抱有一种偏见,对于孔子学院建立的目的也无端怀疑。

这位专家强调,中国作为一个迅速崛起的国家,在最近二三十年间发展迅速,是一股不能忽视的力量,瑞方应该积极欢迎两国之间文化的交流和传播。他还认为,瑞典其实是个汉学大国,有大批的资深汉学专家,他们对中国的历史文化研究比其他一些国家要深得多。在这样一个国家办学,建议采用"润物细无声"的方式。

就斯德哥尔摩大学不再续办孔子学院,新浪今天也致电复旦大学孔子学院办公室,一名不愿意透露姓名的工作人员表示,复旦方面不会给予回应,但强调"复旦的态度和国家汉办态度完全一致"。而汉办孔子学院总部新闻组则在回复新浪的邮件中表示,关于斯德哥尔摩大学孔子学院关闭一事,请参考新华社发布的消息。

另一方面,也许正是意识到关闭孔子学院可能带来的负面影响,以及不可能中断的文化交往,斯德哥尔摩大学校长维丁在宣布关闭孔子学院不久,便马不停蹄地赶赴中国。她今天上午告诉新浪,她这次中国之行就是为访问北京和上海的伙伴大学,以强化斯德哥尔摩大学与中国重要大学间的合作和交流。(新浪国际2015.1.15)

《联合早报》:孔子学院其实"蛮拼的"

近日,瑞典斯德哥尔摩大学宣布将于今年6月30日关闭孔子学院的消息再次引发了舆论对孔子学院发展前途的关注。

作为一家以帮助世界不同国家的人们学习汉语和了解中华文化为主要宗旨,推动不同文明增进交流的文化机构,自2004年诞生至今的十年间,孔子学院已经在127个国家和地区落地开花,正在成长为其他国家了解中国的一个窗口,很多的中国好声音也正是通过此窗口得以传递。可以说,孔子学院正在成为世界与中国牵手的一根纽带,为增进彼此的理解与认知搭建起了一个跨文化交流的平台。从这层意义上来看,孔子学院其实也是"蛮拼的"。

但是,随着一些国家的孔子学院合作协议到期,也出现了部分合作大学取消续约终止合作的情况。比如此次斯德哥尔摩大学的决定,虽然其校长声称此举只是出于学校自身发展的考虑,与政治无关,但是还是引发诸多联想。加之此前美国一些大学与孔子学院不再续约的先例,更是让舆论浮想联翩,甚至过度解读。

不论是自其成立以来就没有消停过的质疑声,还是最近几个月连续出现的终止合约现象,孔子学院似乎在十年来每每都会被推上舆论的风口浪尖。其实,外界对孔子学院的误解概括下来无非有两种表现:一是质疑孔子学院限制学术自由;二是强调孔子学院的官方背景。而之所以出现这两种质疑,主要原因还在于对孔子学院的误解,如果能深入了解一下这家文化机构的内在机理,相信这种误解会少得多。

孔子学院是否真的在限制学术自由呢?根据《孔子学院章程》,孔子学院的开办与退出对于所在国的大学是而言有着充分的自由。具体程序是由外方大学或相关教育机构首先向孔子学院总部提出申请,经总部批准成立以后,会采取中外合作的方式合作办学。学院整体设在外方大学内,在运作方面也是以外方为主,只是在学院的年度发展规划和预决算方面由双方共同成立的理事会来负责,双方共同投入,共同管理。虽然强调要统一名称和标识,但是也强调要充分尊重所在国家的法律、文化与教育传统和办学特色。

同时,孔子学院实行中方院长和外方院长共同管理的体制。不过,学院的人事权、财务权等均由外方院长掌握,中方院长仅负责对汉语老师/志愿者以及与国内的联系等事务性工作,所以具体的管理中主要还是以外方院长为主,中方院长要配合好对方的工作。笔者熟悉的一位中方院长自2012年选拔赴外任职以来,不仅与外方院长合作得很愉快,还积极推动了外方大学与他所在的国内大学之间的科研合作与人员交流工作,从而借助孔子学院这个平台为跨文化的教育交流与增进彼此的理解提供了较大的助力。

不论是在具体的学院运作中,还是在学院对外方大学的影响力方面,孔子学院都不具备影响甚至限制对方大学学术自由的能力。而且,孔子学院作为以开展汉语教学为主要活动内容的中国语言文化推广机构,奉行的是孔子兼容并包的教育理念,是传承中华文化包容合作精神的重要载体,注重的是平等协作、鼓励创新,而非钳制自由。

孔子学院的确是有官方色彩的一家机构。其领导机构是中国"国家汉语国际推广领导小组办公室"(即国家汉办),这是一家挂靠在中国教育部下的直属事业单位,目前与孔子学院总部合署办公。某些国家强调孔子学院有政府背景,担心其会替中国政府说话、会在所在国家的大学内部传播中国政府价值观和意识形态等等,这种纠结心态大概就是来自于学院总部与国家汉办的这种官方色彩。

事实上,国家汉办的宗旨就是强调"向世界推广汉语,增进世界各国对中国的了解",旨在借助汉语这一语言媒介,为不同文化之间的交流提供一个纽带,增进彼此的了解与认知,从而在助推跨文明对话与世界和平发展的进程中做一个有担当的国家。最终,在借鉴西方发达国家诸如法语联盟、英国文化协会、歌德学院等文化机构先进经验的基础上,搭建了孔子学院这样一个平台,其理念与初衷与这些已经比较成功的跨文化交流平台都是一致的。

而在孔子学院诞生以后,虽然其总部机构是有着浓郁的中国官方色彩的事业单位,但是已经分布于127个国家和地区的文化机构与中国政府、与孔子学院总部却没有上下级或者隶属关系,而是相对独立于所在国大学的在地汉语教学机构。也就是说,孔子学院并非中国的驻外机构,而是属于所在国当地的机构。意即美国的孔子学院并不是中国的,而是美国的,日本的孔子学院也不是中国的,而是日本的。为什么这么说呢?

孔子学院的设立,并不是孔子学院总部去和其他国家的政府和大学去主动谈判,而是国外的大学或者其他机构主动到北京来与孔子学院总部洽商,主动要求合作开办的。而当合约到期,对方也有充分的自由可以要求续约或者不再续约,对于合作双方而言都是可以理解的正常现象。这也就意味着孔子学院总部对分布于全球的一千多家分支机构并没有实际的控制权,它们都是相对独立的,而只是在标识和形式上的统一而已。

只是由于总部要提供相应的资金、师资以及管理方面的支持,所以便会被某些舆论误解,而国外相关机构可能出于特定的考虑,推波助澜,将此误读放大化,从而对孔子学院的形象造成极大的负面影响。可是,孔子学院并非由一国说了算,甚至除却资金投入与师资配备方面的因素,中国方面是充分尊重外方思路的,如果单纯强调中国的官方色彩对其造成的实质影响,必然是缺乏解释力的。如此,便不难理解形式上的官方色彩背后,在面对外界关于此的质疑甚或是抨击时,孔子学院总部所要背负的是多么大的一种无奈了。

不过,面对来自不同领域和方向的质疑,孔子学院总部对遍布100多个国家的孔子学院的发展也必然要进行深刻的反思。为什么会出现这样的质疑,面对质疑,接下来的发展路向又该如何走好呢?笔者认为,关键还在于"吸引力",即能否激发并持续保持国外公众、大学、社会团体乃至政府对孔子学院的兴趣,将成为今后孔子学院发展首先要突破的瓶颈。

吸引力的提升,就技术层面而言,此前笔者曾经就教材、课程设置与师资等问题进行过论述,现在来看这些问题依然没有得到合理的解决,比如在课堂教学方面,有些汉语教师依然采用国内传统的填鸭式教学方式,不能很好地与国外教育模式和教学特色接轨,以致学生失去学习汉语的兴趣。而在教材内容设置上,虽然看起来"蛮拼的",涵盖诗词、书法、中医、传统工艺等等中华优秀传统文化的多个方面,但是这些在我们看来优秀的内容并不一定完全被国外的学生所理解,不能很好地"接地气",这点依然需要反思。

中国的东西南北中不同区域都在历史上创造了灿烂的文化和保有悠久的历史传统,要在课程设置上体现更多的多元化的因子,不能仅仅地局限在儒家文化或者东部地区的传统文化,教学中要有"大文化观"。此外,实事求是地讲,当代中国能让世界为之一亮的文化符号还很少,无论是影视剧、文学作品还是经典艺术等多个方面,中国与很多国家相比还是有很大的差距。这也是当前孔子学院在文化课程设置方面缺少时代吸引力的重要原因。

除此之外,孔子学院的运营方式、形象定位、全球分布以及合作模式等等都是需要认真总结的。十年的成长对于一家文化机构而言时间并不算长,但是如此短的时间内孔子学院在数量上取得了快速发展,充分说明了孔子学院和中华文化的厚积薄发。但是,近来经常出现的问题也凸显了孔子学院与其他国家已经比较成熟的跨文化交流机构之间也是有着明显的差距,接下来孔子学院应该进入到好好修炼内功、注重质的提升阶段了。

习近平曾经说过,"孔子学院属于中国,也属于世界。"相信这家承载着中国梦想的文化交流机构在不断的成长进步中,以它博大的胸襟拥抱世界的同时,也会赢得世界对它的认可与尊重。到那时,也许世界对它依然少不了质疑,但是"果断点赞"一定会更多。(韩方明 中国全国政协外事委员会副主任,察哈尔学会主席,文章仅代表个人观点)(联合早报网 2015.1.27)

观察者网:瑞典不是第一个,法国里昂先关了孔子学院

2015 新年伊始,斯德哥尔摩大学关闭欧洲首家孔子学院的新闻使关于孔子学院的讨论持续升温。事实上,欧洲关闭孔子学院的大学不止斯德哥尔摩一家。早在 2013 年 9 月,法国里昂第二及第三大学中断了与中山大学合办的里昂孔子学院,这是法国第一家与汉办中断合作的孔子学院。

孔子学院争议

根据官方定义,孔子学院是中国国家对外汉语教学领导小组办公室(以下简称汉办)在世界各地设立的推广汉语和传播中国文化与国学的教育和文化交流机构。

汉办官网显示,自 2004 年 11 月 21 日在韩国首尔成立全球首家孔子学院起,到 2014 年 12 月 7 日,全球共有 475 所孔子学院。

但是,孔子学院发展十余年来,一直备受争议。尤其在 2013 年秋天到 2014 年夏天,在加拿大和美国引发了社会各界关于孔子学院的广泛讨论。争议焦点主要集中在孔子学院是不是中国政府推行意识形态的工具,以及孔子学院是否干涉了海外合作学校的学术自由。

法国里昂第三大学副校长、中文系主任利大英(Gregory B. Lee)教授作为时任法国里昂孔子学院的负责人,接受了 BBC 中文网记者的邮件采访,详细讲述了当时里昂孔子学院中断与汉办合作的始末。

里昂孔子学院

法国里昂孔子学院成立于 2009 年,法方由里昂第二及第三大学联合承办,中国的合作高校是中山大学。据观察者网查询,自 2006 年以来,中山大学与海外高校先后合作共建了五所孔子学院:菲律宾亚典耀大学孔子学院、墨西哥尤卡坦自治

大学孔子学院、美国印第安纳波利斯孔子学院、法国里昂孔子学院和南非开普敦大学孔子学院。

利大英教授说,在孔子学院成立之初,法方(里昂第二及第三大学)在坚持不影响学术独立和高校研究机构独立的原则下,很积极地与中山大学开展合作。并明确提出,孔子学院只能作为"继续教育"性质的机构独立运营,不能成为里昂第二、第三大学的内部机构,更不能干涉里昂第二及第三大学相关汉学研究中心的教学和学术研究活动。

法国里昂孔子学院作为"非营利性慈善性机构"前三年运营良好,开展了丰富多彩的汉语教学和文化交流活动,确实提高了法国里昂地区学生及当地居民的汉语水平,以及对中国文化的了解。

但是,从2012年9月起,法方承办学校与中国汉办之间开始在教学内容、运营方式以及资金问题等方面出现分歧和矛盾。利大英教授表示,由于中方态度强硬,双方无法达成共识,最后造成了一年后(2013年9月23日)里昂孔子学院中断了与汉办关于孔子学院的合同。

汉办强硬

利大英教授在接受采访时提到,从2012年开始,汉办因无法容忍里昂第二及第三大学对其孔子学院学术研究以及教学自由的自主性和独立性的坚持,开始调整政策,并对法方采取强硬态度。

2012年9月,中方派来的新负责人带着汉办的直接指示,质疑法方的教学内容,要求里昂孔子学院与法方承办高校汉学研究中心之间加强融合,并建议让里昂孔子学院参与里昂第三大学中文系相关学位课程的教学与研究工作。

利大英教授对BBC中文网记者说,法国公立大学的学位课程教授属于公务员范畴,必须经过法国相关国家委员会的批准才能任教。所以汉办的要求根本不可能被法方高校接受,并遭到一致反对。

利大英教授透露,法方做了很多努力,尝试与汉办沟通协调。但是汉办一直以"削减经费"来试图改变法方立场。

经费方面的削减影响了里昂孔子学院的运营,里昂孔子学院不得不解雇其法国经理,并导致了当地招聘的兼职中文教师的裁员。

于是,2012年11月,汉办主任许琳直接要求法国里昂孔子学院的相关负责人辞职,并在没有任何警告的前提下单方面中断了资金的提供。

中方反驳

利大英教授说,他本人并没有亲自见过汉办主任许琳。但其他法方负责人在2012年年底以及2013年夏天在北京与许琳会面时,基本都是不欢而散。最终只能通过法国法院相关法律程序,将里昂孔子学院清盘关闭。

去年 12 月底,汉办主任许琳在接受 BBC 驻上海记者沙磊(John Sudworth)专访时,也表现出了强硬态度,反驳孔子学院干扰西方学术自由,并表示孔子学院在世界各地广受欢迎。

许琳说,"我们的项目在外国校园中都受到当地人的欢迎和支持,那里的校长、教授等等从来都没有为难过孔子学院。可能有很少数的人,他们的声音非常强烈——什么孔子学院不让做这个,不让做那个。不是这样的。我总是让一些媒体给我举一个例子,是哪家大学、哪家孔子学院面临这样的挑战。"

至于利大英教授则提到了当时与汉办合作的一个细节,他说,当时中方认为里昂孔子学院在策划"颠覆活动",因为该院要邀请中国著名异见人士艾未未到访。但他也表示,"即使我们真想请他(艾未未),在当时也没有条件实现啊,他那时候正被软禁在家"。

利大英教授认为,正是汉办的强硬态度造成了里昂孔子学院的关闭,"如果汉办能更通情达理一些,根本就没必要关闭。在里昂孔子学院发生的这一切都不能算是'软外交'了吧?"利大英教授说。"我同意 Marshall Sahlins 和 Victor Mair 的说法,我觉得孔子学院确实是意识形态输出的工具"。

但据观察者网查询,不过也有不少人反对以上说法。韩嵩文(Michael Hill)是南卡罗来纳大学孔子学院的负责人(今年他翻译的汪晖《现代中国思想的兴起》即将出版),他说自己没有见过任何孔子学院对大学的政治干涉。不过他也担忧有些大学会用孔子学院代替常规的语言课程,把它们的教学责任全部外包给汉办。

威廉玛丽大学副校长史蒂芬?汉森(Stephen E. Hanson)从实务的角度,认为美国大学教授协会的声明可能来源于错误认识,从而无法理解一个项目如何实际操作。首先,教授协会认为汉办是国家机构,所以可能会带来政治干涉——这是一种想当然。此外教授协会还称"成立孔子学院的大多数协议都带有保密条款以及对中国政府的政治目的和惯例做出的不可接受的让步",并要求公布美国大学与汉办的协议。汉森从自己在两所美国大学的经验来看,这些协议都已是公开文件。汉森认为,要求保护学术自由是对的,但美国大学教授协会的此项声明却是无的放矢。

过于乐观

法国里昂第三大学的汉学研究中心历史悠久,并在欧洲很有影响力。其中文系还开设了粤语课和闽南语课。利大英认为,中文系不应仅仅只是学习中国文学、汉学和汉语而已,而应该是全面的中国语言与文化的空间。

虽然法国里昂第三大学的闽南语课程和台湾问题研究也曾经遭到批评,但利大英教授坚持认为,虽然法国作为第一个承认中国的国家,是中国重要的战略伙伴,但不能因为政治立场影响学术,应该"让政治归政治,学术归学术"。

利大英教授同时指出,正是因为法国里昂第三大学有多年的中文教学传统和丰富的经验,所以教授和学者们都格外强调要尊重历史事实。因此,汉办通过孔子学院来推广中国的历史文化的方式方法可能不太容易被与里昂第三大学全盘接受。

利大英教授还表示,那些英国、法国一些相对来说没有任何传统或缺乏中国问题研究教学经验的大学,也许更容易接受孔子学院。因为很多学校把孔子学院当做没有充足资金独立开设中国问题研究的"权宜之计"。他说,"我觉得他们也许对汉办与之合作想达到的目的想得过于简单,也过于乐观了"。

不过,利大英教授教授强调,虽然和汉办的孔子学院之间的合作最终以失败告终,但是里昂第三大学一直与中国大陆的很多学者以及高校保持着密切的联系,并将继续开展丰富多样的学术以及文化交流活动。(观察者网综合 BBC 中文网、中山大学官网、国家汉办官网等消息 2015.1.28)

《中国经营报》:孔子学院缘何在西方总有争议?

瑞典斯德哥尔摩大学最近在其网站上透露,该大学东方语言系下的瑞典 – 中国合作文化交流项目,即孔子学院在 2014 年年底合约到期。斯德哥尔摩大学将不会和中国国家汉办续约。孔子学院将在今年 6 月 30 日关闭。对于该项目不再续约的原因,斯德哥尔摩大学解释是瑞典和中国已经有了足够多的渠道满足文化交流的需求,依靠孔子学院进行文化交流的方式已经"过时"。但是该大学名誉校长维丁又向瑞典媒体透露,"在大学体制里某些学院受到另一个国家资助的情况是有问题的"。

这一句话道出了该大学孔子学院关闭的部分原因。孔子学院是中国国家汉办的非营利性机构。而国家汉办则是中国国家教育部下直属的事业单位。孔子学院的经费来源有一部分来自政府预算,另外一部分则来自境外合作高校(具体金额由双方谈判确认)。这一点使孔子学院不可避免地带有国家色彩。实际上这种国家色彩其实并不总是特别浓厚。参与斯德哥尔摩大学孔子学院项目的还有中国的复旦大学。但是无论怎样淡化孔子学院的官方色彩,它仍旧被一些境外人士认为是一种输出意识形态的国家工具。

对中国的既定偏见

虽然斯德哥尔摩大学孔子学院在网站上介绍自己的时候一再声明,该学院的目标是"致力于中文教育,并通过各种课程、讲座、论坛和出版行为来引发(当地人士)对中国文化的兴趣"。但是从它开设伊始,就不断传来各种不同的声音。首先是孔子学院建立之初,不得不从命名本地化考虑,小心翼翼地命名为"北欧孔子学院",后来过了一段时间才把"北欧"一词去掉。在建成三年后的 2008 年,斯德哥尔摩大学里曾经风传要将孔子学院迁出校园,未果。在 2013 年,维丁校长因孔子学院被认为是"自由原教旨主义者牺牲品"还专门进行过解释。但是这一切并未改变欧洲第一所孔子学院被关闭的命运。

在孔子学院在海外的迅猛发展当中,过去五年里有六所大学关闭了设在本校的孔子学院,原因多是各种无端的猜疑。西方从学术界到媒体对于中国"软实力"推广行为的怀疑和敌意看起来极难改变。

好在除了斯德哥尔摩大学之外,瑞典还有三所大学设有孔子学院。由此看来,瑞典的孔子学院所承担的汉语教育、文化交流并不会因为斯德哥尔摩大学孔子学院关闭而受到太大影响。由孔子学院承办的年度"汉语桥"世界中文比赛也不会有瑞典籍汉语爱好者缺席。此外,斯德哥尔摩大学的做法也并非瑞典官方的政策,中国和瑞典的文化交流项目依旧频繁。就这个意义而言,两国之间的文化交流渠道的确很多。作为 1000 万瑞典人所拥有的最好的大学,斯德哥尔摩大学是否愿意扮演文化交流的推手,那是它自己的选择,但是文化交流和沟通并不会因为一个大学的决定而被终止。

其他国家政府文化推手如何运作

从另外一个角度来说,欧洲第一家孔子学院的关闭仍旧值得中国重新思考跨国文化交流的模式。在西方已经形成了一定的思维定式的情况下,如何让对方理解中国文化、提升对中国的兴趣,这一点应该提升到公共外交的层面上进行讨论。

从 2004 年开始建设孔子学院,截至 2014 年 12 月,国家汉办 10 年里在 126 个国家和地区建立了 475 所孔子学院(其中欧洲 39 国 159 所)和 851 个孔子课堂。国家汉办计划在 2020 年在全世界开办 1000 所孔子学院,以满足全球超过一亿正在学习中文的人口需求。毫无疑问,孔子学院将会成为中国扩展软实力的重要途径。正因为如此,它才必须以灵活和实际的方式应对可能出现的问题。

首先,官方身份是孔子学院的软肋,但并不是最致命的软肋。孔子学院一直被认为是与英国文化协会、法语联盟、德国歌德学院、西班牙塞万提斯学院等西方跨国文化交流机构作用相当的非营利组织。有意思的是,上述这些文化交流机构其实和孔子学院一样带有或多或少的官方色彩。例如英国文化协会就声明自己预算的四分之一来自政府。按照中国相关的法律法规,英国文化协会被归入英国驻华外交机构的一部分,而不是非营利性组织。塞万提斯学院亦明确自己和西班牙驻华使馆有密切的工作联系。笔者自己则参加过歌德学院组织的采访考察活动,赴德邀请函却是德国外交部发下来的。

不过,中国的孔子学院的运作模式跟上述的文化机构略有不同。英国文化中心、塞万提斯学院等这些机构的运行模式以项目推广、交流为主,起引导中介的作用。它们可能会单独开设一些语言课程,但是跟所在地的大学无关。在中国的大学当中可能会有很多类似 XX 学院协助开设课程、研究所、研讨会等,但是一般情况下不会有中国某大学歌德学院或者塞万提斯学院。而孔子学院的运行模式则是通过和当地的教育机构合作,直接在当地大学当中建立孔子学院。由于背后的政府色彩浓厚,多被认为是政府项目。这在西方大学里普遍浓厚的自由主义空气中显得不易兼容。因此,如果确实想要提升中国文化在海外的吸引力,孔子学院应该改变自己充当直接推手的角色,转变职能,以文化中介的身份为国与国之间的文化学术机构沟通做出贡献。

退一步来说,在大学授课和各种学术讲座当中,孔子学院在课程设置也需要有一定的灵活性,要有针对性地向对中国感兴趣的人士提供各种有说服力和影响力的内容,而不是像国内某些课程那样充斥着僵硬的说教。由于中国自近现代以来的历史问题异常复杂,仅仅在教学当中是否使用简化字和繁体字问题上就曾经引起一部分国外学者的无端批评。在各种政治争端,尤其是涉及领土问题的时候,"一刀切"不容分辩的观点并不能让绝大部分人信服。因此在课程内容和教学方式上,做决定前应该进行充分的沟通,甚至应该和当地的华人社区、大学学术圈以及和文化交流相关的非政府组织建立某种定期的沟通机制,不能闭门授课之后就万事大吉。

在过去几年里,相对于官方外交而言的公共外交正在中国蓬勃兴起。大量民间智库出现,各个大学与国外学术机构的交流日益频繁。在中国经济高速发展的时期,孔子学院的出现正当其时,而且还远远不够。不论是在俄罗斯还是在以色列的街头,笔者都曾经被当地人拦住"陪聊"以锻炼他们的中文口语。这和 20 年前笔者在国内街头四处寻找外国人联系英语口语相比简直是历史的颠覆。在中国日益具有吸引力的今天,中国不但需要孔子学院作为公共外交手段,还需要有更多的民间的、非官方的机构以及人士在各个层面上为国家形象添砖加瓦。从这个意义上来说,以后出现孟子协会、孙子研究所和玄奘交流中心都是必需的,也是必然的。中国还需要在类似层面上采用多样化多格局的手段。(孟秋)(中国经营报 2015. 1.17)

中国侨网:盘点孔子学院十年风雨路:海外发展屡遭尴尬引深思

近日,瑞典斯德哥尔摩大学宣布将关闭该校的孔子学院,作为欧洲首家孔子学院——斯德哥尔摩大学孔子学院即将关闭的新闻一出即引发大批网民关注,一时间,孔子学院这一话题再次被推上舆论的风口浪尖。孔子学院到底是个什么样的机构? 为中华文化传播与交流做出了哪些贡献? 十年的发展历程中,孔子学院为何屡遭"国际尴尬"？未来又将何去何从？

事件回放：瑞典宣布关闭欧洲首家孔子学院 称"合作多余"

据"德国之声"中文网 1 月 11 日报道，瑞典斯德哥尔摩大学日前在其网站上发布通告，称将关闭该校的孔子学院。该孔子学院成立于 2005 年，是欧洲首家孔子学院。通告中说，大学与孔子学院的合作协议于 2014 年年底到期后不再续约，孔子学院将于 2015 年 6 月 30 日关闭。大学网站还表示，如今我们与中国已拥有完全不同层次的学术交流，这样的合作显得多余。

消息一出顿时引发了广泛关注，质疑和猜测纷至沓来。斯德哥尔摩大学负责孔子学院事务的副校长维丁随后在接受采访时说，关闭孔子学院属学校自身原因，无关政治。在孔子学院成立之前，斯德哥尔摩大学东方语言学院就已经设有中文课程，与孔子学院在教学职能上有部分重叠。维丁也表示，斯德哥尔摩大学在未来将继续深化与中国的学术合作与文化交流活动，目前已与中国高校签署了部分双边协议。

而中国孔子学院总部则回应说，有个别学校停办或退出是正常现象，各国语言推广机构出现此种情形也是很普遍的。截至 2014 年底，全球已有 127 个国家和地区开办了 476 所孔子学院和 851 个中小学孔子课堂，累计注册学员 345 万人，目前仍有 70 多个国家 200 多所大学正在积极申办孔子学院。

孔子学院十年：全球培养汉语人才，架起"心灵高速公路"

全球首家孔子学院于 2004 年 3 月在韩国成立，至今已走过十年的历程。孔子学院最重要的一项工作，就是给世界各地的汉语学习者提供规范、权威的现代汉语教材，提供最正规、最主要的汉语教学渠道。在孔子学院的带动下，已有 61 个国家和欧盟将汉语教学纳入国民教育体系，全球汉语学习者从十年前的不足 3000 万人，快速攀升至 1 亿人。十年来，孔子学院为 100 多个国家培训汉语教师 20 万人次；举办各种文化交流活动近 10 万场，受众 5000 万人。

孔子学院架起了中国与世界沟通的桥梁，让全世界越来越多的人了解、学习并喜爱上汉语和中国文化，并在学习过程中结下了深厚的友谊。韩国启明大学孔子学院中方院长苏英霞在回中国之后，还惦念着韩国的学生，让他们通过孔子学院搭建的平台来到北京留学，延续与中国的缘分。韩国留学生们在北京不仅提升了汉语水平，还近距离地了解了中国各地的风土人情。来自韩国庆州的学生朴隐竣，已走过中国 20 多个城市，还在中国人婚礼上当过伴郎。

而在肯尼亚，孔子学院成为年轻人实现梦想的平台。肯尼亚内罗毕大学孔子学院学员肯尼迪，父亲是一名兽医，家里有 12 个兄弟姐妹，他是长子。2009 年，他赢得当地"汉语桥"比赛第一名，并于同年获中国国家奖学金赴天津师范大学深造。通过比赛，肯尼迪认识了来自世界各地的朋友。他选择了计算机专业，还学会了太极拳、武术等中华才艺,经常到大使馆表演。"在我学习汉语、爱上中国的时候,就知道自己的命运会不同于父辈。"肯尼迪说。

这样的故事还有很多。孔子学院以友善、和谐的姿态,为全世界爱好汉语、喜爱中华文化的人们提供平台和机遇。2014 年恰逢孔子学院成立十周年,全球各地的孔子学院纷纷举行庆典,秀中文,比才艺,表达对中华文化的喜爱。2014 年 12 月 7 日,第九届世界孔子学院大会在福建开幕,全球孔子学院院长齐聚厦门,为孔子学院的下一个十年建言献策。中国国务院副总理、孔子学院总部理事会主席刘延东在开幕式上致辞时说,孔子学院建成了各国人民的"心灵高速铁路",加速了大家之间的了解。

何去何从:孔子学院海外发展屡遭尴尬 发展模式值得深思

尽管孔子学院取得了令人瞩目的成就,但其在海外的发展并不是一帆风顺。在十年的发展过程中,屡屡遭遇刁难和尴尬。2014 年 5 月,美国国务院发布公告称,在该国孔子学院的部分中国汉语教师违反了美国签证规定。之后,美国和加拿大的几所大学陆续宣布将终止与中国孔子学院数年的合作。有批评者指出,中国孔子学院往往直接设在其他国家的学校中,由中国政府提供经费、选派教师和确定教学材料。并称孔子学院以政治敏感为由"干涉学术自由"。

据了解,孔子学院由外方自愿向孔子学院总部提出申请设立,采取中外学校合作办学模式,学院设在外方大学校园内,由中外合作院校共同组成理事会。运营资金由中外双方共同投入,日常运行则以外方为主。孔子学院的办学模式既遵守《孔子学院章程》,统一名称和标识,又充分尊重各国首创精神和办学特色,因地制宜、灵活多样地开展汉语教学和文化交流活动。

事实上,对于许多参加孔子学院课程的学员来说,他们到孔子学院学习仅仅是出于对汉语及中华文化的热爱,或者对职业发展的考虑。一位来自美国的学生说,他根本不关注是不是"孔子学院",他更关心中文教学的质量和内容。他说,除了汉语本身,他在孔子学院还能参与一些有趣的活动,是他继续学中文的动力。

而孔子学院负责人的共识是,孔子学院应该从追求数量转为追求质量,在教师培育和课程设置上更加"接地气"和"本土化"。日本工学院大学孔子学院院长西园寺一晃认为,从质的方面来看,最重要的一点是文化交流机构进入一个国家能够融入当地社会。

孔子学院总部高级顾问、德国歌德学院(中国)总院长阿克曼在去年的一次演讲中指出,孔子学院作为一个跨文化交流机构,在沟通与交流中出现各种误会和矛盾都是正常的,最重要的是应真正理解"对外文化交流"意味着什么。苏丹喀土穆大学孔子学院中方院长田河也曾指出,文化交流应是"双向的",仅仅通过推广书法与剪纸等活动是不可持续的,要拓展更加深层次合作模式,让文化交流更为深入

有效。(李明阳 范超)(中国侨网 2015.1.16)

番外篇之一:孔子学院数据"面面观"

自 2004 年首所孔子大学的建立,十年间,孔子学院已发展至 475 所孔子学院和 851 个孔子课堂分布于世界 126 个国家(地区)。孔子学院已成为中国与世界跨文化交流的平台。

据公开数据,截至 2014 年 12 月 7 日,全球 126 个国家(地区)建立 475 所孔子学院和 851 个孔子课堂。孔子学院设在 120 国(地区)共 475 所,其中,亚洲 32 国(地区)103 所,非洲 29 国 42 所,欧洲 39 国 159 所,美洲 17 国 154 所,大洋洲 3 国 17 所。孔子课堂设在 65 国共 851 个(科摩罗、缅甸、马里、突尼斯、塞舌尔、瓦努阿图只有课堂,没有学院),其中,亚洲 17 国 79 个,非洲 13 国 18 个,欧洲 25 国 211 个,美洲 7 国 478 个,大洋洲 3 国 65 个。

番外篇之二:中国古代办"孔子学院"的方式

在古代,中国与周边国家的文化交流十分广泛,儒家文化更是周边国家的学习对象,其中朝鲜、日本、越南是其中交流较多的国家。

据《旧唐书》之《东夷列传》记载,朝鲜半岛的高句丽在小兽林王二年(372 年)已建立儒学机关"太学"和"扃堂"。"太学"是高句丽的最高学府,传授"四书五经"等儒家经典和史书,在地方设立的"扃堂",招收地方贵族和平民子弟,学习"四书五经"和历史知识等。

唐代朝鲜半岛和日本与中国的文化交流日益频繁,经常派遣遣唐使前往中国留学"取经"。有些学成者干脆就在中国参加科举考试,并且做官。而在越南,早在中国秦汉时期,儒学便已传入。宋朝时期,儒学在中国进入复兴和繁荣发展的阶段,越南也相应受到影响,朱子学传入,明朝时期儒学逐渐成为主流。

有学校,教儒学,当然也就要建文庙、祀孔子。朝鲜和越南都在中国宋朝时期,也就是公元 11 世纪,建起了国家级的文庙,并仿照中国祭孔的礼仪制度,制订了专门的祭祀礼仪制度。越南河内的文庙始建于 1070 年,由崇尚儒学的越南李朝皇帝李圣宗主持修建,里面的格局基本仿照曲阜孔庙,专门用于皇帝亲自祭祀孔子的活动。而且,这个文庙里还供奉了号称"越南朱子"的越南儒家学者朱文安。这个文庙至今仍然存在,是越南仅次于古螺城和顺化古都的全国第三重要文物保护单位,也是游客众多的著名旅游景点。(摘编自李深《中国古代是怎样办"孔子学院"的》)

《国际先驱导报》:孔子学院海外发展现状调查

近日,"欧洲第一家孔子学院停办"的消息,再度引发舆论对于孔子学院海外命运的关注。

这所孔子学院设立于瑞典斯德哥尔摩大学。据了解,去年年底,斯德哥尔摩大学与中方大学合作开办孔子学院第二个 5 年协议到期,外方院长退休,由于学校自身原因,该校一些教授要求不再与中方续约,得到校长同意。斯德哥尔摩大学校长同时表示,该校本身中文师资很强,不会影响汉语教学,此举与政治无关。

来自国家汉办的数据显示,截至 2014 年底,全球已有 127 个国家和地区,开办了 476 所孔子学院和 851 个中小学孔子课堂。目前,仍有 70 多个国家 200 多所大学正在积极申办孔子学院。对于如雨后春笋般在各地快速发展的孔子学院而言,个别学校停办或退出确是正常现象。而作为中华文化"软实力"的集中表现,孔子学院走出去的历程也并不容易。

《国际先驱导报》记者在多个国家调研后发现,有的国家至今还戴着有色眼镜看待中国的语言文化推广;有的国家上下对孔子学院的重视程度并不对称。当然,孔子学院自身也面临"如何更好地走出去"的挑战。

批德国孔子学院不透明遭强烈驳斥

在德国举办的一次题为"孔子学院,支持还是反对?"的研讨会上,有人批孔子学院财务不透明,一些孔子学院德方院长反应强烈,称孔子学院花的每一分钱均有据可查,要求质疑者等人拿出证据却无果。

在传出瑞典斯德哥尔摩大学停办孔子学院的消息之前,欧洲的孔子学院共有 149 所,孔子课堂 153 家。其中,英国(24 所)、法国(16 所)、德国(15 所)是欧洲国家中孔子学院分布较多的国家。

总体来看,孔子学院在欧洲的发展比较平稳。以德国为例,2006 年 4 月柏林自由大学成立了德国第一家孔子学院,目前德国第 16 家孔子学院正在筹办中。虽然人们常把孔子学院与德国歌德学院联系起来,但实际上,同为官方文化交流机构的柏林中国文化中心才与歌德学院享有对等地位,孔子学院多为两国高校合作办学。合作办学的好处在于,办学和管理由德方院长和中方院长共同负责,且会计核算等事务常由了解本国法规的德方院长承担,这也就在一定程度上堵住了一些人的悠悠之口。

孔子学院类型多样

据记者了解,不同的孔子学院在推广中国文化方面的操作各有不同。汉诺威孔子学院前院长胡春春将全球孔子学院大致分为四种类型:文化传播型、语言教学型、注重高层对话的学术讨论型以及以商务、中医等为主题的特色型。

对应到德国孔子学院,柏林自由大学孔子学院似乎更偏向"语言教学型",不仅提供不同等级的中文课程,也为中文教师进修提供培训。相比之下,汉诺威孔子学院则更侧重文化传播,倾向于用德国语言介绍中国文化,通过举办中德教育研讨会、文学鉴赏、来华夏令营等活动帮助德国人更好地了解中国。

全球首家学术型孔子学院——德国哥廷根学术孔子学院更是特色鲜明,这家去年7月刚刚成立的孔子学院以研究为首要任务,重点研究对外汉语教学法及其应用,目标是成为一个对外汉语领域的学术交流平台。

德地方政府重视孔子学院建设

德国位于欧洲中部,被说法语、荷兰语、波兰语、捷克语、丹麦语的诸多国家包围。事实上,学习汉语、了解中国并不是德国人的第一需求。

不过,随着中国经济腾飞,德国人了解中国以及学习汉语的兴趣正在不断增长。中国驻德国大使馆教育处2013年统计数据显示,德国孔子学院和设立在中学的3所孔子课堂当年学员规模达到1万余人,参与活动人数在15万人至20万人间。

元宵晚会、读书沙龙、摄影展、研讨会……德国孔子学院常常策划各种各样的文化活动,但活动水平的高低却不尽相同。有些孔子学院相对"低调",有些孔子学院则不满足于在家里小打小闹,而是想尽办法走进德国主流社会,成为中德文化交流的重要平台。

2006年成立的德国纽伦堡—埃尔朗根孔子学院就是受当地欢迎的典型代表。这家孔子学院与当地媒体合作顺畅,并且已经成为当地人了解中国的重要渠道。其新办公教学中心2014年正式启用,租金完全由德国巴伐利亚州政府和纽伦堡市政府承担,足见当地政府对孔子学院的重视和支持力度。

存有偏见的争议

不过,孔子学院在当地的发展并非没有争议。在一些对中国存有偏见的德国人看来,中国的文化宣传机构就是"有问题",这种观念很难改变。这种"任性"在2012年1月汉诺威孔子学院参与举办的一场讨论会上可见一斑。

讨论会在汉诺威莱布尼茨故居举办,就"孔子学院,支持还是反对?"这一主题展开讨论。数十名中德学者、政客、企业家参与讨论。

路德维希港应用技术大学东亚学院讲师约尔格·M·鲁道夫认为,孔子学院不仅财务不透明,还受到中国政府"控制",这点从一些中国领导人出席孔子学院活动上不难看出。德国《世界报》驻华记者约翰尼·埃尔林也附和说,孔子学院究竟有多透明值得怀疑。

对于这一观点,不少与会者纷纷予以驳斥。由于孔子学院的财务多为德方院长负责,一些孔子学院德方院长反应尤其强烈,称孔子学院花的每一分钱均有据可查,要求鲁道夫等人拿出孔子学院不透明的证据。

至于中国政府"控制"孔子学院一说,也有人提出反问:默克尔等德国政要经常出席足球赛、音乐节等活动,难道说这些活动也都受到了德国政府控制?

说来说去,鲁道夫和埃尔林都没能拿出"不透明"和"受控制"的证据,其一味指责招致不少与会者的反感,不少听众摇头表示不满。

不过,虽然讨论会上鲁道夫的"反方观点"完败,但德国《法兰克福汇报》还曾用一个整版刊登他批评孔子学院的文章,足以说明其思想在德国仍有市场。

不能回避的发展困难

在文化传播方面,孔子学院院长的领导力不容忽视。孔子学院的德方院长多为汉学家,中方院长多为国内合作高校教师。对这些在学术方面成就颇丰的学者来说,能否带领孔子学院跻身德国主流社会,扩大孔子学院在各自地区的影响力,着实是一大考验。在具体教学层面,孔子学院所面临的难点和挑战也有不少。

首先是教师队伍。部分来自中国的汉语教师虽是对外汉语专业毕业,但德文和英文水平有限,难与学生沟通;一些德语专业的老师在教学法上又有所欠缺。杜塞尔多夫孔子学院德方院长培高德指出,"现代化教学"亦十分重要。中国课堂上通常是老师站在台上讲,学生坐在下面听,而许多年轻德国人期待的是其他上课模式:集体讨论、对话、多媒体运用……纽伦堡孔子学院德方院长徐艳则认为,教师的能力可以培养,但孔子学院汉语教学遇到的最大问题在于人员的不固定。现状是,中国派来的老师通常只待两年,刚刚适应环境就需回国。

其次,一些孔子学院的老师和学生反映汉语学习教材"幼稚化",找到合适的教材颇为困难。培高德说,近几年来,来自中国的教材已经有了非常大的改善,但仍需要改进。例如,很多教材是英文的,在德国直接使用有一定困难,至于德文教材,有的则是直接从英语翻译而来,质量有待提高。

对此,不少汉语教学专家提议,中国应多培养、派出具备较强德语能力的对外汉语教师。另外,中国可多出版或建立反映中国现实的外文轻松读物或网站,帮助外国人更好地了解中国,从而让汉语教学在规模不断扩大的同时,质量也能更上一个台阶。

政治打压难抑美国孔子学院热

一方面,有美国政客在国会和高校极力打压孔子学院;另一方面,汉语热在美国民间方兴未艾。两种看似截然相反的景象,其实有着深刻的内在联系。

2014 年恰逢孔子学院成立十周年,不过,其在美国的发展却遭遇到前所未有的逆流:去年 6 月,美国大学教授协会呼吁各大学取消与孔子学院的协议;9 月下旬,芝加哥大学和宾夕法尼亚州立大学相继终止了与孔子学院的合作;12 月初,美国众议院外交事务委员会成员克里斯·史密斯在国会听证会上要求美国政府调查孔子学院……

国家汉办的官网显示,截至去年 12 月 7 日,美国共有 100 家孔子学院,在各中小学有 356 家孔子课堂,为孔子学院、孔子课堂建设最多的国家。难道汉语文化在世界头号大国的传播即将要在非议之中走下坡路了吗?近日在芝加哥,记者却看到了另一番景象。

中学孔子课堂更受欢迎

2014年的一天上午,芝加哥惠特尼杨中学的礼堂座无虚席,很多人甚至坐在走道的台阶上等候观看中国文化节的演出,演出的主角不是专业团体,而是当地学习汉语和中国文化的美国学生。距离礼堂不远的地方更是人头攒动,很多美国学生在中国老师的指导下认真地写起了毛笔字,学画水彩画,用筷子,拉二胡……

当天大约有2000名美国学生和家长来到芝加哥公立学区孔子学院主办的"中国文化节",由于当天人数大大超出组织者的预期,午餐售卖处排起了长龙,还一度断货。但是,所有美国学生始终兴致盎然。

芝加哥公立学区孔子学院院长杨静悦向《国际先驱导报》介绍说,"芝加哥公立学区是全美第三大公立学区,提供12种外语教学,中文是最新的语种,却是发展最快的,目前已经成为学区的第三大外语。芝加哥公立学区也是全美学习汉语学生最多的学区,从幼儿园到12年级,现在有1.3万名学生在学习中文,生源也不再以亚裔为主。"

作为芝加哥公立学区的代表,杨静悦负责当地孔子学院的工作,在谈到美国有一些针对孔子学院的负面观点时,杨静悦平静地表示,每一所孔子学院都是美国当地的学校与汉办合作设立的,一个学校是否开设中文课,不是孔子学院决定的,而要由当地校董会投票决定。每个学校选聘汉语老师都有严格的程序,老师的面试和聘用都由学校自行进行,教育局有关部门还会对拟聘用的老师进行资格复核。中文教材也是由各个学校自行决定的,多达几十种,孔子学院并不干涉。中文能够成为芝加哥公立学校第三大外语,拥有上万名学生有很多原因,比如学中文有更好的大学申请及就业前景、能提供去中国学习的奖学金计划等。

芝加哥赫利小学校长多洛雷丝·卡普告诉记者,她的学校设立汉语课已有7年,全校850名学生中有750人在学中文。一位名为"沙开山"的高三学生表示,他从初中一年级开始学中文,已经能讲流利的普通话。他说,"开山"是老师给他起的中文名字,他想以"开山"的决心和努力来坚持学习汉语,汉语会对他未来的发展有很大帮助。

其实,不仅是在芝加哥,在更偏僻的美国中西部小城,记者都能遇到会讲几句中文的美国人。有时,偶遇的出租车司机也会突然用中文向记者打招呼。

高校孔子学院受意识形态冲击

一方面,有美国政客在国会和高校极力打压孔子学院;另一方面,汉语热在美国民间方兴未艾。两种看似截然相反的景象,其实有着深刻的内在联系。

加州大学洛杉矶分校政治学博士詹姆斯·帕拉代斯在题为《孔子学院和软实力》的文章中认为,"中国政府致力于在国际社会上树立中国的良好形象,而建立孔子学院是实现这一目标的便捷方式。

"让学生接触中国文化虽然不是一件坏事情,但这是否导致了对美国学术领域的入侵? 我认为影响在以一种更微妙的方式产生。"帕拉代斯说,孔子学院让他联想到冷战期间遍布全球的美国文化中心。

目前,捍卫"学术自由"是美国高校排斥孔子学院最有号召力的说辞。不过对此,大多数孔子学院的美方参与者都以亲身经历仗义执言。斯坦福大学人文科学院院长理查德·萨勒接受媒体采访时说:"在讨论资助的问题时,汉办的官员曾对教授们可能涉及'政治敏感问题'的讨论表示了关切,这是和所有赞助商洽谈合作时都会遇到的事情。我的回答一如既往,即我们不限制我们教职员的言论自由。因为我们的态度,美国国内的一些赞助商选择不赞助,但是汉办没有。"

萨勒补充说,当他任芝加哥大学教务长时,法国政府资助100万美元成立了法语芝加哥中心。"芝加哥法国领事馆在如何影响法语教学计划方面非常投入,比汉办对孔子学院教学计划的影响深入多了。"

美国哈弗福德学院从事历史及东亚研究的保罗·史密斯教授则一针见血地表示,围绕孔子学院的一些担忧掩盖了人们对美国在语言文化研究方面投资缩减的失望。人们在担忧孔子学院资金的附带条件时,更担忧的是美国本身资助学术项目的能力为经济衰退所侵蚀。他强调:"我们国家的实力和声誉正在承受压力,我担心这会带来针对中国的毫无意义的怨恨。"(郭洋 邵莉 徐静)(《国际先驱导报》2015.1.22)

延伸阅读

约瑟夫·奈:提升国家软实力是中国的明智战略

软实力是一种依靠吸引力而非通过威逼或利诱的手段来实现目标的能力。一个国家的软实力主要来源于其文化、价值观和政策(包括对内政策和对外政策两个方面)。与通过强制和收买手段实现目标的硬实力不同,软实力的大小还依赖于对方的感受。如果一种文化对其他国家的人民没有吸引力,就不会在其他国家的人民中产生软实力;如果一种价值观不被认同,或者政策在他人眼中缺乏合法性,也不会产生软实力。现在,中国正在努力增强文化外交的软实力,而文化正是产生软实力的三个主要来源之一。

中国有着极具吸引力的传统文化。国际游客往往会惊叹中国文化的博大精深,并被其深深吸引。近年来,中国已经在全球范围内创办几百所孔子学院,通过这些学院向外国人教授汉语和传播中国文化。尽管有些国家抱怨说这些孔子学院是中国用来搞政治宣传的途径,但整体来看,中国政府已经知道如何办好这些孔子学院,并已经清醒地认识到,孔子学院要尊重国外大学的学术自由原则,这样才能有效地发挥功能。

在中国,国际留学生数量已经发展到目前的36万人。中国国际广播电台扩大了广播覆盖范围。中国政府增加了对新华社和中央电视台的投入,力图推动它们发展成为全球性媒体巨人,能和彭博社、时代华纳和维亚康姆竞争。以英文出版的《中国日报》发行广泛。博鳌亚洲论坛也已经办成东亚的达沃斯论坛。这些做法就是要通过发展软实力而非通过军事力量,在全球广交朋友。

中国也已经从经济政策中展现了巨大软实力。过去36年里,中国经济快速增长,取得了空前成就,几亿中国人摆脱了贫困。中国技术取得了巨大进步,如高铁正在走向全世界。在海外,中国对非洲和拉丁美洲的援助已经产生了巨大的软实力。最近的国际民调表明,中国的形象和影响力在非洲和拉丁美洲是积极向好并受到肯定的,虽然在欧洲、印度、日本和北美还不容乐观。

习近平主席强调要提升中国的软实力,这是一个相当明智的战略。因为中国的军事和经济硬实力在增长,如果不强调发展软实力,一些邻国会因为担心中国崛起对他们构成威胁,进而结成平衡中国力量的联盟。如果中国在崛起的同时提高软实力,就能"安抚"这些国家,"软化"他们结盟的冲动。在过去十几年里,中国的软实力外交通常被称为"中国的魅力攻势"。中国的内外软实力都在增强,这种令人赞赏的正能量的政治局面,笔者称之为"正和政治"。

从国际民调的情况看,中国提升软实力任重道远,原因主要有两个:首先,中国民间社会的力量还有待开发。中国目前还没有像好莱坞那样规模的全球性文化产业,中国的大学还不能和美国的大学比肩,更重要的是中国仍然缺乏大量像美国那样能产生巨大软实力的非政府组织。《经济学人》的文章曾这样评论中国的软实力:"中国现在正努力弘扬传统文化,认为传统文化会有全球吸引力"。我认为,通过弘扬传统文化提升软实力还不够,还应该更加注重发挥民间社会的力量。

第二个问题是关于通过爱国主义提升中国软实力。中国共产党既注重经济的高速增长,同时也倡导爱国主义。爱国主义如果被外国误解成民族主义,就有可能削弱中国梦的广泛吸引力,引发一些周边国家的敌意。所以,通过爱国主义提高中国软实力要恰到好处。建议中国在推行有关南海的外交政策时,同时提高这些政策的软实力。

总之,明智的战略意味着要处理好软实力和硬实力的关系,努力使二者相互协调而不是相互矛盾。事实也越来越表明,提升国家软实力是中国的明智战略。(作者约瑟夫·奈为哈佛大学教授 路克利译)(《人民日报》2015.2.16)

新华网：从大邱到北京——孔子学院架设中韩"心"桥

据外媒报道，瑞典斯德哥尔摩大学近日宣布将关闭孔子学院。这个消息让正在中国北京语言大学进修汉语的几个韩国学生感到不解，在他们眼里，"孔子学院带来了梦想"。

韩国首尔上岩初中汉语教师李银循是初一开始学习汉字的。从那时起，她便开始醉心于中国文化。"如果你让我说为什么喜欢汉字的话，就像爱一个人却说不出理由一样，我回答不了。"她说。

李银循和她的几位韩国同行目前正在北京语言大学攻读汉语国际教育硕士学位，他们有的是有 12 年教龄的汉语老师，有的志向于汉语教育的学生。其中几位曾在韩国启明大学孔子学院汉语教师培训班学习，获得国家汉办孔子学院奖学金，来华继续深造。

在北京语言大学，这些韩国同学见到了他们特别喜爱的老师——北京语言大学汉语速成学院教授苏英霞。苏曾在韩国启明大学孔子学院担任中方院长，这批韩国硕士生就是经由她亲自面试后选送到中国的。

长期从事对外汉语教学工作的苏英霞，是北京语言大学的教学名师，于 2011 年 9 月赴任韩国启明大学孔子学院中方院长，与韩国和中国同事一道，为当地民众学习汉语、了解中国文化提供力所能及的帮助。

"如果将孔子学院形容为一个人，她只是个十岁的孩子，怀着友善的心意来到世界上每一个对她来说并不太熟悉的地方。"苏英霞相信，真挚的付出与无私的分享，越来越多地让孔子学院得到当地人们的信任与喜爱。

担任孔子学院中方院长三年间，苏英霞为多家孔子学院和汉语教学机构进行教学法讲座，有时上午在一个城市讲完，下午又马不停蹄赶到另一个城市。她说"很辛苦，但是能与当地教师分享教学经验，共同努力提升汉语教学水平，是一件非常快乐的事。"

启明大学孔子学院还与韩国大邱教育厅联合举办"高中生文化体验"项目，为当地 20 余所高中举办了多种中华文化体验活动；并为中小学生开设趣味汉语课程。

为了拓展汉语教学领域，苏英霞坐进韩国大邱 TBC 广播电视台播音室当起了主播。2012 年 2 月 6 日，是中国的传统节日元宵节，在喜庆的中国民乐和鞭炮声中，"SMART 汉语"讲座节目面向大邱地区 150 万听众播出了。一声亲切的"大家好"通过电波传到了出租车上，传到了居民家的客厅里……

为了节目的顺利开播，苏英霞放弃了春节与家人的团聚。录制时，超时要重录，说错要重录，一分钟的节目少说也要录制一个小时。

在孔子学院工作三年，苏英霞收获最多的是"感动"。

韩方院长——启明大学中国学系教授赵寿星，与苏英霞从合作伙伴成为情投意合的"姐妹"。"这是合作的最理想境界，因共同的目标走到一起，因深厚的情谊不愿分离。"苏英霞说。

学生们的学习热情也令她欣喜。有一个叫郑星敏的釜山女孩，为了到大邱的孔子学院上课，每个周末往返坐车6个多小时，从未旷课。这意味着她早上4点多就要起床。如今，郑星敏已经PK掉很多应聘者，成为一家学院的汉语教师。

启明大学孔子学院有一个"妈妈班"，学员是平均年龄45岁左右的家庭主妇，她们已连续在孔子学院学了好几年，不为就业，没有功利，只因对汉语的喜爱。崔元子就是其中之一，她说："好像没有哪个国家的文化能像这样，有机会在韩国轻松又自然地接触到，越了解就越有意思。"

2011年和2014年，启明大学孔子学院两度当选全球先进孔子学院。

回国后，苏英霞与韩国学生的缘分依然因孔子学院而延续着。她的学生们，通过孔子学院为其搭建的通路来到北京，延续着与汉语的缘分。

"这个学期我选了七门课，每位老师都特别精心地备课，细心照顾学生。"李银循说，即便是"汉语教学史"这种课程也毫不枯燥，新鲜有趣的内容永远会让你好奇。

在中国，李银循和她的同学们收获的不仅是知识，还有友谊、爱，以及中韩热络带来的民间交好、利好。

学习之余，他们走出校园，到中国各地了解风土民情。来自庆州的朴隐竣，已走过中国20多个城市。"我还在中国人婚礼上当过伴郎呢。"他说。

他们也交到很多中国的好朋友。为了帮李银循练好英语，一位中国师姐甚至到她宿舍陪她聊到通宵。李银循说，她会把这些经历牢牢记在心扉里，回到韩国和她的学生们讲讲可爱的中国和中国人。

谈到未来韩国的汉语教学发展前景，他们都信心满满。作为中国的友好邻邦，"汉语热"在韩国已持续多年。中文培训机构正以年平均20%的速度增长。

李银循所在的韩国首尔上岩中学，每年选修汉语的学生多达400余人。据她介绍，韩国初高中学校可以自选汉语或日语为必修外语课，现在更多学校与学生选择了汉语。

学好汉语关乎学生们的就业与未来的发展。伴随中国经济的崛起，不少韩国大企业如三星、现代等，明确将汉语水平考试成绩作为重要的入职条件之一。

参加过2011年中国文化夏冬令营的启明大学中国学系学生李多蕙说："不管是大学专业还是将来的志愿都想选择与中国有关的。孔子学院帮我实现了人生的梦想。"

从民间到高层,中韩两国为国际社会树立了国家关系发展的典范。11 年前,全球第一所孔子学院落户韩国。

2014 年 7 月 3 日至 4 日,中国国家主席习近平对韩国进行国事访问。习近平在韩国媒体发表署名文章《风好正扬帆》指出:"中国将一如既往地鼓励和支持中韩民间外交和人文交流,广结善缘,包容互鉴,谱写中韩两国人民友好新篇章。"

目前,中国已经在 123 个国家和地区建立 468 家孔子学院和 715 家中小学孔子课堂。全球学习汉语的人数也从不足 3000 万人攀升到现在的 1 亿人。

"世界的和平与和谐源于理解,理解的基础在于沟通。孔子学院尽其所能为各国民众之间的交流与沟通架起一座心桥 ,相信人们已经并将越来越深切地感受到她的善意和价值。"苏英霞说。(任沁沁)(新华网北京 2015.1.12)

人民网:孔子学院十年间开办 475 所,200 多所待申

综合消息,瑞典斯德哥尔摩大学近日宣布关闭孔子学院,虽然该校校长声称,该校孔子学院关闭实属自身原因,与政治无关,但是欧洲第一所孔子学院的关闭再次引发人们对孔子学院的关注。

全球第一所孔子学院 2004 年在韩国创建

进入 21 世纪后,伴随中国综合国力和国际地位的提高,汉语的国际推广也面临新的机遇和挑战,面对国外学习汉语热潮涌动,以及国内外已有汉语推广机构与机制的不足,自 2002 年开始,中国教育部和国家对外汉语教学领导小组开始酝酿在借鉴世界各国推广本民族语言经验的基础上,在海外设立中国语言推广机构。2004 年 3 月,国务委员陈至立将中国设在海外的语言推广机构正式定名为"孔子学院"。2004 年 11 月 21 日,全球第一所孔子学院成立于韩国首尔,即现今的首尔孔子学院,时称"汉城孔子学院"。

10 年间 126 个国家建 475 所孔子学院

自 2004 年首所孔子大学的建立,十年间,孔子学院已发展至 475 所孔子学院和 851 个孔子课堂,分布于世界 126 个国家(地区)。孔子学院已成为中国与世界跨文化交流的平台。

据公开数据,截至 2014 年 12 月 7 日,全球 126 个国家(地区)建 475 所孔子学院和 851 个孔子课堂。孔子学院设在 120 国(地区)共 475 所,其中,亚洲 32 国(地区)103 所,非洲 29 国 42 所,欧洲 39 国 159 所,美洲 17 国 154 所,大洋洲 3 国 17 所。孔子课堂设在 65 国共 851 个(科摩罗、缅甸、马里、突尼斯、塞舌尔、瓦努阿图只有课堂,没有学院),其中,亚洲 17 国 79 个,非洲 13 国 18 个,欧洲 25 国 211 个,美洲 7 国 478 个,大洋洲 3 国 65 个。

随着孔子学院在全球布局的初步形成,孔子学院的发展模式也在探索中发展。

各地孔子学院深入所在国,积极融入当地社会,根据所在国以及地区的实际和民众对语言的要求因地制宜,推出一系列涵盖学历与非学历、从幼儿到大学的汉语课程,同时开展形式多样的适宜于当地各阶层的活动。

各国争相学汉语人数增加

在泰国,学习汉语的热潮高涨,泰国朱拉隆大学的孔子学院将汉语培训班开进王宫。

在日本,汉语成为仅次于英语的第二大外语。

在韩国,在孔子学院学习的人数呈几何级数增长。

俄罗斯孔子学院在传播汉语文化之外,还成为当地各领域与中国开展商贸合作与交流平台。

英国的孔子学院以特色闻名,伦敦商务孔子学院主要面向英国商界和其他领域的社会名流,伦敦中医孔子学院成为全球第一所中医孔子学院,课程以讲授中医的课程为主。

美国的孔子学院儿童汉语教学极具特色,电视、广播、网络三位一体的汉语教学传播方式,丰富了孔子学院的教学模式。

孔子学院受到别有用心曲解

回顾过去一年,孔子学院在外国发展并不顺利。2014 年 9 月 29 日,美国芝加哥大学宣布终止与孔子学院合作;2014 年 10 月 1 日,宾夕法尼亚大学宣布将于孔子学院不再续约;2014 年 10 月,加拿大多伦多教育局以"价值观不一致"为由取消与孔子学院合作。

其实,从孔子学院从建立起,就不断受到外界别有用心的曲解,孔子学院发展一路饱受抨击。孔子学院作为一所非营利的语言教育机构,正如《孔子学院章程》所言,孔子学院致力于适应世界各国(地区)人民对汉语学习的需要,增进世界各国(地区)人民对中国语言文化的了解,加强中国与世界各国教育文化交流合作,发展中国与外国的友好关系,促进世界多元文化发展,构建和谐世界。

200 多所大学仍正在积极申办

虽然孔子学院遭遇抨击不断,但孔子学院发展势头依旧。据从孔子学院得到的消息称,从孔子学院总部了解到,目前仍有 70 多个国家 200 多所大学正在积极申办孔子学院,有个别学校停办或退出是正常现象,各国语言推广机构这种情况也是非常普遍的。

据了解,孔子学院由外方自愿向孔子学院总部提出申请设立。批准成立后,孔子学院采取中外学校合作办学模式,学院设在外方大学校园内,由中外合作院校共同组成理事会,理事会研究议定年度工作计划和预决算。中外双方共同投入,资金管理执行双方法律,坚持共建、共管、共享、共赢,共派师资和管理人员。日常运行以外方为主,既遵守《孔子学院章程》,统一名称、统一标识,又充分尊重各国首创精神和办学特色,因地制宜、灵活多样地开展汉语教学和文化交流活动。(常红 孙童飞)(人民网 2015.1.15)

语言癌

语言癌,是指在口语或书面表达上普遍存在用法不当的现象,例如话语中的冗言赘字过多、言语逻辑不通顺、词不达意、欧化中文等,和语病的差异在于语言癌不一定不合语法规则。主要表现为,通俗的话晦涩地说,简单的道理复杂地讲,熟悉的知识陌生地介绍,尤其是学术界更喜欢用一些别扭、拗口的生僻语词,自创一些生涩难懂的概念,组织复杂冗长的句子。例如在台湾,去餐饮店"点餐",服务员会热情地对你说:"很荣幸为您进行一个点餐的动作。"到理发店里"洗头",理发师也会详细地跟你介绍:"在理发的程序里,先为您做一个洗头的部分。"类似的言语现象,几乎成为人们追逐的一种"时尚",经常在广播、电视、报纸等媒体上出现。目前这种"语言癌"大有向整个华语圈蔓延的趋势。

缘起

《北京日报》:"语言癌"正侵入华语圈

据台湾朋友介绍,在当地有一种现象很普遍。如去餐饮店"点餐",服务员会热情地对你说:"很荣幸为您进行一个点餐的动作。"到理发店里"洗头",理发师也会详细地跟你介绍:"在理发的程序里,先为您做一个洗头的部分。"类似的言语现象,几乎成为人们追逐的一种"时尚",经常在台湾广播、电视、报纸等媒体上出现。

前不久,台湾某家报纸将这种啰唆、累赘、不合常规的病态表达,称为"语言癌",并说这种"语言的癌细胞"不断增生,已经"扩散到大众口中","入侵到标语、告示及媒体上",并"从口语内化为文字语法"。

那么,这种"语言癌",大陆有吗?当然有,整个华语圈都在一定程度上存在。

前不久,我去拜访一位德高望重的语言学前辈。他说曾有一位年轻学者,拿一篇论文来"请教"。文中出现了"本项""喻项""系项"等诸多"新提法""新概念",从"客体"说到"主体",从"实相"说到"心象","洋洋洒洒"数千言,表述艰涩难懂。前辈硬着头皮看完后发现,文中谈的其实就是"比喻"这种修辞格,所谓的"本项""喻项""系项"就是人们熟知的"本体""喻体""比喻词"。真正的新思想,有时确实需要新概念来表达,过去以及现在一些大师级学者,就在这方面做出了典范。但这位年轻学者所为,显然不属这种情况。

从20世纪90年代开始,通俗的话晦涩地说,简单的道理复杂地讲,熟悉的知识陌生地介绍,就成为一些学者追逐的"时尚"。选用别扭、拗口的生僻语词,自创生涩难懂的概念,组织复杂冗长的句子,几乎已成为现在学术论文的"文风"。有人讽刺说,不把"小鸡"说成"小鸡",而说"鸡的幼体",不把"散步"说成"散步",而说"比爬行快比跑步慢的无目的的行走",不把"饿"说成"饿",而说"肚子里有一种想进食的生理反应",不把"疮"说成"疮",而说"皮肤上一个发生病变的突起",是当今某些学者显示水准的手段。

这些现象,难道不是"语言癌"的症状吗?

"语言癌"的病因很复杂,要对其进行准确的病情"诊断",还不是一件简单的事。笔者拟从两个角度做简要分析。

从语言角度看,余光中先生认为,"语言癌"现象和中文的"恶性西化"有很大关系。他说,"大家只顾学英文、看翻译小说,不再看用字精简的中文经典,结果英文没学好,却把中文学坏了,化简为繁,以拙代巧,加上电视、网络推波助澜,讲病态中文变成时尚"。这种说法很有见地。英语中有 have、do 等助动词 + 动词不同形态的结构,把"吃饭"说成"有吃饭",把"看书"说成"做了一个看书的动作"等等,可能就是英语类似结构的蹩脚模仿。除了这种"恶性西化"以外,笔者认为,可能还有"积非成是"的误用、网络语言的冲击,以及所谓"学者"自作聪明的"创造"等等。

从心理角度看,导致"语言癌"的原因,也是多方面的。

一是想表现出自己的"不同",以期引起别人的注意。在语言表达上求"新"求"奇",说出与众不同的话,显然能取得这个效果。有些学者在文章中运用"陌生化"的表述,也是出于同样的目的。

二是想表现出自己的"专业",以期取得别人的信赖。言语表达是社会生活的镜子,能折射出社会生活的信息。在一定程度上,能从服务员的用语推断服务的质量,能从产品介绍中遣词造句的方式推断产品的品质。他们是想通过貌似严密的言语表达,给顾客传递一个信息:咱们店里操作规范、专业,提供的产品、服务是优质的。

三是想表现出自己的"高深",以期达到糊弄别人的目的。有些学者在论文中装腔作势,选用或自创晦涩、难懂的表述,就是要让人看不懂,想以此来掩盖自己"虚弱"的本质,实现糊弄读者、获取读者"非法认同"的目的。

"语言癌"的破坏性,绝对不可低估。

一方面是对语言"肌体"的破坏。汉语是世界上最美的语言。汉语之美,除了因四声而形成的"音乐美"之外,还在于它表情达意上的简练、顺畅。况且,还有许多"自以为是"的表述,根本就是一种错误表达,完全不符合汉语的运用规范。如果任"语言癌"肆意蔓延、扩散,美丽的汉语会遭到何种程度的破坏,是无法想象的。

另一方面是对社会"肌体"的破坏。语言不仅反映社会生活,还会影响社会生活。纯朴的言语有利于形成纯朴实干的社会风尚,浮夸的言语会让社会刮起浮夸虚假的歪风。不说"洗头",而说"在理发的程序里,先为您做一个洗头的部分",说到底是在用"表面形式"掩饰"实质内容"。故作高深,用拗口、别扭、让人似懂非懂的言语说话、写文章,说到底是一种投机取巧的"蒙骗"行为,很难想象他会下苦功夫踏踏实实地做事情。如果任"语言癌"肆意蔓延、扩散,会给社会造成怎样的影响,也是难以想象的。

"语言癌"正在侵入整个华语圈,已经引起社会各界的广泛关注。笔者希望每个说汉语的人,养成朴实的话风、文风、学风,正确、规范、优雅地使用汉语,自觉抵制"语言癌"的侵入。同时笔者也希望有关方面能够集中力量,调动力量,有效阻止"语言癌"的扩散,并加强研究,找到彻底医治"语言癌"的良方。(黄安靖 作者为《咬文嚼字》主编)(《北京日报》2015.2.9)

相关报道

《人民日报海外版》:余光中谈"语言癌":和中文的"恶性西化"有很大关系

"贵宾您好,先为您进行一个点餐的动作""那今天疗程的部分,我们就先为您做按摩的部分""所谓的冬粉,就是所谓的绿豆,在经过一个磨粉的动作后所做出来的产品"……这样的句子在台湾的服务业、电视播报中天天出现。近日,台湾《联合报》将此现象称为"语言癌",指出"语言的癌细胞不当增生,扩散到了媒体、大众口中,也入侵到标语、告示及平面媒体,从口语内化为文字语法"……

对此,余光中认为和中文的"恶性西化"有很大关系,大家只顾学英文、看翻译小说,不再看用字精简的中文经典,结果英文没学好,却把中文学坏了,化简为繁,以细代巧,加上电视、网络推波助澜,讲病态中文变成时尚。作家张晓风认为电视台记者常在现场连线时拉高音调,吐出长串累赘、不知所云的话语,电视影响力又很大,令语言错误用法逐渐感染到受众。

大学中文系教授王年双提出,连很多教师都在用病句,更未及时纠正学生,久了便积非成是。语言癌背后隐藏着思考力弱化的危机。台北市景美女中老师陈嘉英表示,每天花数小时滑手机阅读零碎的信息,脑袋就会充满网络用语,无法思考论述,话说不好、作文写不好,都和思考力弱化有关,必须时时刻刻警惕自己说"笨话"。

为什么语言成"癌"?台湾学者朱家安有另一番分析,他认为一是说者想树立专业形象,因为学术界喜欢用、或需要用较冗长的句子解释复杂的事物,学术界在社会中的形象是高深、正式,因此想要表现专业形象的人,就会无意识地模仿这种冗长的叙事方法。二是要以委婉态度示人,长一点的句子听起来较为委婉、温顺、礼貌、尊敬,这些都是服务业希望带给客人的感觉。三是争取思考时间,边观察边说话的人需要思考时间,因此在语句中加入冗言赘字,可以帮助他们争取时间。(《人民日报海外版》2015.1.9)

《光明日报》:以优雅表达治疗"语言癌"

台湾媒体新近提出一个名曰"语言癌"的概念,一时间应者甚众。最先"发难"的对象,是针对"做一个……的动作"之类的冗词赘字,如"拥抱""接吻""按摩""点餐"。这些词在现实生活中表达得非常烦琐,无意义地叠加赘词,最先表现在服务行业,似乎长一点的句子听起来较为委婉、温顺、礼貌,但一旦敷衍开去,不分场合,尽皆"拉长",这种"语言的癌细胞不断增生",扩散到媒体、大众口中,也入侵到标语、告示及平面媒体里,从口语内化为文字语法,这就令人担忧了。

"语言癌"这一新概念,短时间内能够迅速升温,且引起两岸媒介与学界的关注与热议,乃因其在一定程度上击中了命门。现代人无法用精准的中文表达,已然不是一两天的事,而是积弊已久。当触摸手机屏幕点赞大面积代替词语表达,当音频和视频大范围代替文字表述,当非规范的网络语言吞噬规范中文,当"西语"未加消化地侵入汉语,"语言癌"就在这一片雾霾中渐渐生成。

也许有人认为,"语言癌"的症状在台湾地区较为明显,大陆症状略轻。笔者并不以为然,在这一点上,两岸只是表现形式不同而已。对此,著名作家余光中认为,这和中文的"恶性西化"有很大关系,大家只顾学英文、看翻译小说,不再看用字精简的中文经典,结果英文没学好,却把中文学坏了。化简为繁,以拙代巧,加上电视、网络推波助澜,遂将"讲病态中文"变成时尚。台湾作家张晓风还分析说,电视记者常在现场连线时拉高音调,吐出长串累赘、不知所云的话语,这种"腔调"潜移默化感染到受众,"癌细胞"就一点点扩散了。这些分析无疑是切中肯綮的。咱们这边的电视节目"口水"也不少,"讲变态中文"在现实中更是常见,"英文没学好却把中文学坏了"的例子俯拾即是。比如90后说话时,前缀后缀经常是没完没了的"然后"。

在"语言癌"话题引发广大共鸣后,台湾有关部门纷纷亮出应对方策,比如在会考中适时出一些"语言癌"的辨正题,引导教学,提升语文表达能力;又比如在未来修订语文领域课纲时,将提升表达能力列为重要项目,让学生有更多机会讨论、上台讲话等等。这些从青少年抓起的举措无疑是可喜的,但更为重要的是全社会要形成说"雅语"的"雅风"——一要精准,二要生动,三要雅致,人人以此要求自己,并蔚然成风,才会感染到青少年。毕竟,对语言最大的影响的是社会文化,它不但存在于媒体之中,还存在于人与人之间,无孔不入,深入肌理。

要打造健康环保的"绿色语言环境",一方面,我们需要看到流行语中的健康新生词语,并及时融入语言河海,丰富语言宝库;另一方面,我们也必须适时进行语言清污,对形形色色的"语言癌细胞增生"梳理判别并加以遏止,让它们在"雅语雅风"面前式微。唯有如此,"语言癌"才会逐步治愈。(刘巽达)(《光明日报》2015. 1. 14)

东南网:"语言癌"让人更爱经典语言

如去餐饮店"点餐",服务员会热情地对你说:"很荣幸为您进行一个点餐的动作。"到理发店里"洗头",理发师也会详细地跟你介绍:"在理发的程序里,先为您做一个洗头的部分。"

前不久,台湾某家报纸将这种啰唆、累赘、不合常规的病态表达,称为"语言癌",并说这种"语言的癌细胞"不断增生,已经"扩散到大众口中","入侵到标语、告示及媒体上",并"从口语内化为文字语法"。

那么,这种"语言癌",大陆有吗?当然有,整个华语圈,都在一定程度上存在。(2月10日《人民网》)

文贵简洁,唐诗宋词,散文歌赋,言简意赅间,流淌着中国古典文化的优美意境,影响着一代代华语圈的审美趣味,格调高雅,风华绝代。而台湾所谓的"语言癌"的表达方式,被形象地概括为:通俗的话晦涩地说,简单的道理复杂地讲,熟悉的知识陌生地介绍。

因此,一些语言方面的专家对此现象痛心疾首,希望每个说汉语的人正确、规范、优雅地使用汉语,养成朴实的话风、文风、学风,自觉抵制"语言癌"的侵入。余光中先生还尖锐地指出,"语言癌"现象和中文的"恶性西化"有很大关系。

尽管这些观点都十分正确,但是,对此现象却不必如临大敌,过于紧张。汉语自身发展的历史,就是一个海纳百川、吐纳故新的过程。如同影视圈今年流行琼瑶的言情片,明年流行《士兵突击》类的硬汉片,后年流行《甄嬛传》一类的宫廷片相似,汉语有时也会像一个调皮的小孩,到不同的胡同去转一圈,展现不同年代的语言风格。

随着时光流逝,人们开卷有益后,蓦然回首,灯火阑珊处,深深占据华语圈中人们心灵深处的,还是唐诗宋词这类经典文化,如牡丹花开,艳压群芳。那类"西化中用"的文体,终究逃脱不了昙花一现的命运,充其量是一朵狗尾巴花,博人一笑,点缀百花齐放的汉语大观园。

打个比方,任何癌症,就像一颗种子,人的身体就是一片土壤。这个种子冒芽不冒芽,长大不长大,完全取决于土壤,而不是取决于种子。以汉语言之灿烂悠久的文化土壤,现代人造一个新成语都如此之难,大可淡定笑看"语言癌""网络语言

""零翻译"等语言现象,时间会证明,流行过后,最终被浪花拍上岸的仍将是经典。

这几天,媒体盘点习总书记两年多来带火的12个热词,习式语言如同一股和煦、温暖又清爽的风,在中国大地上扑面而来,简洁有力,清新自然,是不是又该流行一阵?(孟刚)(东南网 2015.2.11)

《宁波日报》:动辄称"癌"更是一种病

近日,接连读到两篇评论,观点都不咋地,标题却甚是吓人:一篇是《以优雅表达治疗"语言癌"》,另一篇是《"直男癌"是种什么病?》。语言、男人皆成"癌",这样的标题确实"抓人",但看了让人很不舒服。

"语言癌"那篇说,台湾媒体新近提出一个概念"语言癌",是指"做一个……的动作"之类的冗词赘字,比如,"拥抱"说成"做一个拥抱的动作","按摩"说成"做一个按摩的动作"等。这种说法最先出现在服务行业,听起来委婉、礼貌,但蔓延开去,"语言的癌细胞不断增生",不分场合,就令人担忧了。

"直癌男"那篇说,近日,学者周国平在微博上写道,"一个女人才华再高,成就再大,倘若她不肯或不会做一个温柔的情人,体贴的妻子,慈爱的母亲,她给我的美感就要大打折扣。"一时间引起各方争议,最后周国平不得不删帖了事。对此,网友们引用流行于网络的"直男癌"一词,调侃像周国平这样的男性:活在自己的世界观、价值观、审美观里,并略带大男子主义。

癌,是一种病症,虽说随着医疗技术进步,好多是可以预防和治愈的,但在患癌病人不断增多、死亡率不断升高的当下,还是让人闻之胆寒。而对于那些遭受癌症折磨的病人和其家属来说,恐怕最不愿听到或看到的就是这个词。更何况,就像上述两例,作为广泛传播的大众媒体,把一种病症当作"贬义词"来用,就是一种赤裸裸的语言暴力,不光伤害言谈的对象,对于那些癌症患者也是一种侮辱和歧视。

一些媒体和作者为啥喜欢称"癌"这种说法呢?原因可能有两点:一图方便,见有人"发明"了这种词,即不顾词义所指,也不管别人感受,只要自己方便,拿来就用。二走极端,"大嘴小嘴都说话"的时代,只有走极端,要说就把话"说到顶",才能引起更多人注意。格调低下、辞粗理鄙的语言,我们当然要反对,但与深厚绵长的传统语言体系相比,那些一时风行的"话语",不过是"各领风骚三两月",不可能像癌细胞一样扩散,让我们的语言失去"优雅",想想这些年流行过的网络词、XX体即知;大男子主义再厉害,抗不过"男女平等"的意识进步不说,有人"略带"一点,也不至于可怕到只能用"癌"名之的地步。

让我觉得可怕的,反倒是有些媒体不顾传播的社会效果,轻易地把图一时新鲜、说累赘话语的人称为得了"语言癌",把略带大男子主义的男人称为"直男癌"。要说是病,这种动辄"语不惊人死不休"的极端式表达,更是一种病,更该好好治一

治。(《宁波日报》2015.1.19)

《联合报》:赘字用语成困扰 台湾餐厅业者喊戒"语言癌"

很多台湾民众前往王品集团旗下餐厅,常会听到服务生说:"让我来为您做一个分切'的动作'""色拉'的部分'建议您可以从左而右食用。"这些赘字用语,非但没让消费者感到尊荣,反而觉得困扰。这些被外界批评是"语言癌"的用语,以后可望慢慢消失在王品集团了。

常被外界视为"语言癌始祖"的王品已决定要改掉"的动作""的部分"的服务语句。王品表示,这原本是长久以来制式化SOP下的词句,一开始是为了一致性要员工背诵,但久了就改不过来,反成服务时的包袱。

王品集团国际品牌处海外发展部协理朱书霆说,当服务人员面对客人时,有时为争取多一点时间缓和现场情绪,会拉长句子,但现在公司觉得"应该可以用更自然方式面对客人才对"。

他举例:"色拉的部分,建议您可以从左而右使用。"可以改成"建议您,色拉可从左而右食用。"另外,"让我来为您做一个分切的动作。"可以改成"请让我来分切。"就像在跟自己朋友讲话。

朱书霆也说,要调整用语习惯并不容易,因此只有计划表、没有时间表。(《联合报》2015.8.26)

延伸阅读

台"教育部"将对高三生进行素养调查 讨论"语言癌"

据台湾媒体报道,台湾教育研究院院长柯华葳昨天指出,语文沟通是重要民众素养,台湾《联合报》日前专题报道的"语言癌"问题,确实会影响沟通效能和质量,希望老师在课堂提醒学生注意。

据报道,台"教育部"明后年将针对十八岁高三毕业生进行素养调查。柯华葳表示,语文沟通素养的检视指标包括眼神接触、身体语言及内容等。她表示目前正在与老师沟通民众素养的内涵,会将语言癌部分加入讨论,让老师注意。

素养是解决问题的能力。配合台湾十二年基本教育实施,"教育部"拟定提升台湾民众素养计划,提出的"五大素养"包括语文沟通、数学、科学、数码以及教养与美感。柯华葳说,语文沟通排第一,因为其他项目都要用到语文。

柯华葳说,社会上充斥语言癌,例如开会时常听到"做什么什么的动作"或"做什么什么的情形、状况"等。重复的废话太多,听起来不只刺耳,也不利听话者理解,影响沟通效能和质量。

柯华葳说,以往学校老师虽注意到"语言癌"的现象,但大家习以为常,老师不一定觉得有必要纠正学生。但因《联合报》报道引起社会注意,现在老师都知道应在课堂上提醒并导正学生。她不讳言,语文的听、说、读、写中,"说"的教学成果不彰,因为考试不考"说"。她建议,"教育部"可用风趣的方式提醒学生或民众,例如编一本小册子,将常用的语言癌案例列出。(华夏经纬网 2014.12.22)

是不是语言癌?

看台湾的报刊,学到一个词"语言癌",说的是台湾有些人讲话总是夹带一些过剩的词语,最常听到的是"然后",还有"实在"。许多时刻,基本不必要用"然后"的,也赓续地"然后"又"然后"。有些人曾经"然后"成恶疾,怎样改也改不来,以是称为"言语癌"。

的确,我听台湾一些艺人和通俗大众在电视上接受访谈时,"然后"之声不停于耳。不久前我看电视台播的一名台湾歌星的访谈,那名歌星如许先容本身:"我出生在屏东,然后我的本姓是杨,然后我在屏东念完小学,然后就到台北念中学,然后我加入黉舍的歌颂竞赛,然后我就得了第一名,然后……"险些每句话前面都有个"然后",这些"然后"多数是过剩的。

说这是"语言癌",我感到有点言过实在,哪能算什么"癌症",顶多是讲话的小瑕疵,不是什么缺点。那是一种言语习气,就像新加坡许多人讲华语夹带很多then ho。

新加坡播送界很出名的资深主播——曩昔有个习气,动不动就"所谓",如"所谓艺术节""所谓华社""所谓有名作家",听了很不惬意。我向他提了定见,他很不认为然,辩说这是他的言语作风,我说"所谓"凡是带有褒义的,他不折服。后来,年夜概是提定见的人多了,并且有些批驳他的人照样有权利、有影响力的年夜人物,后来他就很少"所谓"了。

言语习气是异常倔强的,一旦形成了,怎么砍也砍不掉。像台湾的文明老顽童李敖,曩昔听他上电视谈古论今,动不动就问"有没有?""岂非不是吗?",那显示了一种强势,很相符李敖的个性。

中国中间电视台四台在新加坡是能收看得到的,四台常常有个军事专家评论辩论国际形势,谈得异常精辟。他有个言语习气,险些每一句话后面都带"是吗?"偶然一两个"是吗"听起来不感到怎样样,但"是吗"太多了,听起来就不惬意。

我有个老伙计,他有个口头禅:下次改善。岂论什么工作,只要做得不大妥当,不完美,他都是来个"没关系,下次改善",这很符合他随和的脾气。然而,用得太滥也会闹笑话。记得昔时他娶亲的时刻,要来个"移风易俗",不办酒菜,而是在社团的会所开个联欢会(茶会)。那天,不知道怎样搞的,新郎来了,新娘却没到,不知道去了哪里,那时还没有手机,联结不上新娘,怎样办? 十分辛苦的新娘乘一辆的士赶到,娘家这才松了一口吻。新郎这时的口头禅出来了:"没关系,下次改善。"新娘瞋目而视,问新郎:"你还想下一次呀?"阁下站着的一个同伙很急智,顿时接口说:"不,是下次孩子娶亲的时刻就改善。"这才勉强过关。

平心而论,口头禅也好,言语习气也好,都不算缺点,注重一下就可以。偶然会给人感觉不惬意,那是由于用得不适当,像我老伙计常说的"下次改善"就可以。(韩山元)(新浪微博 2015.9.20)

自媒体时代的语言乱象

有媒体载文称"语言癌"现象:"贵宾您好,先为您进行一个点餐的动作""那今天疗程的部分,我们就先为您做按摩的部分""所谓的冬粉,就是所谓的绿豆,在经过一个磨粉的动作后所做出来的产品"……这样的句子在台湾的服务业、电视播报中天天出现。近日,台湾《联合报》将此现象称为"语言癌",指出"语言的癌细胞不当增生,扩散到了媒体、大众口中,也入侵到标语、告示及平面媒体,从口语内化为文字语法"……

尽管我们的语言体系本身具有强大的定力,对各种语言乱象有一定的免疫力,但也经不起过度地娱乐性的消遣。过度地广泛扩散语言错谬,就会被当成约定俗成,吸入主流话语系统,形成病变。

语言乱象其实一直都存在,且不说中国有那么多文盲,就算是高级知识分子也不能保证不犯语法错误,且不管他们语言的思想性和艺术性,他们能否生活中能严格按照语法要求,准确无误地表达思想。另外,就算是节目主持人说出的话,就算是那些语言大师的作品,就算是那些经过了编辑校对发表于报刊的文字,很可能也经不起字斟句酌地研究。每年《咬文嚼字》都会发布在重大新闻、重大事件中出现的重大的语言示范。

以往的传统媒体是广播电视书刊报纸,其中的语言文字都是经过编辑和校对等专业人员的多次勘误才对外发表的。所以,语言畸变的现象不是十分明显。但自媒体时代,多数言论的发表都比较随意,都很难经得起推敲。因为信息量暴增,加之缺乏专业人员进行语言规范,所以,语言乱象遍地,加之网络的繁荣,各类信息传播的速度和影响力不断增大,所以危害程度比以往任何时候都要高。

一些公众人物不谨慎,缺乏公德意识,在喝醉酒或心浮气躁的情况下发微博,很多话会不过脑不走心而脱口而出。这实际上就是语言垃圾,但被不少时时等着他们消息的粉丝们围观扩散,瞬间形成影响,进入大众话语系统。还很清晰地记得某位名人的博文就只有一串省略号,但被广泛转发、评论。不管那条博文是否是他当时当地心境的最佳表达,但从语言角度讲,他不仅是对公众的不负责任,也是对语言的不负责任,是对标点符号的滥用。让一个标点独立成句、独立成段或独立成篇,这会让很多人进行效仿,而这种语言垃圾在网上铺天盖地地出现,会碍人眼球,占用资源,毫无益处。

也有不少公众人物文化水平较低,缺乏汉语言文学修养和专业的语言常识。他们通过非业学的途径成名而备受关注,语言表达能力不高,即便他们十分谨慎,审阅再审阅,但因缺乏必要的专业常识,而无法纠正其中的谬误。所幸的是自媒体用到的多是汉语基础知识,只要有责任心,在发表之前严格审阅,就会减少错谬。当然,百密一疏,他们皆不是有心犯错,但一旦犯错,给语言带来的负面影响同样是不可低估的。

还有一部分公众人物缺乏自我批判和责任担当精神。在出现错谬的情况下,无动于衷,有名就是任性,不检讨,不纠错,知错不改。这种错误的态度甚至比错误的语言更严重,对语言的进化有双重的危害。要消除和纠正语言乱象,尊重是起码的前提,要尊重语言、尊重读者。发布信息时要谨慎,要审阅,要纠正,从自媒体的乱象源头上自我管控,多一份对语言的责任和敬畏,遏制语言乱象,减少语言畸变,拒绝语言癌变。让我们的语言在校正与勘误的过程中,在齐心协力的呵护中,不断净化,良性发展。(犁航)(《团结报》2015.1.14)

教师,请远离"语言癌"

我们总是谈癌色变,但又很容易走入"语言癌"的误区。

什么是"语言癌"呢? 比如把"小鸡"说成"鸡的幼体",把"散步"说成"比爬行快、比跑步慢的无目的的行走",把"饿"说成"肚子里有一种想进食的生理反应"……台湾媒体将这种啰唆累赘、不合常规的病态表达,称为"语言癌"。

"语言癌"已入侵教师的话语体系,大有泛滥之势。如今,有不少教师把直白的话晦涩地说,简单的道理复杂地讲,熟悉的知识陌生地介绍。他们抛出层出不穷的概念、定义,言语中劈头盖脸地夹杂着英文、音译词语,把原本三五句话就可以说清楚的道理变得玄妙高深、晦涩难懂。这些都是"语言癌"的表现。

"语言癌"阻碍着学生进行有效的信息采集、吸收,切断了师生之间经验的借鉴、分享,自然也影响着教学变革的推进。这也许就是为什么教师总是参加培训,总是在学习,但又总得不到明显提高的原因。更让人担忧的是,教师感染这样的"病毒"后,极有可能引发日常教学用语的"癌变",把简单的教学内容变得复杂,把浅显的道理变得深奥,把少年儿童当成成人听众。一句话,教学"癌变"的语言,正在把语文的美、语言的妙,从儿童心目中彻底毁掉! 这不是危言耸听,大家只要留心公开教学课中充斥着的大量不属于儿童的话语,就能体会到"语言癌"的侵蚀威力。我们不禁要问:为什么"语言癌"能够如此迅速地蔓延扩散? 也许,说得玄妙可以证明"我"的与众不同,"陌生化"的表述试图体现的就是"我"和"你"的层次差异。这是典型的"面子"观念在作祟。比如,一些研究者分不清专业术语和日常对话的差别,他们的研究不接地气,一味"掉书袋"式地布道,这样也许能体现他们的"专业色彩",但却无法取得他人的理解,更谈不上传播经验,分享感受。又如,某些教

师滥竽充数,爱故弄玄虚,他们常常以别人不能理解的方式展示自我,仅仅只是为了达到"糊弄人"的目的。这些教师往往在论文、讲座中生造概念,装腔作势,拿来一知半解或者未经证实的结论,以不容置疑、铿锵有力的生硬话语,劈头盖脸地对他人进行批判。其义正词严之势态足以在短期内唬住听众,让人陷入"云山雾罩"的困顿之中。但是,清醒之人也不在少数。所以我们也常常能够听到一些一线教师这样进行回击:"批判者,请你躬亲实践,这样才能辨出真伪。""语言癌"直接反映出教师思想的虚弱,意志的脆弱。

还有一种情况特别值得我们警惕。某些专家教授任意截取所谓的"西方先进教育经验",要求一线教师进行学习、反思、吸纳。他们不管这些经验在西方是否已经是过眼云烟,在中国大地上是否会水土不服,总之就是在讲述时夹杂着英文。这种土洋结合的方式确实有点权威的派头,让人感觉"不得不服"。对此现象,著名作家余光中认为,这是国语的悲哀,是一种"恶性的西化"。"语言癌"就像看似强大的纸老虎,投射下巨大的阴影,而黑暗中隐藏着的就是教师思考的空白、思想的危机、德行的丧失。

在此,笔者奉劝大家要"好好说话"。最美的语言就是音韵和谐、表意清晰、简练顺畅的"普通"话。那些装腔作势、自以为是的表述,根本上是错误的、是病态的。如果任"语言癌"肆意蔓延扩散,美丽的汉语会遭到何种程度的破坏,真是让人无法想象,也不敢想象。语文教师应该成为汉语的守护者,让我们的母语变得更加亲切、朴实、规范是全体语文教师的职责所在。"语言癌"值得我们警惕。(何捷 福建省福州市教育研究院)(《湖南教育:D版》2015年第5期)

汉字简繁之争又起

繁简之争又起。在3月4日的政协文艺组讨论会上,冯小刚、张国立等委员打算联合提交一份关于在校园课堂里教学部分繁体字的提案。冯小刚举例说:"我们经常说'亲爱的',但'亲'和'爱'的意思,现在有多少人知道?从繁体字就能看出来。繁体的親是一个亲加一个见,意思是亲要相见,愛是在现在的爱的基础上,中间加了个心,所谓爱有心。而我们现在是亲不见,爱无心。"张国立则建议在学校恢复几十个或者一两百个有文化含义的繁体字,旨在"让小学生感受传统文化"。繁体字复活的议题再次在国家层面的会议上浮现,并成为公众热议的话题。

缘起

《现代快报》:冯小刚张国立呼吁让富有涵义的繁体字入课本

"亲要相见,爱要有心!"和简体字相比,中国繁体字中的"親""愛"两字让人一眼看懂含义。在3月4日的政协小组讨论会上,全国政协委员冯小刚和张国立就呼吁,选用部分富有含义的繁体字进入中小学生课本,传承传统文字文化。连续几年的全国两会,现代快报也曾多次对繁体字相关话题进行报道。这一次冯小刚以"煽情"的方式再次唤起了人们对繁体字的关注。对此,现代快报记者昨天专访了全国政协委员、教育部副部长、国家语委主任李卫红,她表示,按照法律规定,教材必须使用简体字,但在一些古诗词中已经涉及了部分繁体字。

冯小刚张国立提议:

让富有含义的繁体字回归课本

3月4日,明星云集的政协文艺界别格外受外界关注。现代快报记者在有冯小刚、成龙、宋祖英、陈凯歌等大咖云集的小组会上,听到了一场有关"繁体字"的热烈讨论。

轮到冯小刚委员发言时,面前的桌上立即摆满了各种录音设备。他和张国立委员联合提议恢复部分富有含义的繁体字,增加到小学的课本里,传承中国传统文字之美。

"我们经常说'亲爱的'但'亲'和'爱'的意思,现在有多少人知道?从繁体字就能看出来。繁体的親是一个'亲'加一个'见',意思是亲要相见,'愛'是在现在的'爱'的基础上,中间加了个心,所谓爱有心。而我们现在是亲不见、爱无心。"冯小刚继续说,孩子学习写这些字的过程中,已经在心中种下了美好的种子,否则,

"亲不见""爱无心"。

"能不能选择50至200个最有含义的繁体字,回到课本里来,这样不会给孩子增加负担,也能让孩子感觉到中华文化最重要的部分,别失传了!"冯小刚说。

张国立则补充说:"文化要传递中国文字之美,但我们首先要明白文字中的文化含义,所以我们希望能在学校里恢复几十个,或者一两百个有文化含义的繁体字。这个我们觉得很有意义。"

郁钧剑"泼冷水":

相关提案之前已提三四次了

不过冯小刚委员的话音刚落,著名歌唱家郁钧剑委员却立马泼了一盆冷水,他说:之前连续提过三到四次相关提案,但是教育部年年给予复函说明,汉字简体化在我国已经立法,无法轻易做出修改。

全国政协委员冯骥才说,从篆书到隶书到楷书,传播越快对字的要求就越简单,简化字为了传播速度丢掉了文化意义。我们也不是要完全恢复繁体字,可以选出100个字,让孩子们起码认得,知道这些字是怎么简化的和有什么传统内涵。

不但要认识繁体字,还要会写

全国政协委员、中国舞蹈家协会驻会副主席、著名舞蹈理论家冯双百也赞同冯小刚的观点,他说,我们的中小学生要学会、认识繁体字,更重要的是要讲清楚字中的含义,这才能够体现中国的传统文化。这种教育得抓起来,整个社会二三十年来都把整个中心放在经济上,而恰恰忽略了人文素质应该从根上抓起。

全国政协委员、南京中医药大学教授王旭东在平时读中医古书的时候,也时常会遇到繁体字。他认为,如果以日常办公和生活的节奏来看,繁体字会影响到效率。但从传承文化来说,孩子们有必要认识这些字,因为每一个字的形成和发展过程都在表述一个意思。

也有网友认为,"繁体字其实不用刻意去学,很多繁体字其实和简体字差不多,只要稍微看看就能认识大部分了。"王旭东认为,中国人不但要认识繁体字,还要学会去写,如今很多人提笔忘字,更不要说是写繁体字了。只有写出来,才是对中国文化的一种认识和传承。

王旭东表示,汉化字也得有规范性,不能写得太简化。汉字也表达了一种意境,中国的书画,不仅仅是看字,还是一幅优美的画卷。

汉字还有进一步简化的空间

和委员们提倡繁体字的观点相反,近日有关汉字简化的争论也不断。就在上个月还有专家提出,汉字应该进一步简化。

社科院近代史研究所党委书记周溯源表示,汉字进一步简化还是有可能的。有相当一部分汉字很复杂,知识分子和普通民众都希望进一步简化汉字,尤其在书写时往往用草书、行书,草体字实际上就是简化字。工具都在不断进化,文字怎么就不能进化? 周溯源认为,现在国际社会的"汉语热"日益升温,进一步简化汉字,将更有利于中文走向世界。

有些汉字繁得令人生畏,例如"龟"字的繁体"龜"近 20 笔,像一笔一笔画乌龟。而简化后的"龟"字不但一目了然,也不失汉字的魅力。

周溯源言论一出,也引起了网友们的热议。有网友说:"别再破坏老祖宗留下的文化了! 本来就剩得不多了!"也有网友认为,"简体字好写好认,有何不好?"

全国政协委员、教育部副部长、国家语委主任李卫红:

按照法律规定 教材必须使用简体字

针对"让富有含义的繁体字回归课本"这个建议,国家语委主任李卫红表示,为推动国家通用语言文字的规范化、标准化及其健康发展,2000 年 10 月 31 日第九届全国人民代表大会常务委员会第十八次会议修订通过了《中华人民共和国国家通用语言文字法》,并从 2001 年 1 月 1 日起施行。这其中就明确规定,学校及其他教育机构要以普通话和规范汉字为基本的教育教学用语用字。

"规范汉字表里规定的那些汉字,实际上就是国家通用语言规范的简体字。"李卫红说,简体字便于识别、掌握和使用,这在学生中间,特别是九年义务教育阶段,教材中使用简体字是必须的。她坦言,目前国内教材里使用的都是简体字,但也有部分诗词、歌赋和古文中涉及了一部分繁体字,这也是对中华传统文化的体现。

她说,大力推广国家通用语言文字,规范使用通用语言文字,这是党和政府一直倡导的。"到今年,国家通用语言文字法已经颁布实施 15 年,15 年来我们做了大量工作,也取得了很大成效。下一步,我们会按照法律原则,继续依法推进国家通用语言文字的规范使用。"(安莹 欧阳丽蓉)(《现代快报》2015.3.5)

相关报道

王旭明:纠结繁简之争是自陷误区

近日,有政协委员建议让中小学生学习部分繁体字,再次让繁简之争的老话题受到关注。需要强调,公众很容易进入一个误区,即以为简体字是建国这几十年修订的结果,其实不然。有人对《简化字总表》(简称《总表》)中的 521 个基本简化字做过统计,发现其中 80% 以上的现行简体字都是 20 世纪 50 年代以前就已经流行或存在的。其中:先秦的有 68 个字,秦汉的有 96 个字,三国两晋南北朝的有 32 个字,隋唐五代的有 29 个字,宋辽金元有 82 个,明清有 53 个,民国 60 个,解放区和建国后的是 101 个。

繁简争议一直不休，并不奇怪。我认为，当下应当搁置争论，具体做好这几方面的工作：一是汉字简化不是无边界的，不是越简越好。回顾历史，我们可以知道，现在我们通用的是1986年重新发布的《总表》。可见，汉字简化进行到目前，在还要不要再简、该如何简方面要慎之又慎。在没有充分论证和全民普遍形成共识的情况下，应以维持现状为主。

二是以更开放的胸怀，拿出实际举措，允许公民因个人爱好或其他原因使用繁体字，并为之提供必要便利。就目前规定而言，大陆所有出版物必须依照《总表》要求使用简化汉字，这没有错。但是，比如港澳台出版物、世界其他华文地区出版物，以及大陆非官方的信息载体等是可以适度开放繁体字使用区域的，不必人人谈"繁"色变。

三是我曾经在多种场合、多次呼吁对包括繁体字在内的丰富的中国文字，一定要有一批专门的人去学习、研究和掌握，这既是让传统文化不失传的外在要求，也是中国文字文化博大精深的内在必然。哪些人必须掌握包括繁体字在内的古代文字和六书的造字方法呢？依我看，至少应当包括中文系的学生、教中文的老师以及考古、训诂和语言研究者等。从我目前了解到的情况来看，这些专业的学生和老师，无论是学校还是所在单位，对他们的英语水平有刚性要求，却对他们认、写和释义包括繁体字在内的古代文字没有刚性要求。因此，当下最迫切的问题不是让全体小学生写繁体字，而是让这些专门人员必须会读、会写、会解繁体字，如此，祖国优秀的传统文化才能传承下去。

当然，我们所要做的工作决不仅仅是这些方面，还有比如加强对繁体字的研究、如何采取有效措施保护古代文字，以及立法立规传承包括繁体字在内的非物质文化遗产等等。也就是说，与其让全民做一件大家还不那么认识统一的事情，还不如做一些实实在在、既可行又有效的工作。这既是对繁体字科学理性的态度，也是现实文化社会所可能接受的办法。为此，我愿意再一次呼吁：重视代表委员的建议，但要量力、量情、相机而行。（王旭明）（《环球时报》2015.3.7）

黄德宽：繁体字进课本没必要 反而让学生们更累了

全国政协第一天的文艺组分组讨论会上，冯小刚与张国立等明星委员提出让繁体字进入小学课本的话题引起广泛关注。3月5日，全国政协委员、中国文字学会会长黄德宽接受安徽商报记者采访时认为，现行简化字并非人为产生的，而是有其历史发展规律。让繁体字进课本没有必要，会加重学生负担，而且他认为简繁之间没有那么大的差距，不必过多争论。

不必强化"简繁之争"简化字是自然发展而来

黄德宽认为，从专业角度看，汉字发展总是从比较复杂的繁体向便捷的简体发展,从篆书、隶书到楷书,宋元明清出现大量简体字。现在用的简化字不是为了"扫盲"制造出来的,而是有历史渊源的,是自然发展的过程。"汉字文化内涵从隶变开始就已经改变了,不能用几个简单的例子说事儿。"

至于教材中该不该加繁体字内容,黄德宽认为没有必要,"学生教育负担本身就已经很重,应该给推行国家制定的规范汉字,以这个为教育对象。"而且书法教学进课堂后,会很自然地接触繁体字,繁体和简体没有那么大差距,读一些古籍的话很自然就能认知。他还补充,两岸之间的繁简之争也不必再过多争论。"从全球来看,汉字在世界上影响越来越大,繁简不要扩大分歧,二元并立中逐步自然发展。"(《安徽商报》2015.3.6)

申小龙:汉字发展 须尊重字理与规律

最近,在社会和文化界,有部分人士提出要恢复繁体字。作为一个学术性问题,汉字的简繁之争在新一轮讨论中又成为主角。同过往几十年并无二致,发言的、围观的志士仁人聚讼不休,但仍然只是争无定论。

不过,引人深思的是,不论争论各方立场多么不同,但已形成一大共识——汉字是发展的。复旦大学中文系教授申小龙接受记者采访时更进一步强调,汉字要发展,这是自然规律,但发展必须尊重其本身的字理与规律。

申小龙说:"现在不少人都认为语言是工具。诚然,汉字有工具的属性,但它更是文化,其特有的表意性使它具有了超越符号化工具的意义。每一个字的构形,都是造字者看待事象的一种样式,或者说是造字者对事象内在逻辑的一种理解。"

汉字奥妙,一字表一意

何谓汉字独特的表意?据相关专家介绍,在解释这个问题前,先要说明的是,汉字不仅表意,还有象形与表音等特质。简体字中,"众"是典型的表意字,"妈"则兼具表意和表音,而追根溯源,繁体字的"人"和"馬"都为象形。那为何要特意强调汉字的表意性?

不妨读一段福楼拜的名作《包法利夫人》。法国作家写道,夏尔准备上医学院了,却在介绍课程的公告栏前目瞪口呆"anatomy, pathology, physiology, pharmacy……"一个将要迈入大学的人,对其所学专业居然"一词不识",如是情节在中国人看来匪夷所思。即便从未接触过医学的普通人在面对"解剖学、病理学、生理学、医药学"时也决不会一头雾水。其间的奥妙就拜表意性所赐。德国哲人莱布尼茨曾说,汉字一字就有一意,这种表意性让汉字有了超越语音的强大功能,由此成为自亚里士多德以来西方世界梦寐以求的组义语言。

通俗来讲,西方语言多是靠字母组成音节,再由音节配搭出意义的,但字母本身没有含义。"汉字则不同,每个字都参与语言建构。"申小龙说,别看常用汉字不过4000有余,但三两组合、自由搭配的无限种可能性,让汉字有了独特且丰富的创造力。汪曾祺就曾鲜明地亮出自己的语言观:"汉语和汉字不是一回事。中国识字的人,与其说是用汉语思维,不如说是用汉字思维。"汉字的传达可以不经语音作中介。这一点,既是汉字不同于西方主要语言的特性,也是四大文明古国里唯独汉字流传至今的重要原因。

依北京语言大学汉字研究所教授罗卫东的意见,"既然汉字本身即为一种文化,那么对汉字的发展须得尊重其源流。"

汉字渊源,一字有一史

当语言学家们谈论汉字的源流时,他们在讨论些什么?周而复始的简繁体字之争中,他们又在争论哪些?陈寅恪先生有个论调深受学理界认同,"依照训诂学之标准,凡解释一字即是作一部文化史。"由此申小龙认为,无论繁体字抑或简体字,都不该脱离了本原,不该在发展中丢失了传统。

申教授以杭州西湖边景点曲苑风荷为例,"'曲苑风荷'在现代人听来,都认为是当年康熙看荷听曲的地方,但这正所谓只知其一不知其二。南宋时初得名,那里叫作'麴院荷風','麴'意为酒曲,因为那院落本是酿酒的作坊。"在他看来,戏曲的源头作"戲曲",酒曲在史上称"酒麴",二"曲"不同,其意一目了然。但现在,最早的那段记忆因"麴"简化为"曲"而被抹去。

相似的混淆还常发生在"干"字身上。繁体字中,"干""乾""幹"各表一意。"干"古已有之,原取盾牌之形,遂有干扰、干预、干犯、干涉等说。但在当世,一个"干"不仅要沿承本意,还担负起"乾"和"幹"二字的简体,三个原本自成一体的字,如今混为一谈。申小龙初见"干细胞"一词曾琢磨了很久,这个"干"究竟对应的是"主幹"的"幹"还是"乾淨"的"乾","若是回溯到繁体来表述,困惑便不复存在。"但他同时承认,简体字中也有不少音意兼得又能便于书写的实例。"众""灭""肤""帮""牺"等字的简体都胜过繁体,不失为既遵从文史又符合汉字表意特征的简化标版。

事实上,学界早有种声音——汉字简化是大势,普及业已多年,尤其在运用书写方面,简体字有得天独厚的优势。但考虑到汉字的本源大多由繁体而来,为保留文史渊源,当允许一部分繁体字重返公众视野。亦是出于如此考量,现仍发行的《现代汉语词典》与《汉语大词典》都采取一致方案:所有的字头词条均用繁体字,而解释的语言使用简体字。

学者认为,允许一定范围内的共生,提倡从一部分人开始的识繁写简,是承认汉字超越语言工具的一种传统文化认同。(《文汇报》2015.3.23)

《联合早报》:中国恢复繁体字就能彰显字体的意义?

在中国政治协商会议小组讨论中,著名导演冯小刚呼吁恢复部分有文化含义的繁体字,建议只选择 50 个或更多繁体字,增加到小学课本里,让小学生感受传统文化。

这个提议让一些人心有戚戚焉,认为繁体字承载着中华文化精髓,这样做有助复兴传统文化。中国推行简体字已接近 60 年,即使相关部门接纳冯小刚的提案,先不说有没有必要,关于要恢复哪几个繁体字,恐怕还要有一番争议。

一些简体字过去早已流行,中国近代著名教育家、出版家,中华书局创办人陆费逵,于 1909 年在《教育杂志》创刊号上发表论文《普通教育应当采用俗体字》,是近代中国第一次公开提倡使用简体字。新中国成立后,汉字简化方案审订委员会提出的《汉字简化方案》,于 1956 年 1 月 28 日由国务院全体会议第 23 次会议通过,31 日在《人民日报》正式公布在全国推行,随后还数次根据使用情况略作修改或废除。

新加坡于 1969 年公布第一批简体字 502 个,大部分与中国公布的相同,1974 年又公布《简体字总表》,收简体字 2248 个,包括了中国公布的所有简化字。

马来西亚于 1972 年成立"马来西亚简化汉字委员会",1981 年出版《简化汉字总表》,与中国的《简化字总表》完全一致。不过,马来西亚至今仍是繁简并用,特别是在一些媒体和出版物上,例如《星洲日报》,标题是繁体字,内容却是简体字,形成一种特殊的文字现象。

目前台湾和香港地区依然用繁体字,台湾将繁体字称为"正体字",这些"正体字"让一些去台湾自由行的大陆人感受到五千年中华悠远的历史文化在台湾保存得最完整。

其实从 2008 年开始,几乎每年"两会"上都有有关恢复繁体字的提案。2009 年,政协委员潘庆林就提出全面恢复繁体字的议案。

然而,简化字用久了,习惯了,要全面用回繁体字,却是一项浩大工程,谈何容易。冯小刚提议"恢复有含义的繁体字",不是彻底的"废简复繁",只是做出"小修正",这样更易于接近实际。不过,恢复有恢复的好处,不恢复有不恢复的道理,即使恢复了,繁体字的意义是不是就能彰显了呢?

冯小刚也举例"亲爱的"这几个字非常有含义,"亲"的繁体是左边一个"亲",右边一个"见",组成了"亲";"爱"是在"爱"中加了一个"心",这两字的含义是亲要相见,爱要有心,结果简化以后变成了"亲不见、爱无心"。

其实近几年来,类似帖子不时在网络上转来转去,有的说是台湾人说的,有的说是香港人说的,现在是说中国大陆人去了台湾后说的,那就是汉字简化后,亲

（亲）不见，爱（愛）无心，产（産）不生，厂（廠）空空，面（麵）无麦，运（運）无车，导（導）无道，儿（兒）无首，飞（飛）单翼，云（雲）无雨……

传统汉字（中文，华文）的字体不只是个符号而已，繁体字承载大量的意义，字字意义深远，形象而生动，让人望文生义，这是不容否认的。繁简之争，应摆脱以政治因素来断其优劣，想使用繁体字的人，还是有使用的权利和自由，可以工作上用简体打字，写日记、写博客或在面簿上留言用繁体字。争论人与人之间有没有爱，亲不亲，跟文字里面有没有心和见，没有文化逻辑思维上的直接关系，只有字体被简化得好和坏之分。汉字简化后不应影响汉字本意的笔画，但有些简体字的确将有含义的内容也一同简化掉了。

有此一论，中国当初把繁体字变成简体字，是为了加速扫盲，因为繁体字太繁琐，难学难写难认难读难记，现在是电脑时代，恢复有含义的繁体字，并不会影响人们的书写，却更有利于人们的认知。冯小刚本身认为，恢复繁体字不会增加小学生的负担，只能让他们更多地知道汉字是中华文化的一部分，学习写（繁体）字的过程中，字本身的语境会给学生留下深刻的印象。

有丰富的文化含义、写起来比简体字漂亮点的繁体字，可以继续留在那些学过的人的脑海中，要用时不会有人阻止，笔者也不例外，繁简体字随时穿插转换。恢复部分繁体字究竟为哪般？应该是离我们很远的事，即使是在中国，这也是一个不容易、不能轻率做出的决定。（傅来兴）（新加坡《联合早报》2015.3.12）

《文汇报》：简体字"爱"民国教育已普遍使用 曾现于北魏碑刻

"汉字简化后，親不见，愛无心，產不生，廠空空，麵无麦，運无车，導无道，兒无首，飛单翼，有雲无雨，開関无门，鄉里无郎，聖不能听也不能说"，同样是一个"爱"字，一说贬其内涵降级、美学凋零。而换一种解读，则为简化字"洗白"。发酵于互联网的这场文字游戏，反映了当下人们对繁简字体两种截然不同的态度。

为简体字正名的上述驳论的作者赵皓阳，在"知乎"与"豆瓣"上发了一篇名为"为什么反对复兴繁体字"的考据帖。他代表了其中的一种声音——"我们是不是误读了简体字？是不是过度解读了繁体字？"复旦大学出土文献与古文字研究中心副教授郭永秉在接受记者采访时说，所谓简体字"爱"，早在北魏和隋朝的碑刻里就有与今天相近的"无心"的写法，而且早在民国教育已普遍使用。从古至今，汉字由繁趋简的基本变化方向，本身是由文字的工具性特点决定的，也是为了适应社会生产力发展而做的调整。

简体字代表文化的退步？

把"爱"简写成"爱"，的确没了"心"。简化字的第一宗罪，就是被人直指"文化内涵上的缺失"。然而，主观的判断并不能掩盖认识的不足。郭永秉认为，这种将字形、部首与涵义、外延简单联系起来解字的方法,"恐怕是没有经过客观的分析与考据。"

以"弃"字为例,郭永秉说,"棄"字在早期古文字中就有"棄"和"弃"两种繁简不同的写法。前一种繁体的写法,是两手将放在簸箕一类器物中的小孩子丢弃,后一个简化的写法,就是两手直接将小孩子丢弃。"简化的过程就是少了一个簸箕。一个簸箕能承载多少文化内涵?"郭永秉说,"如果承载了文化信息,为什么战国时期东方的一些国家,都不使用那种繁体写法,而直接使用与如今的简体字一脉相承的简化形式呢?"语言文字研究者认为,比一个字所承载的文化意义更珍贵的,是一个字的演变历程。

简繁共生共用,古已有之

如今人们常用的简体字"爱",是 1956 年中国《汉字简化法案》推行的改革首创吗? 在赵皓阳的"考据帖"中,深挖出了北宋文学家苏东坡《前赤壁赋》里留下的相近字。郭永秉也认为,"爱"这个简化字的渊源远超人们的普遍认知,甚至早在隋代和北魏的碑刻里,就有与今天相近的"无心"的写法。

这些今天约定俗成的简体字,许多却是文字界的化石。例如"灯"与"燈",始见于古代字书与韵书中,"灯"本来是与"燈"不同的另一个字,意义为火或火烈。到了元代,通俗文学抄本和刻本《京本通俗小说》《古今杂剧三十种》《全相三国志平话》等都不约而同地以"灯"代"燈"。

现代所使用的简化字,许多是历史上曾经在各种时段、各种场合使用过的。据《简化字溯源》(语文出版社,1997 年)记载,现代简化字绝大多数来源于历代的"俗字"和"手头字",即历代简体字;有一些来自于草书和行书;还有一些竟还是"古本字",比它们的繁体的"资格"还要老。

事实上,现存的许多古文物中都可以见到简体字的身影。有的字甚至出现在几千年前的甲骨文和金文中,如"虫从云气众";《说文解字》保留的战国古文中也有"尔无礼"等。

有专家认为,从古至今,汉字形体的演变是一个简化与繁化并存的过程。由繁趋简的基本变化方向,本身是由文字的工具性特点决定的。明末清初学者吕留良在赠给黄宗羲的诗注中云:"自喜用俗字抄书,云可省工夫一半",这个"俗字"便是当时有所简化的汉字。

研究者更关注简体字"进化"中的问题

"记得李学勤先生说过,他们小时候学写字时,老师所教授的就是简化的'爱'字,可见简体字在民国教育中早已普遍使用。"郭永秉说,很多有学问的人,反而不遗余力地去推动文字改革,简化汉字。即便是繁体字,在学术研究的一般情况下,也并不是一定必须的。裘锡圭先生所著《文字学概要》,也只在说明文字演变需要的时候才保留繁体字,其余一概用简体。如果说不可替代,只有在古籍整理出版、金石篆刻、书法艺术和文史学术研究等方面,有必要的时候。

相比于"繁简之争",汉语言文字研究者更关注的是简体字的"进化"。"汉字简化存在的问题很多,特别是音同音近的'一对多'的替代、简化字破坏汉字部件表音表意作用、为了简化字形打乱文字系统性等,造成了许多问题和麻烦,这些都是简化字的弊病。"郭永秉认为,如今攻击简化字的人很少去系统地总结这方面的问题,而只是空洞地停留在传统文化的保留、道德争论等方面,这些都是对文字记录语言的功能并没有深刻透彻理解的结果。(童薇菁)(《文汇报》2015.3.18)

《光明日报》:汉字繁简争论:眼光应向前看

"这是一次注定夭折的阅读历程。竖排的繁体文字、文言语句、布满正文的注释,中国人熟悉了上千年的行文到了我这一代已成了陌生的丛林。"学者许知远在他的文章中写道。

这种体验对大多数中国人来说,都是相同的。因为我们都在使用通用规范汉字,也就是平常说的简体字。

但,繁体字真的离我们远去了吗?

又不是。在书法、篆刻等艺术作品中,在题词和招牌的手书字中,在出版的书籍中我们还是会看到陌生而又熟识的字体。

前不久,《汉字简繁文本智能转换系统》在京发布。技术可以让繁体字、简体字的转换不再是难事,精确度也一再提高,但关于繁体字与简体字的争论,却不曾停息。

"争论一直有,汉字也一直在简化"

"汉字繁简问题的争论一直有,汉字也一直在简化。"

人民教育出版社编审顾之川向记者讲述起汉字的简化史。

从历史上看,汉字从甲骨文到楷书,总的发展趋势是趋向简单。清末就有人主张简化汉字。20世纪30年代,当时的教育部曾成立"国语统一促进会",1932年公布《国音常用字汇》,收录了部分被称为"破体""小字"的宋元以来"通俗的简体字"。1935年1月,"国语统一促进会"第二十九次常务委员会召开,通过了与钱玄同的提案有关的"搜采固有而较适用的'简体字'案"。如案名所示,它不是为新文字定策,而是提出将已在流通的简体字加以整理,以作为标准字。这些被称为"固有的比较实用的简体字",一是现行的俗体字,二是宋元以后小说中的俗字,三是章草(草书的一种,笔画保存一些隶书的笔势),四是行书和草书,五是《说文解字》中笔画少的异体字,六是碑碣上的别字。

1936年1月,"简体字表"因受到考试院院长戴季陶的反对而"暂缓推行"。新中国成立后的 20 世纪 50 年代,简化汉字、推广普通话成为我国主要的语言文字政策,汉字简化终于成为现实,这主要有两方面的原因:一是有前代学者的研究与呼吁;二是当时我国有九成文盲,简化汉字有利于"扫盲"。

顾之川表示,我国推行简化汉字已有几十年的历史,在趋势就简的前提下,没有必要再变回繁体。至于简体字的缺点,并非不能改正。如果考虑到更有利于在中小学完善中华优秀传统文化教育,有利于两岸文化交流等问题,有利于在海外推广中华文化,完全可以提倡"识繁写简",即认识繁体字,使用简体字,让中小学生认识一些繁体字。

争论归争论,不可忽略的现实是——在推行简化字半个多世纪的漫长岁月里,传统文化迎来了前所未有的高潮。人们开始关注汉字,并思考:文字从何处起源?汉字的简化是如何发展的?

"我们既不能一味追求简化而任意破坏理据,也不能因固守理据而无视汉字的繁难"

"在简繁之争中,最好不要先有了感情色彩,而是要冷静思考,客观分析。"北京师范大学文学院教授王立军表示,简化是由古文字向今文字发展过程中的一种重要方式。

他长期从事汉语言文字学教学与研究。"汉字是表意性质的文字,表意文字的根本特点就是其构形具有可解释性,也就是说,汉字的构形是有理据的。"

关于汉字的演化,他娓娓道来。

从古文字到今文字,汉字一直坚持理据性的特点没有改变,但汉字理据的表现方式却发生了重大的变化。在早期古文字阶段,汉字的理据主要是靠物象或物象的组合来表现的。由于象形造字法满足不了实际需要,人们开始摸索着用两个或几个象形字进行组合造字。形声的出现,使得汉字不仅可以从意义的角度加以类聚,而且可以从声音的角度加以类聚。随着这种类聚关系的逐步调整和优化,到了小篆时期,汉字便形成了具有一定基础部件和有限构形模式的构形系统,这个时期汉字的理据已不再是个体字符的直观理据,而是通过部件的类化、义化和整个汉字系统的形声化,上升为更高层次的系统理据。

隶书是汉字形体简化幅度最大的阶段之一,它对篆书进行改造的目的也是为了"以趋约易"。从书写的角度来说,汉字的形体越简单,书写速度就越快;从理据的角度来说,汉字的形体越复杂,理据保留程度就越高。所以,书写和理据对形体的要求是相互矛盾的。汉字的发展就是要在这两种力量的共同作用下,去寻求简繁适度的造型。

在现在所说的繁体字中,有不少字的理据早就非常隐晦了。王立军举例说,如"執""願"按《说文》"六书"是形声字,它们的义符分别是"幸""頁",但现在还有几个人能了解"埶"为什么从"幸""願"为什么从"頁"呢？把"埶"的义符改成"扌"、把"願"的义符改成"心"，意义不是更明确了吗？为什么非要那么绝对地说繁体字更能体现理据呢？

"我们既不能一味追求简化而任意破坏理据，也不能因为固守那些已经十分隐晦的理据而无视汉字的繁难。"王立军强调，简化汉字推行了半个世纪，方便了几亿人的认字和写字，已经成为传播现代信息和国际交流的载体，在传统文化现代化方面，也起到了十分积极的作用。书写和认读简化汉字已经成为国内外绝大多数汉字使用者的习惯。

"繁简之争的背后是新时代的文化身份焦虑"

北京大学教授龚鹏程正是用繁体字来回答我们的提问。来北大之前，他曾是台湾淡江大学文学院院长，台湾南华大学、佛光大学创校校长。

"对正体字有亲切感，这是当然，但这并不是最主要的。主要是认知上的，属于知识性感情，而非因自幼熟习的那种自然感情。"他所说的正体字就是繁体字。

"众所周知，简化字不只是个别字省了笔画而已，它还有大量同音替代、偏旁推类，一个字代替了好几个字，因此在认知上十分混乱。古代诗词歌赋文章典故、人名地名书名专有名词，到底原来是什么样，看简化字，更难判断，这让我头痛不已。"在龚鹏程的记忆中，无数文化名人、书法家，甚至中文系的教授也在繁体字与简体字的转换之间频频出错。比如：岳王庙写成嶽王庙、发展写成髮展、影后写成影後、新淦写成新干。"那不只是错了个把字，更是对一段话的文脉语境之误读，认知上大成问题。"

"親不见，愛无心，產不生，厰空空，麵无麦，運无车，導无道，兒无首，飛单翼，湧无力，有雲无雨，開關无门，鄉里无郎……"这是一段在网上流传的文字，言外之意就是简体字隔断历史文化。

"传统六书造字法和笔顺，都很难讲。须知文字是跟思维合一的，混乱且简陋的文字体系，自然会使得思想简陋混乱，这亦是无疑的。"龚鹏程说，"歧见之趋同，有时也不是在道理上争辩就能解决的，还须有情感上的基础。例如朋友和家人，歧见虽大，毕竟容易商量，就是吵吵，也不伤和气，这就易于达成共识。否则越要据理而争，双方的裂痕就越大，越凑不到一块儿去。"

当年的他带队来北京赴语委会讨论文字问题，迄今亦二十余年了。"从剑拔弩张，火花四射，到现在和衷共济，其实也不容易。"

"其实两岸文字学界交流合作多年，共识大于分歧。"他更为关注的是，眼光向前看，联合海内外，共同关心汉字与科技发展和运用的问题、汉字在世界拓展的教学问题等等。

"繁简之论，之所以日益引起大家的关注，背后的因素是新时代的文化身份焦虑。"龚鹏程回到争论问题本身,"现在,中国正在逐渐走出欧洲中心主义的阴影,寻找自己的文化身份认同。文字,是最重要的文化符号,当然格外引发关注。民情须知、民气可用,我们应利用这个机会,好好来探索一下:汉字与科技发展、汉字与英文西班牙文的国际竞争、汉字的推广等相关问题,不要继续斗嘴。"(靳晓燕 李达)(《光明日报》2015年1月28日05版)

《南方日报》:也别忽视简化字的社会价值

繁简之争又起。在3月4日的政协文艺组讨论会上,冯小刚、张国立等委员打算联合提交一份关于在校园课堂里教学部分繁体字的提案。冯小刚举例说:"我们经常说'亲爱的',但'亲'和'爱'的意思,现在有多少人知道?从繁体字就能看出来。繁体的親是一个亲加一个见,意思是亲要相见,愛是在现在的爱的基础上,中间加了个心,所谓爱有心。而我们现在是亲不见,爱无心。"张国立则建议在学校恢复几十个或者一两百个有文化含义的繁体字。

也有不少反对声音。有人说,学会了简化字再去熟悉繁体字并不困难,简化字不会成为我们今天学习传统文化的障碍;还有人说,如今孔子学院在全球推广汉语,恢复繁体字不利于外国人学习汉语。其实,繁体字也好,简化字也罢,都是中华文化的重要组成部分。香港、澳门、台湾使用繁体字,没有妨碍其迈入现代社会;新加坡、马来西亚参照中国大陆推行简体汉字,现代化也一样如火如荼。这说明简繁之争并没有必要抬高到中华传统文化存废的高度上,简繁之争只是简繁之争。

汉字的发展历程有一个从繁到简的过程。从秦始皇统一文字后的篆书,再"进化"为隶书、楷书,可以说汉字的简化是历史的一种趋势。隶书是篆书的简化,草书、行书又是隶书的简化。早在南北朝时期,就有简体字了,那时叫"俗体"。何谓俗体呢?大抵就是民间群众用的字,俗嘛!汉字这事物在古代属于高雅用品,"万般皆下品,唯有读书高",学习汉字是有门槛的,古代的文盲比例也是颇高的,这是历史,不能不承认。简化字的出现便利了普通群众学习文化,这是简化字的社会功绩。

不独中国如此,韩国也如此。韩国过去也使用汉字,早在殷商时期,汉字就传入了古朝鲜,其后经唐朝的传播,汉字已经成为韩国的主要文字。但也由于汉字的复杂性和门槛,汉字基本上为韩国知识分子所用,普通老百姓则很难使用,会不会汉字一度在韩国成为是不是知识分子的界限。到了中国明朝时期,韩国则进入了李氏朝鲜时代,那时他们出现了一个酷爱文化的世宗李祹,世宗不仅熟稔汉文,并且为了让平民百姓也学习文化,依据该国民众的发音特点,编纂了《训民正音》,发明了朝鲜谚文书写系统,开始形成朝鲜民族独特的书写文字。到了朴正熙执政时期,虽然他本人汉字功底颇佳,但倾向于废止汉字,也造成了后来汉字在韩国的没落。虽然如此,韩文相对于汉字显然是简化又简化的文字,却也让韩国民众借此提高了文化水准。当然,现在韩国又有人主张恢复汉字教育,认为汉字也是其国家文化传统不可或缺的部分,这是后话。

谈中韩两国这段历史,是为了说明简化字在扫除文盲、提升民族文化水准上发挥过重大作用。但这并不是否认繁体字的作用。中韩两国都出现了复兴古代汉字的风潮,这是正常的,是在文字全面普及之后的修正与恢复。作为中国而言,捍卫汉字文化的博大精神,不需要讲什么条件,中国学生多认识繁体字、多懂一点古代文化是好事,然而好事也需要过程。简体字已经约定俗成,是法定文字,那怎么办呢? 笔者以为,不妨在学校开设繁体字兴趣班,让学生拥有选择权吧。只要是学习文化,爱好什么字体都不是关键,关键是能够依照自己的能力去学到更多的知识。

至于意义的拔高,其实无甚意义。(《南方日报》2015.3.5)

《长沙晚报》:繁体字进课堂确实可以有

"'亲要相见''爱要有心',学汉字就给孩子心中种下美好的种子。"全国政协委员冯小刚在3月4日上午的小组会上说,文化传承需要繁体字,希望学校能教孩子们一些有生活含义、反映祖先智慧的字。(3月4日 新华社)

呼吁"让少量繁体字进课堂"是不错的两会好声音。不少专家也发出过类似的呼吁。笔者以为,这不是在开文化倒车,而是在给学生提供一种文化加餐。因为繁体字是现代汉语文化的根源、基础和基因,它承载了漫长的汉语文化发展史,承载了我们祖先的造字智慧。

众所周知,繁体字具有独特的形式,具有丰富的内涵。它们更能直观地表现出我国的造字法,让学生接触汉字背后的故事。汉代学者把汉字的构成和使用方式归纳成六种类型,总称六书,而繁体字就直观地显示出了个中规律。学生们学点繁体字,无疑能更加熟悉汉语文化的发展历程。

说到底,繁体汉字是我们和所有汉字社会共同的文明遗产,而简化字只是近百年的"时尚"的结果。显然,我们让少量繁体字进课堂,并不是在强调它的传播意义,而是在强调它的历史文化意义。如果学生们在课堂上既学习繁体字又学简体字,那更有利于学生们传承中国文化。所以,选一些有代表性的繁体字进课堂,让学生熟悉、了解和掌握它们,并不会对当前以简体字为核心的语言文化构成冲击。这并不是语言文化发展的倒退。它并不违背有关汉字简化的语言立法,也不违背汉字简化的潮流。

事实上,我国港澳台地区以及部分海外华人群体仍在使用繁体字。基于这一事实,我们让少量繁体字进课堂还有另一个好处,即它可以便于大家沟通和联系,增强内地与港澳台地区及海外华人的文化归属感、认同感,从而增进各地华人之间的感情。

其实,学习繁体字和学习文言文是一个道理。而今,文言文早已经被白话文取代了,我们让学生学习文言文就不是根据现实文体的需求。那么,我们为何不能让学生学一些有代表性的繁体字呢?(段鹏)(《长沙晚报》2015.3.5)

《大连日报》:繁体字复活有意义吗?

在全国政协会议分组讨论中,电影导演冯小刚呼吁恢复部分有文化含义的繁体字,并将一定数量的繁体字增加到小学课程中,旨在"让小学生感受传统文化"。繁体字复活的议题再次在国家层面的会议上浮现,并成为公众热议的话题——

汉字简化并不是割裂传统文化

长征(作家):

全国政协委员冯小刚提出的呼吁恢复部分有文化含义的繁体字,并将一定数量的繁体字增加到小学课程中的提案,备受公众关注。其实,汉字的繁简之争在历届两会上一直存在。在以往的两会上,甚至还有代表和委员提出要用十年时间系统复活繁体字。看来,繁体字该不该复活已经成了中国文化发展绕不过去的一道考题,很有全民讨论的必要。

冯小刚委员用"親不见,愛无心"的举例赢得了不少人的赞同。他还再三强调说,此举旨在"让小学生感受传统文化"。而依笔者看,传统文化是不是能够很好地传承,根本不在于要不要复活繁体字,繁体字的复活没有意义。

首先,传统文化的传承不能只做表面文章,而应该重视精髓把握。支持繁体字复活的人非常看重中国传统文化的外在因素,他们甚至把传统文化传承的所有问题都归结为汉字简化的过错。他们认为繁体字蕴藏了诸多中国传统文化的情愫,汉字简化后,依靠繁体字传承的中国传统文化被割裂了,失去了汉字的灵魂。他们甚至举例说:"汉字简化后,親不见,愛无心,產不生,厰空空,麵无麦,運无车,導无道,兒无首,飛单翼,湧无力,有雲无雨,開關无门,鄉里无郎"等等。似乎繁体字简化是一种错误,中国的传统文化传承不力就是因为我们简化了汉字。这是一种谬论。仅看他们举出的这些例子就能知道,他们太过重视中国传统文化的外在因素,太愿意做表面文章。传统文化的传承根本上说是民族意识和文化理念的延续,是入脑走心的精神活动,最根本的是把握传统文化的精髓。而文字只是传播工具,是一种交流载体,过分强调文字的符号意识,是重表轻里的浅层思维。"親不见,愛无心"之说抓人眼球可以,但不能作用于人的心灵。有了"见"和有了"心"之后,亲和爱这两个字不一定就有了道德约束力。不亲不爱的人写了有"见"有"心"的繁体字,并不能就真的成为了知亲有爱的人。汉字简化是五十年前的事,在汉字简化之前,全都使用繁体字,那时的亲和爱两个字都有"见"有"心",但那时不是仍然存在许多无亲无爱之人吗？怎么能把无亲无爱之徒的存在归咎于汉字简化？这也太难圆其说了。中国古代有很多人甚至都不识汉字，但在孝亲博爱方面仍然成为世人楷模，那才是优秀传统文化的力量展现，与这两个字有没有"见"和"心"有什么关系吗？

其次，汉字简化只是简化了书写难度，并没有丢弃它的内在含义，也没有背离造字"六法"。现在使用的大部分简化汉字也仍然是遵循指事、象形、形声、会意、转注、假借这六种方法组成，怎么能有割裂传统文化之说？"麵有麦，運有车"真的能放之四海而皆准？

繁体字复活彰显传统文化的传承

鹏越（媒体评论员）：

在全国政协委员分组讨论时，素有"小钢炮"之称的冯小刚联合张国立提出了一个恢复部分繁体字，让部分繁体字进入中小学课本的提案。而这一提案，得到了不少政协委员们的认可。笔者为这一提案点赞。

汉字的形成经历了几千年，在文化传承上作用不言而喻。汉字的六书，即为象形、指事、会意、形声、转注、假借六种。特别是象形和会意，是根据事物的特征，把事物的形状描绘下来，然后不断规范和慢慢地固定下来，并且见字之形即知其意。可以说，象形和会意和谐地融合在汉字的结构中。

1964年5月，中国大陆推行简化字。的确，简化字笔画减少可减少书写所耗时间和精力，结构清晰也更容易辨认，印刷时可采用更小字体，节省油墨和纸资源。但是，简化字也存有问题，诸如部分字形相近容易误认、无法呈现内涵及解释字源、合并汉字导致歧义增加、丧失艺术美感、破坏汉字系统性等等。例如，"钟"由繁体字"鍾""鐘"简化而来。"鍾"与"鐘"虽同音而不同义："鍾"是古时的酒器，也多作姓用；而"鐘"则是一种打击乐器或计时器，两者不能混用。故在《辞海》"钟"的条目中，均须用"（鍾）"以示与"鐘"之区别。简繁不"一一对应"而是"一对多"，导致了歧义和误解。本意在于省减，实际上增加了麻烦。凡此种种，不能一一列举。因此，简化字对字本身是简化了，但在使用中的麻烦却增加了，反而繁化。难怪陈寅恪、钱钟书等大家学者不写简体，出书也从来不用简体。

简化字为许多学者诟病，就连力挺简化字的文字专家、北京师范大学教授王宁也表示，"我从不否认简体字存在弊端，我们曾经提出恢复八个繁体字，比如'乾湿'的'乾'和'干部'的'干'区分开，但就是这八个字也没能通过。"然而，2009年，我国的《通用规范汉字表》却恢复使用了"砂""萍""锺"等六个繁体字。

目前，全球使用繁体字的华人约为4000万人，只有简化字使用者的1/33；中国大陆习惯写简化字的占95.25%，写繁体字的只占0.92%，剩余的3.83%繁简并用。国内的一些学者认为，应当以"汉字"申遗，繁体字到了该抢救的时刻了。

当代著名剧作家、作家、诗人苏叔阳说："方块汉字是民族统一的文化长城。"传播中国文字之美，恢复蕴藏着丰富的审美和诗意、深厚的文化意蕴和魅力的繁体字，"让孩子从小就知道文字的美，给他们多讲讲繁体字的故事，传承中华民族的传统文化"，不仅是全国政协委员冯骥才、潘庆林、冯小刚、张国立、郁钧剑等人的心愿，更是千千万万热爱中华文化的中国人的心愿。

汉字简化适应走向世界的大趋势

阎姝宏（教育工作者）：

每一种文字的完善和演进都是为了交流和沟通的便利，汉字简化正是为了适应在更大范围内的交流和沟通所需。尽管从现在来看，复活繁体字有利于在港台和海外华人聚集的地域扩大交流，但从更长远的目标来看，汉字简化能够适应走向世界的大趋势。从这一点来看，复活繁体字意义不大。

汉字早就被联合国规定为国际沟通的常用语言之一。随着中国的发展，汉语言文化的影响已经越来越大，学习汉语的热潮已经在世界各地兴起，中华民族传统文化在全世界的影响也与日俱增。所以，讨论汉字的规范问题，不能仅看重它在汉字文化圈和华人聚集地的交流需要，而要看到它作为世界范围语言沟通的发展趋势。

即使是在汉字文化圈内，汉字简化也早已是不可逆转的大趋势。新加坡、韩国的汉字简化方案几乎与中国完全一致或大部分一致。日本现在通行的汉字字体，简化程度虽远不如中国大陆的简体字，但仍有相当数量的汉字与中国现行简体字相同或非常相似。甚至有学者提出，日本借简化汉字成功实现扫盲。马来西亚在20世纪80年代之前一直使用繁体字，1977年后政府推广简体汉字，媒体、出版物等也纷纷效仿。但马来西亚政府当年推广简体字时，并没有禁止繁体字的使用，人们可以自由使用简体或繁体字。泰国则是将所有华文学校都纳入允许教学简化字的范围。汉字文化圈各国对汉字简化的普遍认可，也预示着汉字简化还有更大的空间和需要，汉字简化是中国文化走向世界的一大趋势。

汉字简化一直是文化发展和扩大交流的必然之路。最早的汉字作为一种沟通和交流的正式书面语言，笔画和结构简单、涵盖内容也较少。汉字体系不断发展之后，限制了更大范围内的文化交流。早在1935年，蔡元培、邵力子、陶行知、郁达夫、郭沫若等200多名文化教育界名人联合发起了早期的汉字简化运动。随着历史和文化的发展，汉字还将继续简化。

繁体字复活有利于更大范围的交流

陆云（市民）：

简体汉字的使用范围有限，过度简化的汉字只能成为中国大陆的书面语言，连和港台及海外华人沟通及交流都有困难。随着大中华概念的崛起，为了适应与更大范围的汉字使用者之间的交流,让一些有普遍需要的繁体字复活,会是一件惠及各方的好事。从这一点来说,繁体字复活很有意义。

过于简化的汉字成了中国大陆与港澳台及海外华人交流的障碍。曾被台湾媒体引为笑谈的"幹手器"事件就是一例。在中国大陆的一些酒店卫生间里,常常有干手器的提示标贴。在繁体字中"乾濕""樹幹""干戈"中的"乾""幹""干"在简体字中被统一成"干"字。但为了适应与港澳台及海外华人的交流,有些酒店就出于好心把它翻回繁体字,写成了"幹手器"。习惯于使用繁体字的港澳台及海外同胞则看不懂其中的意思,一时成为笑谈。如果一直使用繁体字,就不会出现这样的交流障碍。

过于简化的汉字还会限制人们对传统文化和经典古籍的使用和挖掘。汉字简化只有50多年的历史,对于具有几千年文明史的传统文化而言,这一瞬间的转变会极大限制人们对传统文化和经典古籍的使用和挖掘。不认识繁体字就读不了经典古籍。最有说服力的事件是"北大没有后汉书"一事。1984年,《人民日报》头版曾刊发了一篇文章引发整个汉字文化圈的轰动。这篇文章的标题叫做"北大图书馆没有《后汉书》",说的是一位教授在北大图书馆借阅原版的《后汉书》,恰好书名上"後漢書"三个字都是繁体字,结果不认识繁体字的图书管理员便告知该教授北大图书馆没有此书。此事一时成为笑谈。作为北大这样一所世界名校,图书馆的管理员竟然在繁体字与简体字的互换使用过程中出现这样的笑话,这不应被看做一时疏忽,而其实是汉字简化负面作用的一个缩影。虽然我们有理由批评这位图书管理员,但我们更应该从文化交流的角度去看待这个问题。所以,我支持繁体字复活。(《大连日报》2015.3.12)

《中国文化报》:汉字繁简之争不是孤零零的语言学事件

日前,全国政协委员冯小刚、张国立联合提了一份提案,建议中小学恢复部分繁体字。在政协会议分组讨论中,冯小刚举例说,"亲爱"二字,繁体字是"親愛","親要相见,愛要有心,当孩子学习这些字的时候,心中就埋下了美好的种子,可现在'亲不见''爱无心'"。还有繁体的"国(國)"字,带有疆域的含义;"华(華)"字的形融合了中国传统建筑的斗拱,很气派。张国立从文字之美的角度赞成恢复部分繁体字,"漂亮的书法,大部分是繁体写就,学校给孩子们教一教繁体字,也可以提升下一代对书法的兴趣"。他们建议,选择50个或更多有含义的繁体字增加到小学的课本。

冯骥才当场表示赞同,他说,文字是文化的基因,文字的形式跟传播速度有关,传播速度要求越快的时候文字越简单,"但我们追求速度的时候不能丢掉文化意义。可以选出一部分繁体字,起码让孩子看见认得,知道我们文字的传统和内涵。"

也有委员表达了不同意见。姜昆说："我想提醒一下,其实现在我们使用的90%简体字,在古代就有了,也是非常具有文化传承的。"郁钧剑则表示,自己以前也提出过关于繁体汉字的建议,但教育部一个函就给打回来了,因为我国有《汉字简化方案》,简单说,恢复繁体字是违规的。他还说:"汉字首先是工具,会认字、写好字是对每个人的基本要求,用不着上升为一种艺术!"这番话随后引起一场轩然大波。

来自香港的全国政协委员、画家刘宇一建议恢复使用繁体"華"字,以让海峡两岸四地只有一个"華"字,"華"字同根同源不可分。刘宇一说,中华民族的先人以象形为基础创造的汉字以其独特的形象和魅力享誉世界,甲骨文"華"字就是一棵花果大树的形象,在《新编甲骨文字典》363页可以找到。篆体"華"字含4个人,好像白、黄、黑、红4个人种合抱一棵树。"華"字凝聚了"中華魂"的关键词,"華"字高度概括了中华民族的精神,"華"字就是形象化的中华民族的民族魂。"我们是龙的传人,但不称为'龙人',而称'華人';说'華语'写'華文'。然而,简体的'华'字,则失去了中华魂的内涵,成了一个人拿了把匕首站在十字路口。从'華'到'华'只简了4笔,就是得不偿失了!"因此,刘宇一建议国家论证后应正式宣布恢复使用繁体"華"字。

来自澳门的全国人大代表陆波表示,尽管现今不少古文以简体字印刷,但简、繁体字牵涉字义问题,易生误导,想要读懂和正确领会古文的内涵,就必须懂得繁体字。谈到"去中国化"的文化现象,他说:"中式的直行书写应该由右至左,但出现在中央电视台某些片尾字幕,是由左至右的西式编排,看起来就非常怪;全国不少地方可发现牌匾由左至右书写,对联是左右不分,上下联倒贴,甚至有些书法家书写的横幅书法作品,也是由左至右的西式编排,令人啼笑皆非。我国传统的珠算和算盘已被计算器淘汰;毛笔和书法也因为计算机的普及而慢慢被淡忘。不要再让我们珍贵的优秀传统文化在现代社会中被湮灭。"他建议,应在中、小学适度推行繁体字教育,起码课本内的古文教材,应以繁体字印刷,让学生正确理解古文的真正原意,领略我们祖先的智慧。

作为使用繁体字频率最高的群体之一,书法家对于繁体字的热爱显而易见。西安交大书法系主任薛养贤在接受记者采访时,直言"支持冯小刚,支持繁体字进课本"。文字专家、陕西师范大学语委主任党怀兴认为,简化字已经深入人心,恢复繁体字需要投入的人力、财力不可估量,恢复繁体字不可能也没必要。在面对繁体字的问题上,最佳方案应该是"识繁写简",在写简体字同时,认识相关繁体字以及背后的文化。学者钱文忠也认为,"识繁用简"是对待繁体字最好的态度,不过"识"不仅是认识,还包括适度地书写和使用。

关于繁简字之美感,浙江大学教授沈语冰和著有《晋朝另类历史:出轨的王朝》的青年学者押沙龙在微博上也有一番唇枪舌剑。押沙龙发帖说:"简体字的简化方案是很成功的,它也不是拍脑袋胡编的,基本都是源自历史上已有的民间简体写法,谈不上什么割裂文化。简体字清晰简洁、干净利落,论美感我也觉得不比繁体字差。我读古书确实喜欢看繁体版,那也无非是找点现场感而已,以文字本身论,我更喜欢简体字。"我最讨厌把文化弄出神圣感。古书我也看过不少,但看见把'国学'说得神乎其神的就烦。繁体字我也都认识,但看见把繁体字说得一身正气的就烦。有活力的文化从来不会神圣,有自信的文化也从来不会喊着人来继承。把文化弄得一张国字脸,一个大背头,左膀子纹着继承右膀子纹着弘扬,看着都累。"

沈语冰主要研究现代艺术史,亦长期研习书法。他转发押沙龙帖并直言:"他说简体字'论美感不比繁体差',这就叫人大跌眼镜,能否举个例子,漂亮简体,是任政简体行书还是刘炳森简体隶书?最后,繁体古书居然让他找到了现场感,这就不是闻道先后问题,也不是个人趣味问题,简直就是奇葩了!"沈语冰认为,简化汉字从根本上削弱了汉字原有之美(以及丰富视觉停息)。他举虞、欧、褚、颜、柳等人和简体的"书"字为例,称"王右军(洒脱俊逸),大令(风流倜傥),智永(风神爽利),永兴(珠圆玉润),率更(浑伦峭拔),河南(妩媚娟秀),复褚河南,吴兴(温雅可人)。与之相较,今人之简体楷书,直如饿殍饥汉,槁木死灰"。

对于众多网友"我们已经习惯了简化字,难道还要改回去吗?"的说法,沈语冰表示:"我们只在理论层面上做反思批判,即保持知识的独立性,而非事事从实用角度着眼。这个问题争议已久,好像不太可能有结束的一天。但简化汉字不是孤零零的语言学事件,而是20世纪下半叶激进左翼政治的产物。只有当人们全面反思这一政治运动时,才有可能意识到简化字带来的文化灾难。"(《中国文化报》2015.3.20)

《京华时报》:透过汉字繁简之争看文化共识

如果我们能釜底抽薪解决了文化策略,也许文字的局部分歧就可迎刃而解。更理性的做法,是认识并力求弥合双方的潜在分歧,在最大限度上达成"共识"。

在3月4日的政协会议分组讨论中,导演冯小刚建议恢复部分有文化含义的繁体字,让少量繁体字回归中小学课本,引发网友激辩。有意思的是,春节前夕,有社科院专家发表了与之截然相反的观点,认为汉字还有简化空间,当时同样引发热议。

双方观点,不妨简单地概括为汉字保守派与进化派(没有褒贬之意)。"保守派"主要观点有三:一是汉字本身就是文化传统,需要保护,即"汉字是中国文化里最重要的一个部分";二是不保护就面临着"失传"的危险;还有一个隐含的观点,即"亲""爱"等字的繁体结构里,本身蕴含着中国的传统伦理。而"进化派"的观点则更倾向于:文字是传播文化的工具。作为工具,文字的简化是整体趋势,有利于传播更广泛的文化,繁体难学难认,甚至"影响中华文化的传播与发展"。

应该说,两种观点都有道理。只不过对于汉字,前者立足于本体论,而后者倾向于工具论。争论本身验证了现代哲学的一个前提:真理之间可能并不兼容。文化的问题,并不像"环境保护"命题那样非黑即白,而是存在基于不同前提的"对与对的冲突"。

认可这一点,我们就容易理解,单纯对某方观点认同或拒斥,都只是众声喧哗中的一种。更理性的做法,是认识并力求弥合双方的潜在分歧,在最大限度上达成"共识"。这样,我们可能会认同,汉字既是传统文化的一部分,也是传承文化的工具,既要守护,也需发展,关键在于"均衡"。事实上,双方的分歧并不如公众想象得那么大。比如,冯小刚强调"少量繁体字",而简化论者也强调要科学、优化、美化。

细究之下,"两派"也有共识,那就是"中华文化",保护和传承中华文化其实是双方的共同立场。而立足于"文化",繁体字是否会失传,与传统书法、国画等是否会失传,其实是同一性质的问题。从目前情况看,尚可不需过于焦虑。更值得焦虑的倒是传统文化的继承保护和基于传统的道德重建问题,但这尚不是通过恢复繁体字能够解决的。

因此,存异求同的结果,就是齐心协力弘扬中国传统文化。两会的大舞台需要有大视野。从这个角度,我更关注同一天冯骥才的发言:"我佩服日本、韩国,他们真拿自己传统文化当命啊!反观自身,我们的文化策略如何?"如果我们能釜底抽薪解决了文化策略,也许文字的局部分歧就可迎刃而解。(《京华时报》2015.3.5)

延伸阅读

澎湃新闻:"繁简"之争:蒋介石曾两度推行汉字简化

在3月4日的政协会议分组讨论中,电影导演冯小刚呼吁恢复部分有文化含义的繁体字,并将一定数量的繁体字增加到小学课程中,旨在"让小学生感受传统文化"。繁体字传承的议题再次在国家层面的会议上浮现。

其实,在2008年两会期间,宋祖英等21位文艺界的政协委员便联名提议"小学增设繁体字教育"。2009年两会,政协委员潘庆林建议用10年时间废除简体字,恢复使用繁体字。之后,2014年全国人大代表吴仕民提议国家应"恢复繁体字,传承传统文化"。

尽管目前恢复繁体字的意见和呼声在大陆地区的影响力并不大,也不代表中文使用者的主流观点,但随着简繁之争频频被提起,并总能引起热烈的讨论,网络民意也曾出现支持与反对方势均力敌的局面。

不过，繁简体字之争由来已久，并非是只在中国才有的争论，在亚洲文化圈（日韩新马泰）其他国家同样存在这一争论。

民国时期的简体字政策

《汉字简化方案》公布至今已有58年，但"简繁之争"似乎从未停止。不仅仅在中国大陆民众中存在着恢复使用繁体字的主张，长期以来台湾某些政客或民众也常常利用简体字与繁体字的差异对中央政权及其文字政策进行抨击。

诚然，国共两党因政治斗争与意识形态的对立，在文字政策上也分道扬镳，大陆推行了简体字，而台湾推行了繁体字。"因政治斗争的对方推行简体，我们就倡导繁体，依哲学角度而言，我们是作为对立面的另一边，居于'客'位，沦为强势'主方'的奴隶，结果被逼得硬是要唱反调"（林安梧：《文字简化面面观座谈会发言纪要》，载台湾《国文天地》1989年5卷2期）。可见，台湾地区最初推行繁体字的动机，并不全因"传承中华文化精髓"使然。

然而，大陆的简体字政策，恰恰是承中华民国时期国民党政府制定的简化字方案而来。

汉字简化的方法是以钱玄同（时任中华民国国语研究会会员、教育部国语统筹会常驻干事）在1922年提出的方法为基础的。在此之前，中华书局创办人陆费逵先后发表论文《普通教育应当采用俗体字》《整理汉字的意见》，建议普通教育采用已在民间流行的简体字，并把其他笔画多的字也简化，成为历史上公开提倡使用简体字的第一人。

钱玄同1922年提出的《减省现行汉字的笔画案》，除了主张将民间流行的简体字作为正体字应用于一切正规书面语外，还提出了简化汉字的八种方法。这部历史上有关简体字的第一个具体方案，成为现行简体字产生的依据，影响深远。1935年8月，国民党政府颁布《第一批简体字表》，采用钱玄同主编的《简体字谱》草稿（收录简体字2400多个）的一部分，收字324个，虽仅执行167天便遭废止，却是由政府公布的第一个简体字表。

台湾社会为何使用繁体字

如前所述，《第一批简体字表》推行不久便遭遇短命。但这批简化字实为蒋介石在背后推动，他曾说标语用字应尽量避免十画以上之难字，推行简化字有利于消除文盲。然而，时任国民党中央常委、考试院院长的戴季陶认为，简化汉字是十分荒谬的行为，破坏了中国文化，公开跟蒋介石叫板。忌惮于戴季陶是国民党元老，蒋介石只好让步，下令暂不实施简化汉字。后来在戴的一再敦促下，蒋介石最终下了"不必推行"简化字的命令。

然而，民间研究汉字简化的活动并未受到挫折。在《第一批简体字表》废止的同年,上海文化界组织"手头字推行会",发起推行手头字即简体字的运动。直至 1937 年抗日战争爆发前,简体字仍在各种非官方渠道继续推行,抗战爆发后简体字主要在共产党统治区继续发展。新中国成立后,共产党作为执政党更是立即着手推行简化汉字,并于 1956 年在全国推行《汉字简化方案》。

1952 年,蒋介石第二次推动文字改革。他一边指示"考试院副院长"罗家伦在报纸上进行舆论造势,一边让"教育部"组织学者研究简化方案。翌年,蒋介石重申"简化字之提倡,甚为必要"。

然而,这次文字改革又遭到保守派的抵制,他们认为此举会"毁灭中国文字及国家命脉"。蒋介石感到阻力太大,恐难执行。此时,大陆在推行汉字简化运动,在海峡局势风诡云谲的背景下,蒋介石立场大变,将简体字斥为共党专断、忘本卖国的工具。20 世纪 60 年代蒋介石更是发动中华文化复兴运动,全面禁用简体字,违反者会被视为"投共附匪"。简体字在蒋介石统治时期成了人人忌谈的政治符号,直到 1987 年解除戒严后,随着两岸往来频繁,简体字才逐渐进入台湾社会。

韩国也用简体汉字

亚洲文化圈受汉字影响的其他国家,如新加坡、日本、韩国、马来西亚、泰国等,都曾对本国流通的汉字进行过不同程度的简化改革。其中,新加坡、马来西亚及韩国的汉字简化方案甚至与中国完全一致或大部分一致。现在日本通行的汉字字体(新字体),简化程度虽远不如中国大陆的简体字,但仍有相当数量的汉字与中国现行简体字相同或非常相似。泰国则是将所有华文学校都纳入允许教学简化字的范围。这些国家进行汉字简化改革,主要是因为简体字更容易被民众习得使用。

以韩国为例,韩国曾长期使用汉字。汉字早在殷商时期传入古朝鲜,再经过唐朝的进一步传播,汉字成为古朝鲜的主要文字。

进入李氏朝鲜时代后,世宗为了让平民百姓认字读书,根据本民族人民的发声特点编纂了《训民正音》,即朝鲜谚文书写系统,朝鲜民族独有的文字渐渐形成。朝鲜半岛独立后,由于民族主义和脱汉运动的影响,朝韩对日治时代汉字的应用与中国古代的册封体制非常不满,汉字遭到排斥,将谚文提升为国家文字的声音逐渐高涨。

1948 年韩国施行《谚文专属用途法》,由此汉字被废除。然而在李承晚时代(1948 – 1960),小学实行的仍是汉字教育。朴正熙时代(1961 – 1979)则完全废除了普通教育中的汉字教育,后因舆论强烈反对,又恢复汉字教育。20 世纪 90 年代韩国与中国建交前使用的汉字一直是繁体字,1994 年以后,包括中文教科书在内的大部分领域都使用了简体字。

自 1991 年起,由韩国主导的国际汉字会议提出统一和规范汉字字体,邀请中国大陆、中国台湾,以及日本代表与会。由于种种原因,至今未能达成一个符合各方实际情况与利益的方案。

现在韩国在国家层面指定为教育汉字的有 1800 字,与中国 2500 个常用汉字重复者多达 1619 个。按照汉字字形标准,两国公用的 1619 个常用汉字中,包括简体字在内,也只有 512 个在字形上不同。

不过,汉字简化的历史进程并不是一帆风顺的。改革汉字是涉及面广泛、规模浩大且实施起来复杂的大工程。任何汉字改革都必须符合人们的使用习惯,必须适应时代的发展潮流。不符合民众的易用性和时代发展需要的改革方案最终都是失败的。

1950 年公布的一批简化字方案中,即便是官方实施的,有很多字也因过于简化容易引起混乱而未被民众接受,比如儒家的"儒"简化成"亻于",堂堂正正的"堂"简化成"坒",副业的"副"简化成"付"等等。(张艳霜)(澎湃新闻 2015.3.6)

《闽南日报》:校园书法课中的"繁简之争"

综观汉字的发展历史,一个基本规律呈现——逐渐从复杂过渡到了简单。汉字结构上的逐步简化使书写方式变得更加快捷、便利。而对于书法创作来说,源古至今书法作品使用的都是繁体字,在古代,繁体字称通用字,而简化字是新中国建国之后才开始推广。学习书法,必须临帖、入古,才能得其精髓,因此繁体字确实比简体字有着更丰富的内涵。但现今越来越多的人在书法作品中,尤其在硬笔书法作品里开始广泛使用简化字,由此众说纷纭,莫衷一是。近年来,有些中小学校在书法创作和比赛中出现一个引起争议的现象——要求学生的书法作品不能出现繁体字,必须写简化字(规范字)。这一现象着实与传统定式产生出强烈的碰撞。究竟在书法作品中,如何对待和平衡"繁简体字"的共生问题,本报记者就此话题采访了部分专家、学者和老师,听听他们的看法。

简体字还不足以为书法艺术服务

漳州市书法家协会副主席李力认为,在书法界,繁体字始终是主流,较受欢迎,简化字时常遭到冷遇,主要原因还是繁体字属于中华五千年文字历史的精华,笔画多,不容易失重,在结构、布白等方面较之简化字有明显的优势和美感。书法既然是一种艺术,与应用文字就应有本质的区别,为了艺术的追求,书家们喜欢繁体字也就不足为怪。

"但现今社会的发展,国家政策的要求促使简化字成为当代的通行文字,被广泛使用,而年轻一代对繁体字的疏离与淡忘,加深了学者们对文化传承和流失的担忧。举个例子,繁体字中云朵的'雲'字上面有个雨字头,雨加云承上启下,而人云亦云的'云'就没有额外的偏旁部首,虽是同一个字,繁体字通过字形体现,在古文里表达了不同的意思,而简化字云就是云,无论什么词语都是统一的字形,无法从字面上体现词语、句子甚至文章的意思和精髓，从书法角度来看，这便是很遗憾的地方。"李力表示，简化字的运用是时代发展的趋势，教育当中的要求和书法艺术的冲突需要多方的调和与规定，我想无论如何，书法创作中简化字始终不能、也不应该替代繁体字，简体字的内涵也还不足以为书法艺术服务。艺术是一种美的享受，无论"繁简字体"都应在不违背字义的前提下健康发展。

繁简"合体"未必不可

福建省书法家协会会员、漳州市书法家协会理事吴两同认为，汉字在几千年的发展中，相继创造了甲骨文、金文、篆书、隶书、楷书、行书、草书等诸种字体，形成了独特的书法艺术、篆刻艺术、解字艺术（谜语），这些艺术并非繁体字所能完全代表的。古文字序列的甲骨文、金文、小篆用圆转的笔道"随体诘诎"描画字符，构字形体和表现手法本身就具有图画美。今文字序列，字体已摆脱了图画化，由从起笔到落笔形成的线性笔画组成部件组合成方正的结构，这种结构特征一直延续到现在的简化字。隶书的蚕头燕尾，楷书的端直方正，行书的行云流水，草书的意向纵横，汉字表现手法的精妙，成就了独特的汉字书法艺术。简化字入书法，书法家创造简化字自古有之，不能从书法艺术的角度排斥简化字，认为繁体字好看，简化字不好看。

"单以隶书之后的今文字看，传世的竹简、书帖、碑刻等中的隶书、楷书、行书、草书等都有简体字，许多与我们今天的简化字字形相同。例如：史游《急就章》中就有简体字'学'、'与'；皇象《急就章》里有'扬'；马王堆汉墓竹简中有'云'；王羲之《服食帖》有'众'；郑文公下碑有'乱'；史晨碑中有隶书的'麦'等等。这些传世之作并未因为用了简体字而影响其艺术成就，简化字也是它们书写艺术的表现对象和载体。"吴两同说，"语言文字的统一，是中华民族凝聚力的重要因素，汉字简化50多年来，简体繁体的应用各安其位，各得其所。书法作品的创作，应当为我们中华文明的传承、为中华文化的进步，起到积极的、规范的、促进的作用。书法作品中繁简文字应用的演变是需要一个过程的，而繁简"合体"也未必不可，简化字与繁体字及其他历史更为悠久的汉字应长期共存，各展其长，和谐相处，通过书法的创作，积极地为推进我国文字使用的规范化做出自己的努力，这才是每一个书法家应当抱有的正确态度。"

"繁简字体"应各有定位

漳州市书法家协会主席黄坤生谈到，"每个人的认识角度、审美角度不同，对待事物的看法必然也不同。如果说科学是严谨的，我想艺术那就是浪漫的，书法作为艺术的组成部分，以繁体字细腻且富有内涵的笔墨书写情感，更能反映作者的内心感受。"

"其实，汉字从古到今一直在简化，简化字是一种进步。简化、声化和规范化，

69

是汉字发展的三大趋势,今天的简化字与这三大原则也完全相符。如果一定要就'繁简之争'来谈,我想从实用性和艺术性、写字和书法这两点来说会更合适些。"黄坤生向记者细分道,"中小学生的学习用字应该遵循国家教育体制的规定,使用简化字(规范字),无可厚非,这是与时俱进、适应社会发展的要求,所以从实用性来说简化字无疑是历史必然的产物;从艺术性来看,繁体字最初是由图形、象形字一步步慢慢演变而来,它不仅是代表文字本身更是中华文化的继承,从学习的角度,我们不应该忘记繁体字,从书法的角度,繁体字依旧是主流。经常有人问我,'我想学写字,要怎么才能写好?'我总是会先问他,'你是要学写字,还是要学写书法?'这两个是完全不同的概念,如果学的是写字,是为了应付学业、考试、工作等,要求写好的是简化字(规范字);如果学的是书法,是为了陶冶情操、了解中国书法的历史和发展,要求写好的就应该是繁体字。'繁简'并无优劣,关乎的是你把它放在什么位置。"

教育和艺术应有别区分

龙海市学习书法教育研究会秘书长、紫泥中心小学语文老师林谦能有两方面不同的理解,"按照我国语言文字的政策要求,在书法创作中提倡使用简化字,我认为并无不妥。不过,由于现在老一辈、有名望的书法家习惯使用繁体字,爱用繁体字属于自然现象;香港、澳门、台湾等地区及海外华人还依然使用繁体字,对简化字不习惯,为了适应他们的需求,书家创作仍然爱用繁体字,这也不奇怪;年轻人学习书法所使用的字帖之类,多为前人的繁体文字,学的是繁体字,也就使用繁体字,也属自然。

"然而在教学活动中,我们学校、老师始终要求学生写简化字(规范字),推广规范化汉字也是现今全国各中小学的硬性要求。教育和艺术本身就不属同一范畴,教育体制规定正确使用规范字,杜绝二简字,不用繁体字,临帖书法遇到繁体字不忘规范字。而对于艺术创作,我们应该尊重历史和祖先遗留下的珍贵优秀的繁体字文化,强制要求必须写简化字的书法并没有实际意义,参加专业性较强的书法比赛不能否认繁体字依旧是评判标准,而我省也已开展了五届《规范化汉字书写大赛》,要求参赛作品必须为简化字。书法比赛不是作文比赛,比的不是文字内容,而重在书法的章法结构与运笔技巧方面,所以个人认为无论繁简都是可以的。"

繁体字的古朴厚重是中华文化的根基

"简化字有简化的美,繁体字有繁体的美,并无绝对的优和劣。简化字以更加便捷、快速的方式成为现今快时代的主旋律,大大提高了人们的阅读速度和理解能力,它无疑是社会文化进步的重要代表。然而,随着时代的变迁和进步,现今学生对繁体字的无知从某种层面来说是一种文化缺失的表现,繁体字在中华文化五千年历史的传承中始终扮演着重要的角色,它以古朴而厚实的稳重肩负着文化历史所赋予的责任。"漳州市第一中学高三语文老师郑丽敏接受采访时表示道。

"在多年的教学过程中,我对繁体字、汉字文化有着很深的一种情怀,时常听人说某某谁的语文基础很差、文化底蕴很低,要如何才能提升……在我的理解里,语文基础和文化底蕴如果要深层次追溯,其实源于对繁体字文化的积累。简化字的演变慢慢成为区别于外国文字的一种符号,更多的承载社会实用性的功能;而繁体字却以它悠久的历史、古朴厚重的底蕴承载着中华文化的根基,当你了解繁体字,慢慢热爱上汉字文化,渐渐通过繁体字的外在深入理解文章的内在,逐步形成一定的文化修养,最终自然会成为具有相当文化底蕴的人,这是一个相辅相成的过程,同样,这个过程也不矛盾于应试教育的高考抑或是各类选拔型人才的考试,这绝对是一个良性循环。"郑丽敏老师动情地说,"我很希望对汉字认识能从娃娃抓起,从小学开始就设立中国汉字之美这类的文化课程,让孩子们识、写规范汉字开始也能不忘繁体字,了解繁体字,这无疑对文化传承是一种很好的延续。习主席提出的中国梦是爱国情怀的总结,对汉字的认同和热爱便是爱国情怀最好的一种表达。"
(《闽南日报》2015.9.24)

志愿青春在泰国——泰国汉语教师志愿者生存状况调查

泰国是国家汉办汉语教师志愿者派出人数最多的国家,也是学生和社会各界人士学习汉语热情最高的国家;迄今中国国家汉办向泰国派出的志愿者累计人数已超过1万人次,仅2014年就有1800多人。目前,志愿者已成为促进在泰汉语教学事业发展的重要组成部分,是泰国汉语教学事业迅速向前发展的重要推动力量。

然而,这些志愿者大多二十出头,年纪尚轻,在异国他乡任教,文化背景迥然,语言交流不通。吐露心声、交流感情的诉求也由于语言的屏障而被驳回,内心的孤独感油然而生。但无论是白天还是黑夜,仍然有很多志愿者老师守候着寂寞,面带着笑容,无怨无悔地坚守,在异国他乡奉献着自己的青春年华。

缘起

中新网:中国今年将派1800名汉语教师志愿者赴泰国教学

3月9日,记者从国家汉办主办、云南师范大学承办的2015赴泰汉语教师志愿者储备培训班获悉,今年将有1800余名汉语教师志愿者赴泰教学,占赴海外志愿者总数近1/3。

在当日开班的培训班上,共有来自云南师范大学、广西大学、哈尔滨师范大学等25所高校149人(实到人数)参加培训。学员们将在为期41天的培训时间里接受泰语语言课、有针对性的讲座培训。中国驻泰国使领馆前官员将为学员讲述志愿者精神、中泰交流等,为他们赴泰国教学做好准备。

广西河池学院学生张晓亮告诉记者,"中泰两国地缘相近,在中国－东盟自贸区推动下,交流密切,也需要更多语言类交流人才,作为一名志愿者,我希望通过赴泰教授汉语,促进进一步交流。"张晓亮学的是对外汉语,外语为泰语,且在泰国留过学,加上赴泰教学师兄们的影响,他热切期盼到泰国教学。

云南师范大学国际汉语教育学院常务副书记魏红介绍,今年中国将有5700多名志愿者赴海外教学,其中有1800名将到泰国。泰国追求多元文化,对各种文化包容,尤其是对汉语具有亲近感,上至诗琳通公主下至普通老百姓都显示出对汉语的热情,因此重视汉语教学。

在中泰一家亲关系的推动下,以及每年数百万游客到泰国旅游催化下,汉语在泰国受到了热烈欢迎。相近的云南多所高校也与泰国高校开展各类合作,如云南财经大学推出了国际学分交换和中泰学分交换教育项目,云南各大高校也相续开设泰语专业,泰语学习人数也成为所开设东南亚语语种中人数最多、最受欢迎的专业之一。

汉语教师志愿者项目是为帮助世界各国解决汉语教师短缺而设立,自 2004 年 3 月实施以来,共向亚、欧、美、非、大洋洲 90 余个国家选排派了上万名志愿者。(王艳龙)(中国新闻网 2015.3.9)

人民网:1600 余名赴泰汉语教师志愿者离任回国

3 月 10 至 20 日,国家汉办驻泰代表处联合泰国教育部各教委连续举办四场离任大会,欢送 1600 余名汉语教师志愿者承载中泰友谊离任回国。来自中国驻泰大使馆、中国国家汉办驻泰王国代表处、泰国教育部等单位的代表,先后出席离任大会,为志愿者送行。

泰国民教委副秘书长班迪·思普塔坤表示,汉语是联合国工作语言之一,对泰国的经济发展有着重要作用。汉语教师志愿者项目是促进泰国民校汉语教学质量发展、扩大汉语教学成果的一项举措。志愿者教师积极付出、开拓新的教学思路,收效明显,促进了中泰两国人民之间相互理解和友好关系的发展,大大加强了泰国新一代学生汉语水平,提高了他们的国际竞争力。

中国驻泰使馆教育组一秘周高宇高度肯定了志愿者在泰国辛勤工作所取得的成绩,寄望志愿者能够在汉语国际教育的道路上能够继续前行,取得更大的成绩,同时感谢志愿者为中泰友谊做出的突出贡献。

国家汉办驻泰王国代表孙玲博士在致辞中对志愿者在任期内克服各种困难,顺利完成教学任务所取得的成绩表示欣慰,同时深情表达了对志愿者离任的不舍之情,孙玲博士寄望志愿者的服务经历所产生的精神财富,能给今后的人生贮藏充足的正能量。并把泰国人民的热情、微笑和友情带回祖国,寄望大家永做促进中泰友谊与交流的民间使者。

各教委志愿者代表分别在会上发言,民教委志愿者谢文珍将自己在泰任教的三年经历以诗歌《夏天的印记》为题,与在场志愿者分享,引发了强烈共鸣,不少志愿者伴随着他及同伴辛欢的深情朗诵,回首过往,潸然泪下,表达出对任教学校和泰国孩子的不舍之情,也流露出对汉语教师志愿者使命感、责任感、荣誉感的深切认同之心。

各场次与会嘉宾还分别为本学年志愿者服务管理团队成员中"特殊奉献奖""优秀志愿者"获得者颁发荣誉证书。据悉,除近 200 名任教于高教委的志愿者将于 5 月份离任外,届时本学年派出的 1800 余名志愿者将全部完成教学任务,离任

回国。(王天乐)(人民网曼谷 2015.3.20)

相关文章

泰国汉语教师志愿者教学适应能力探析

引言

2003 年,泰国教育部与国家汉办合作,正式启动"国际汉语教师中国志愿者"项目,云南师范大学 23 名本科毕业生成为第一批志愿者赴泰国中小学教授汉语。由于泰国汉语教学发展迅速,汉语师资缺口较大,此后几年派出志愿者数量逐年递增。截至 2009 年,泰国开设汉语的大、中、小学从 2003 年的 242 所增加到 1603 所,学习汉语人数由 2003 年的 8.05 万增加到 64 万。2011 年 5 月,国家汉办向泰国派出第十批志愿者,人数达 1202 人。从 2003 ~ 2011 九年间,中国先后向泰国派遣汉语教师志愿者 5638 人。志愿者的到来,缓解了泰国"汉语教师荒"的局面,也为汉语传播做出了重要贡献。志愿者认真负责的教学态度和良好的教学效果得到泰国教育部的肯定。然而,部分志愿者初到泰国时会产生教学不适应现象,有些人甚至要经历半年或更长时间才能调整过来。本文对 203 位泰国汉语教师志愿者和 202 位泰国中学生进行了调查,分析造成教学不适应的主要原因,同时给志愿者培训工作提出几点建议,希望能对志愿者培训研究尽一点绵薄之力。

一、汉语教师志愿者教学不适应的原因

海外汉语教学与国内对外汉语教学有很大不同,李泉(2009)列举了 5 点差异。由于语言环境、文化环境、教育传统、教育理念等方面的不同,汉语教师志愿者要针对教学对象特点,进行国别化汉语教学,否则就会经历一个较长"阵痛期"。

第一、志愿者对泰国教育制度、教育理念不了解

泰国位于亚洲中南半岛中部,是一个典型的佛教国家。泰国政府一向重视教育,教育制度既受佛教和传统文化的深刻影响,也兼收西方一些教育理念和教育模式,形成具有泰国特色的现代教育体系。

首先,泰国的教育目标与国内不同。泰国的教育目标以"素质教育"和"生存教育"为核心,注重培养学生的综合素质,重视学生的动手能力,强调通过实践促进学习,发展创造力。课内课外活动有机结合是泰国基础教育一大特色,丰富的课外活动已经成为教学的重要组成部分。

泰国是世界上少数几个将道德教育列为首位的国家之一,非常重视学生道德品质的培养。在泰国学校,德育所占比例高于智育(刘晓红,2009),佛教教义自然成为学校道德教育的核心思想和主要内容,不但规范学生的日常行为习惯,也使学生通过对宗教的认识不断提高个人道德水准。此外,学校还着力培养学生的民族

自豪感,每天早上八点的升旗仪式上要集体诵经。一些学校还有早会,早会内容通常为爱祖国、爱国王、尊重传统等教育。

其次,泰国的教育理念与国内不同。泰国最重要的教育理念就是"寓教于乐",重视学习者意愿,强调学习的趣味性。《国民教育法》中指出:新世纪的学习应该是"一种快乐的学习""一种参与性的学习"(李志厚,2002),家长也认为让孩子变快乐比变聪明更重要。教师们常常运用直观的教学手段,通过游戏和活动等方式鼓励学生参与学习,做到动手与动脑相结合、知识与技能相结合。在这种教学理念指导下,泰国中小学课堂气氛比较活跃,学生安安静静听课的情况很难看到。对泰国学生的调查显示:54%的学生喜欢老师"讲二十分钟后做游戏(一节课50分钟)";20.3%的学生喜欢"在实践活动中学习"。显而易见,遵循固定模式,刻板沉闷的课堂在泰国不受欢迎。

尽管同为亚洲国家,泰国的教育目标和教育理念却与我国有很大区别。很多志愿者不了解这些情况,不能正确选择或及时调整教学方法,导致教学错位。

第二、志愿者对泰国汉语教学情况不了解

首先,志愿者主要在中小学任教。在泰国,开设汉语课的学校有大学、中小学、幼儿园和业余培训机构等几类。泰国教育部下设4个委员会(基础教育委员会、民校教育委员会、高等教育委员会和职业教育委员会)分别负责不同类型学校的汉语教学工作。目前,这4个教育委员会所辖学校都有汉办志愿者任教。抽样调查显示:在公立中小学任教的志愿者占64.5%,在私立中小学任教的占30.5%,在孔子学院任教的仅占2%。可见,泰国志愿者主要在中小学进行教学。学生来源不同,学校教学条件不一,决定了各校的办学特色和教学质量,也决定了志愿者的教学环境及其使用的教学策略。

其次,志愿者承担的教学任务繁重。在泰国,半数以上的志愿者每周承担15~20节汉语课,承担21~24节的占16.3%,承担25~30节的占1.5%。泰国中小学通常每班30~60人,多数志愿者周任课班级在10个以下,10.3%的志愿者周任课班级为16~20个。如取平均值,志愿者每周要教授10个班450名学生23节汉语课,甚至有志愿者要承担初一至高一各年级的汉语教学任务。班级人数多、单次授课时间长、教学对象层级各异,从知识储备、教学方法和管理方法上,对志愿者来说都是一个极大考验。若对此没有足够了解和充分准备,很难迅速适应当地汉语教学。

再次,汉语课课时少,教学质量不高。在泰国,汉语课有必修和选修两种性质。选修课每周1~2小时,必修课每周5~6时,甚至更多。由于汉语课时数少,亦有停上和被占用现象,因此汉语教学缺乏连续性和吸引力。学生学完就忘,同一内容重复教学严重,教学效率不高。在泰国,汉语教学有三个"零"现象,即小学从零开始,中学从零开始,大学从零开始(李昊,2010)。目前,尽管学习人数剧增,但从调查结果来看,89.7%的学生汉语水平为初级。此外,泰国汉语教学质量监控体系不完善,导致中小学汉语教学始终停留在低水平层次上(宗世海,2010)。

另外,汉语课课堂管理并非易事。泰国学生活泼、开朗。由于强调"快乐学习",学生在课堂上比较随意,来回走动的现象很普遍(这点为很多志愿者困扰和不解),而过多"快乐"也导致课堂混乱。在泰国,外语课(如英、法、日语等)的课堂秩序普遍不太好。除贵族学校、重点学校和以汉语作为高考科目的年级外,课堂管理成为困扰汉语教师志愿者的主要问题。抽样调查显示:46.3%的志愿者认为课堂难控制的原因是学生调皮。中小学生正处于身心发展阶段,易倦怠和疲劳,易被其他兴趣吸引。如果教师的教法不当、教授内容过多过难,他们就会"自寻其乐",甚至在课堂上吵闹和玩耍。由于汉语不是主科,学生喜欢汉语但学习态度不认真。在缺乏学习动力的情况下,如何做好汉语教学工作确实需要志愿者认真思考。

还有,学校开设汉语课经验不足,教学配套设施有限。志愿者任教学校中,近五年开设汉语课的占55.7%。由于汉语教学经验不丰富,有些志愿者所做的工作是开创性的,如制定教学大纲、教学计划、教学进度等。尽管多数学校有固定教材(少数学校没有教材),然而教材各异,针对性和适用性不强,志愿者在教学时要进行大量增删和修改。学校的教辅和参考资料少,很难为志愿者备课提供参考。在泰国,中小学教学条件差别很大。调查显示,76.3%的学校教室为普通教室,只有黑板和粉笔。对于习惯运用现代化教学设备的志愿者来说,这是不小的挑战。

最后,志愿者对于汉语课的性质没有清晰定位。泰国基础教育对外语学习有明确规定:要让学生喜欢所修语言,形成求知欲,掌握听说读写等基本技能,为进一步学习语言打下基础(李志厚、冯增俊,2004)。可见,志愿者的主要任务是培养学生对汉语的兴趣,并非使其汉语知识系统化。汉语课成功与否取决于志愿者能否激发起学生的学习兴趣并长时间保持下去。很多志愿者不了解汉语作为外语课的特点和要求,没有考虑到学生的实际需要,导致教和学无法成功"对接"。

第三、志愿者对海外汉语教学与国内汉语教学的差别不了解

随着汉语在世界范围内快速传播,汉语教学主战场开始由国内转向海外。据统计,目前在中国境外学习汉语的人数达99%以上(吴应辉,2010)。海外汉语教学发展状况直接影响汉语的国际化程度。以往我们重视来华留学生的汉语教学,然而,国内汉语教学与海外汉语教学却有很多不同:第一,教学对象文化背景不同。来华留学生文化背景多元;在海外同一区域内,教学对象文化背景趋同。第二,教学对象学习动机不同。来华留学生学习动机较强;海外学生学习动机相对弱一些,学习持久性很难保证。第三,学时不同。来华学生有较多相对集中的学习时间;海外学生学习时间零散有限,学习容量也有限,学习效果和汉语程度很难整齐划一。

第四,语言环境不同。来华学生有良好的语言环境,处于个体沉浸式学习;海外学生缺乏课余的语言环境,对汉语课堂非常依赖。第五,课堂语言使用情况不同。在国内,汉语教师尽量少用媒介语,甚至一句也不讲;在海外,汉语教师可以适量使用学生母语,尤其对低年级中小学生。第六,教师在课堂上所处位置不同。在国内,教师相对处于中心地位;在海外,更重视发挥学生的主体能动性。不区分国内和海外汉语教学特点,忽视海外汉语教学的特殊性,完全照搬国内经验和模式,海外汉语教学很难获得成功,这是志愿者出现教学问题的主要原因之一。

第四、国内培训内容有效性和针对性不足

近几年,随着国家汉办《国际汉语教师中国志愿者培训大纲》的修订和实施,志愿者培训内容不断丰富,课时增加到600~800学时,培训时间延长为2~3个月。然而,部分志愿者在泰国教学时仍然不适应,这也说明外派教师(包括志愿者)培养与培训确实存在着一些不足和问题(吴勇毅,2007)。调查显示,42.4%的志愿者认为国内培训内容缺少针对性,21.7%的志愿者认为培训内容对实际教学没有指导作用。具体表现为以下几点。

首先,对海外汉语教学特点重视不够。一些学校在培训时,没有区分海外和国内汉语教学的差异,多以国内汉语教学经验指导学员。培训教师往往具有较高的理论素养和丰富的国内汉语教学经验,然而对海外汉语教学情况缺乏了解,国别化教学准备不足,更缺少对海外中小学汉语教学的深入研究,导致培训内容与实际教学相脱节。其实,海外汉语教学更讲求"本土化",学员们想知道"此时此地我如何教"的问题,却没有清晰的答案。

其次,理论讲授过多,教学实践不足。一些学校在培训时,本着让学员全方位接触相关教学理论的宗旨来设置课程。实际上,对某种理论的了解并不能直接对学员的教学产生影响。Osterman等将教师的理论知识分为两类:一类是"所倡导的理论"(espoused theories),它能在培训中被学员所意识且外化,但不一定会对教学产生影响;另一类是"所采用的理论"(theories-in-use),它通过实践形成并内化,能对教学产生影响(张建伟,1997)。尽管接受"所倡导的理论",但由于培训时间短,多数学员缺乏教学经验,因此在实际教学中,他们依然会选择自己习惯的"所采用的理论"。可见,教学技能只能在个体实践中形成。课堂观摩和教学实践不足,学员就无法进行自身的教学反思,获得教学经验,从而提升教学质量。在调查中,志愿者认为"课堂教学观摩"和"试讲"是国内培训中"帮助最大(占45.8%)"和"以后需要加强(占32%)"的方面。

再次,对教学对象特点介绍不够,缺少相关课程设置。调查显示,赴任之前,对教学对象完全不了解的志愿者仅占11.3%,但在实际教学中他们发现,教学对象的特点与之了解的差别很大,甚至完全不同,这从客观上增加了志愿者短期内适应海外汉语教学的难度。比如目前多数培训学校能够针对泰国中小学生特点开设课程,但课时较少,涉及内容不多,也就是"蜻蜓点水",很难给志愿者有效的指导。志愿者们建议国内培训增设以下课程:课堂教学游戏设计(占 59.6%)、中小学汉语课堂教学技巧(占 47.8%)、泰国中小学生汉语课堂特点(占 38.4%)、中小学生心理与学习特征(占 25.6%)、汉语作为选修课的教学法(占 21.7%)等。

另外,对泰语重视和要求不够。在泰国,志愿者使用的教学语言并非以汉语为主,而是汉泰(英)兼用。调查显示,只有 19.2% 的志愿者上课时完全使用汉语;所在学校要求志愿者使用汉语的占 27.1%(包括以汉语为高考科目的高中和孔子学院)。可见,在泰国中小学进行汉语教学,会说泰语比较重要。志愿者坦言"不会说泰语很难在小学和初中开展教学""建议在国内多学习泰语"。目前,泰语课课时占总课时的 1/4 或 1/5,仍不能满足志愿者在泰国教学和生活需要。志愿者普遍反映国内泰语培训的生活化不足,到了泰国由于语言不通"令泰国师生和自己气馁"。

最后,培训方式单一。近几年,国家外派志愿者力度加大,参加培训的志愿者数量急增。为了适应培训时间紧,受训人员多的状况,很多学校采用大班集体授课的方式。这种方式最大弊端就是忽视个体差异,缺少针对性。如同"炒大锅菜",无法将每种原料的味道充分发挥出来。调查显示,志愿者喜欢的培训方式有:案例式教学(占 57.5%)、体验式教学(占 46.6%)、反思性学习(占 46.6%)、微格教学(占 45.2%)和教师大班讲授之后的分组互动(占 42.5%)。事实证明,教学技能不是模式化"批量生产"出来的,个体实践和参与更容易对志愿者的教学产生影响。

二、对志愿者培训工作的启示

第一、加强中泰两国汉语教学顶层设计上的合作

泰国教育部 2005 年起草的《泰国促进汉语教学,提高国家竞争力的战略规划(2006 – 2010)》中提及三个实施战略:制定各级各类学校的课程标准大纲,理清教学思路;支持修订适合泰国汉语教学的优质教材并改良教具,以达颁布标准;制定教师能力培养短期计划和长期规划,以达到有关标准(吴应辉、龙伟华、冯忠芳、潘素英,2010)。这是泰国为促进汉语快速发展而确立的汉语教学顶层目标。

由于对实现上述目标的各步骤、各环节缺乏具体规划和设计,更没有通过精细化管理及全面质量监控来执行(徐敦楷,2008),导致目标的可操作性不强。没有具体的行动方案,目标就无法贯彻到底,犹如画中风景,难以成真。目前战略规划周期已过,泰国中小学汉语师资薄弱、没有统一的教学大纲、教材适用性差、教学质量缺少控制等问题,依然没有得到有效解决,汉语教学依然处于各自为政的无序状态。在这种情况下,即使经验丰富的汉语教师,也难以发挥才能,更何况是经验不足的志愿者。

中泰教育部门应加强在教学顶层设计上的深度合作。从泰国汉语教学实践出发,采用递归式设计,将战略规划目标细化为若干子系统(如大、中、小学等),每个子系统分别进行顶层设计,确保每一环节都有切实可行的方案。在整体化战略的指导下,各级各类目标环环相扣,成为一个系统,同时加大目标的执行力度。只有严格管理和全面监控,各层次、各环节的目标才能执行到位,从而达到顶层设计的预期效果。泰国汉语教学的思路清晰、体系完善,汉语教学才可能良性发展,这是志愿者教学成功的先决条件和客观保障。

第二、帮助泰国中小学师资队伍建立自身的"造血"功能

师资问题一直是制约泰国中小学汉语教学发展的瓶颈。随着汉语快速传播,这一问题越发凸显。目前,泰国中小学汉语教师严重依赖中国的"输血"。志愿者派出人数逐年增多,泰国师资队伍自身"造血"功能却未见强大。尽管启动了"中泰合作培养泰国本土化汉语教师项目",但并没有从根本上解决师资问题的"燃眉之急"。目前,志愿者仍是泰国中小学汉语教学的主力军。只有从"授之以鱼"转向"授之以渔",泰国汉语教学才有自身发展的源动力。本土汉语教师整体业务水平提高,汉语在泰国才有可能取得更大发展。帮助泰国中小学师资队伍建立自身的"造血"功能,既是对泰国汉语教学的未来负责,也是对我国汉语传播的系统规划负责。

有关部门可以考虑让志愿者承担一部分汉语师资培训任务。其一,以孔子学院(课堂)为中心,向周边地区辐射。志愿者协助公派教师定期组织师资培训,根据当地教师的需求开设相应课程。其二,将储备培训时表现突出的志愿者派往教学最需要的地方,让他们起到教学示范作用,并在当地开展教学培训。其三,除去授课任务以外,普通志愿者每学期协助任教学校组织一到两次教学研讨和教学观摩,以此营造教学氛围,提高本土教师的教学意识。泰国汉语教学的发展不能一直依靠外援,志愿者应起到扶持作用。

第三、加强志愿者队伍的教学管理,提高志愿者的教学能力

首先,根据泰国学校情况,分层次选派志愿者。建立泰国中小学校汉语教学数据库,并将历任志愿者基本情况入库,这有助于国内全面掌握泰国中小学汉语教学情况。选派志愿者前,通过对数据库资料的分析,结合各学校实际需求,分层次选派志愿者。有教学经验的志愿者可派往新设汉语课或汉语教学经验不足的学校,为当地汉语教学顺利发展奠定基础。

其次,建立志愿者教学监管机构,专门负责志愿者的汉语教学。从国内各学校选派优秀教师或专家任该机构的教学督导,定期到各府、各校对志愿者进行教学指导,并与本土教师座谈交流,定期在各府组织教学观摩和讲座,以此带动本土教师的业务学习。此外,还可以参考菲律宾志愿者项目,由派出单位指定教学经验丰富的教师带队,负责志愿者的教学和日常管理。

最后,做好志愿者队伍中的"传帮带"工作。由于志愿者任期短、经验不足、流动性大,教学往往因人而异,缺乏系统性。志愿者项目要做到有生命力,就要系统化发展。我们建议,将志愿者的基本任期延长至两年。第一,在度过了"水土不服"期后,志愿者们可以有较长时间工作,否则所积累的经验便无用武之地。第二,新老志愿者应该有一个交接期。志愿者之间的"传帮带"针对性和有效性更强,既可以降低新志愿者不适应现象的发生,又可以减少重复教学,保证汉语教学系统、良性地运转。

第四、增强培训内容的有效性,进行本土化培训

第一,缩短培训时间,降低同一批次受训志愿者人数。增加更多有资质的培训单位,以满足培训需要。将培训立足点放在"海外"的特殊性上,强调"本土化"教学。第二,调整现有课程设置,增设或删减相应课程以适应泰国中小学汉语教学需要,使培训更有针对性。多种培训模式相结合来提高志愿者的教学能力,增加个体实践机会,加大泰语培训力度。第三,国家汉办或各学校组织一批人力,专门投入国别化的汉语教学研究。搜集并建立志愿者教学案例库和志愿者教学视频资料库,为国内培训和志愿者学习提供参考。

结语

汉语教师志愿者项目是中泰两国友好合作的典范。目前,在泰国中小学一线任教的志愿者数量已接近泰籍汉语教师数量。志愿者的教学效果直接影响着泰国汉语教学。找到了志愿者教学不适应的原因,才能"对症下药",进一步做好培训工作。这对提高泰国汉语教学质量,推动汉语国际传播健康发展,具有较高的理论意义和实际的应用价值。同时,值得我们思考的是,汉语传播的关键是数量还是质量? 学习汉语的人数不断上升是件好事,但能否持续发展? 如果有一天,泰国的汉语教学完全依靠自身力量发展,不需要汉语教师志愿者时,这是否才标志汉语传播的成功呢? 点对点的帮助只是暂时的,以点带面的发展才能取得质上的飞跃。(江傲霜,女,吉林省吉林市人,中央民族大学国际教育学院副教授,博士,研究方向为汉语作为第二语言教学法,汉语国际传播;吴应辉,男,云南省昆明市人,中央民族大学国际教育学院教授,博士,博士生导师,研究方向为汉语国际传播)(《华语教学与研究》2012 年第 1 期)(本文在编辑过程中,文章内的原文引用等处略有删节)

泰国汉语教师志愿者项目实施情况调查报告——以云南师范大学为例

随着中国经济的日益发展,学习汉语的热潮已在全世界掀起,世界各国的大学、中学甚至小学纷纷开设汉语课。泰国是中国的近邻,随着东盟自由贸易区的建立,泰国从上到下都意识到了汉语的重要性。泰国汉语教育迅速发展,对汉语教师的需求也快速增长。国家汉办国际汉语教师志愿者项目开始于 2001 年,当年由云

南师范大学探索性地向泰国派出了第一位志愿者汉语教师。2003 年国家汉办开始成批向泰国等国派出汉语教师志愿者。从 2003 年到 2009 年,云南师范大学接受国家汉办的任务,已累计向泰国选派了 338 名汉语教师志愿者。志愿者在完成教学任务的同时,还创造性地开展了一系列宣讲中国语言文化的活动。为总结几年来志愿者选派工作的经验,为今后开展志愿者项目提供有益的参考,在大量发放调查问卷和收集第一手资料的基础上,我们形成了本调查报告,以期能为同行和有关部门提供参考。

一、泰国汉语教师志愿者项目调查概述

本次调查的目的是通过对云南师范大学自 2003 年至 2008 年近 6 年来派出赴泰汉语教师志愿者工作的情况进行调研,了解汉语教师志愿者项目实施的基本现状和存在不足,总结其中有效的经验教训,为今后更好地开展该项目提供有益的参考,为国家汉办制定新的志愿者项目发展规划提供客观的参考依据与咨询建议,从而保证汉语教师志愿者项目继续健康、有序、稳步地向前发展。

本次调查包括分别含填空和选择的调查表各一份,内容主要有以下几个方面:志愿者的基本情况、结束工作后的情况、志愿者对志愿者项目的看法、志愿者在泰国的教学状况、生活条件、社会交往、心理状况等。问卷中的问题和选项均由调研组的老师和志愿者反复讨论后设定,以凸显调查提纲的针对性和客观性。本次调查主要使用问卷调查和访谈调查相结合的方法。由于电话和电子邮件地址等联系方式的变更,有 100 名志愿者教师暂时无法取得联系。由此,共计发放问卷调查表 203 份,回收 131 份,有效回收率 64.5%。所有志愿者在完全自愿的情况下填写问卷,为确保志愿者尽可能真实地完成调查表的各项内容和所填内容的客观性,问卷以记名的形式展开。通过个别电话访谈为主的个案调查,了解当前存在的问题,尤其是个别志愿者存在的心理问题。然后统计选项数据,归纳整理,找出存在的主要问题与不足,并召开总结会议探讨改进的对策建议。

二、调查结果与数据统计分析

(一)汉语教师志愿者的基本情况据问卷调查显示,所有志愿者都是本科以上学历,其中,本科学历的志愿者占 68%,硕士研究生学历的志愿者占 32%。结束志愿者任期后,在外攻读学位的志愿者占总数的 13%,没有在外攻读学位的志愿者占总数的 87%。关于志愿者所在学校开设汉语课的周课时量,如图 1 所示。

图 1　志愿者所在学校开设汉语课的课时量比重图

10课时及以下
10-15课时
16-20课时
20课时以上

由图 1 可知,各学校开设汉语课的周课时量大不相同,其中,周课时最少的为 5 课时,最多的为 22 课时。此外,在志愿者的任职学校类型中,中学占 80%,小学、幼儿园占 20%。关于志愿者所分布的学校,公立学校占 88%,私立学校占 10%,还有 2% 的是天主教、基督教学校或伊斯兰教学校。在幼儿园工作的志愿者,大部分工作内容并不是从事汉语教学,而主要是担当阿姨的角色。

到志愿者任期结束时,如图 2 所示,绝大多数的志愿者能通晓泰语,这说明绝大多数志愿者通过任教锻炼之后在语言技能上有了很大提高。值得一提的是,云南师范大学派出的所有志愿者在赴泰之前都参加过短期泰语培训,掌握了基础泰语口语,为他们到泰国后迅速进入角色,开展工作提供了很大的帮助。

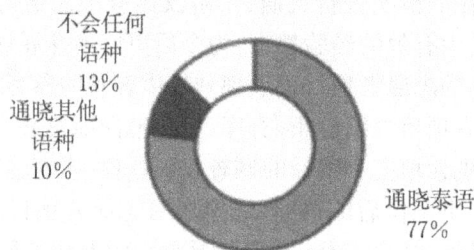

图 2　志愿者任期结束后通晓语种状况示意图

(二)志愿者对国家汉办志愿者项目的态度

此项调研中提供了多项选择,被调查者可一题多选,统计结果为:希望能出国开阔眼界,增加人生经历的占 86%;为了向世界传播汉语,弘扬中国文化的占 72%;为了提高语言技能的占 33%;为了通过志愿者经历寻找更适合工作的占 25%;认为担任汉语教学志愿者只是作为谋生手段的占 22%。

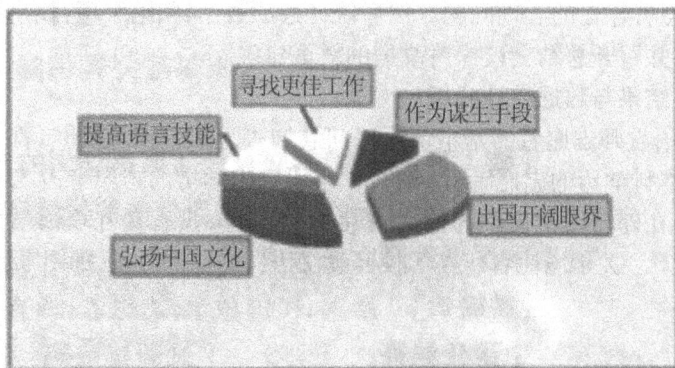

图 3　志愿者对国家汉办志愿项目的态度比重图

此项调查显示,虽然赴泰担任志愿者的动机多元化,但大多数汉语教师志愿者拥有向世界传播汉语、弘扬中国文化的高度责任感和使命感。总的来说,汉语教师志愿者的出发点都是好的,表现出了当代大学生积极和上进的一面,同时也说明了志愿者对国家汉办志愿者项目是认可和支持的。这是可喜的一点。

(三)志愿者在泰国的教学状况

据问卷调查显示,认为教学中最大困难的原因是语言障碍、教材缺乏和课题秩序难以维持三者综合(ABC)、AB 综合、BC 综合、AC 综合的百分比分别为 46%、22%、18%、11%,其他原因占 3%。具体见图 4 所示:

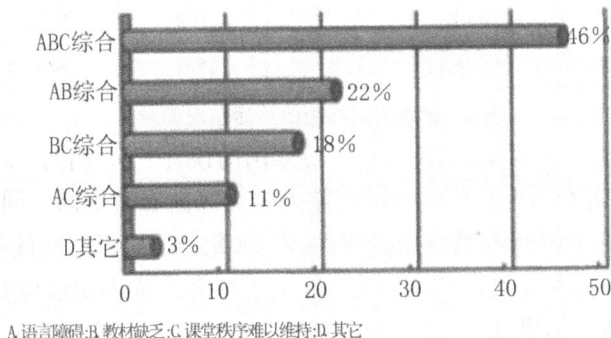

A.语言障碍;B.教材缺乏;C.课堂秩序难以维持;D.其它

图 4　志愿者认为教学中最大困难的原因示意图

关于泰国学生学习汉语的态度方面,认为学生态度是积极的志愿者占总数的 34%;认为学生态度一般的占总数的 46%;认为学生的热情度不高的占 2%;认为部分学生持含糊态度的占 18%。在对其所在学校给予教学的支持力度方面,认为非常满意的占总数的 27%;表示满意的占总数的 48%;认为一般的占总数的 20%;还有 5% 的志愿者教师表示不满意其所在学校给予的教学支持。关于所用教材的来源情况见图 5。

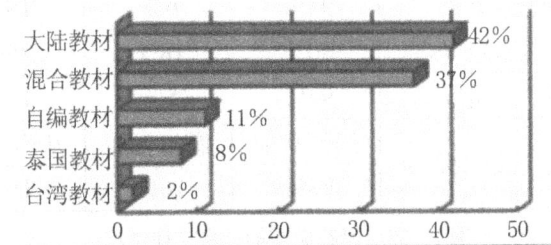

图 5　志愿者所在学校使用教材来源示意图

由图 5 可知,志愿者所在的各个学校选取教材的来源渠道比较多,教材的选用不统一。关于对所用教材的满意程度方面,表示满意的志愿者教师占总数的 61%;表示不满意的志愿者教师占总数的 37%;另外还有 2% 的志愿者教师表示无所谓。

(四)志愿者在泰国的生活情况

关于志愿者在泰国生活的适应程度方面,调查结果见图6。

选项答案 调查问题	完全适应	基本适应	不能适应
对泰国饮食	51%	49%	0%
对泰国气候	45%	49%	6%
泰国社会文化	54%	45%	1%
对出行交通条件	36%	40%	24%
对所在学校提供条件	37%	55%	8%

图6　志愿者对泰国的生活情况调查

此项调查显示,所有志愿者都可以适应泰国的饮食。从某种程度上来说,这表明我们的志愿者对泰国生活条件的适应能力较之以前有所提高。同时,文化适应问题是志愿者面临的一个重要问题,一般而言,文化的适应程度高低与精神状态的好坏是成正比的,此次调查结果中只有1%的志愿者认为不能适应泰国的社会文化,较之以前的调查结果,这也是有所进步的一点。在出行交通方便程度方面,还有近1/3的志愿者认为不方便。由此可知,志愿者在泰国生活工作中的交通条件还有待改善。此外,所在学校给志愿者提供工作餐的情况是:提供一日三餐的占12%,一日两餐的占6%,一日一餐的占15%,不提供餐的占67%。

(五)志愿者在泰国的社会交往和心理状况

关于志愿者在泰国的社会交往情况,调查结果如图7所示:

选项答案 调查问题	相处融洽	相敬如宾	不愿搭理
与学生关系	93%	6%	1%
与泰国同事	80%	18%	2%
与中国同事	94%	5%	1%
参加学校集体活动	经常参加	偶尔参加	从不参加
	83%	16%	1%

图7　志愿者在泰国的社会交往情况

可见,绝大多数志愿者汉语教师在泰国任教期间的社会交往情况是良好的,基本上融入了所在学校的生活和工作环境,但个别志愿者汉语教师的集体感有待改变。关于在泰国任教期间如何排除孤独感问题,在一题多选的答案中归纳得知,很多志愿者都结合自身的条件综合利用各种方式调节情绪,65%的志愿者教师采取投入到学习中去排除,57%的志愿者教师以投入到工作中去转移注意力,64%的志愿者教师采取交朋友的方法排除孤独感,58%的采用上网方式调整情绪,还有43%

的志愿者教师选择与家人沟通排除孤独。此外,作为志愿者到泰国开展汉语教学,父母表示比较支持的占48%,父母尊重子女选择的占49%,父母表示不支持的占1%,另外父母持沉默态度的占2%。这说明大多数家长对子女作为志愿者赴泰进行汉语教学是赞同的。

(六)当前志愿者项目实施取得的成绩与存在的不足

综上分析,近六年来泰国汉语教师志愿者项目的实施所取得的成绩是值得肯定的。

从宏观层面上来说,对外汉语教学是关系到中华民族振兴、和平崛起和祖国统一的伟大事业。当前,志愿者们以饱满的热情、进取的精神和友善无私的行动,诠释了改革开放以来中国的巨变。他们已成为泰国汉语教学的生力军,对开拓泰国的汉语教学事业作出了巨大的贡献,充分发挥了中国面向东南亚开放的"桥头堡"作用,为中泰友谊大厦添砖加瓦,成为了中泰两国人民友好的民间使者。正如泰国教育部2008年5月的一份官方文件所说:"近年来,泰国的汉语教学得到中国政府的大力支持,使得泰国的汉语教学发展迅速,一跃成为仅次于英语的第二外语,使得泰国教育部从中看到了促进汉语教学的必要性。……泰国教育部迫切恳请中国国家汉办支持:在2007年650名志愿者的基础上,逐年增加名额,争取在近年内向泰国派驻的志愿者数量每年达到并超过1000名。"正是由于志愿者们卓有成效的工作,"现在连泰国军队都在学汉语,泰国警察都在学汉语,现在泰国社会的上、中、下层,官方、民间都在学汉语。"

从微观层面上来说,通过志愿者项目的锤炼,一大批青年学生成为意志坚强、勇担重任,具有国际竞争力的人才。志愿者朱俊静在国内是父母的宠儿,作为志愿者来到泰国信武里职业学院,与国内极大的反差和初期的不适应使她不止一次地偷偷落泪。但当她看到她的室友,来自韩国的志愿者遇到困难、受到惊吓时,竟能勇敢地挺身相助。分别时,韩国志愿者对朱俊静说:"你像姐姐一样照顾我,很感谢!"志愿者吕文灿在结束志愿者工作后,选择了留在泰国自主创业。现在他在曼谷开办了自己的"中英国际语言培训学校"。最初,许多志愿者刚到泰国时,都是作为第一位汉语教师被分到学校的,那时当地对汉语远没有如今这样重视。2005年,志愿者赵雪来到泰国碧差汶府当了一名汉语教师。由于种种原因,她所任教的中学不重视中文教育,当然也就对中国教师十分冷漠。"天气是炎热的,可人为什么是冷冰冰的?"这是赵雪刚到泰国的感受。性格坚强的她决心用自己的热情,赢得周围人的心。她把无私的爱给了学生,悉心教授他们汉语和中国文化;她把无私的爱给了学校,创办中文中心,无偿为想学汉语的人业余免费补课;她把无私的爱给了社区,积极举办中国文化展,吸引本校以外的更多人了解、体验中华文化……

赵雪所做的一切终于为她赢得了友谊,赢回了尊重:碧差汶府的府尹参观了中国文化展后,高兴地赠送两台电脑给中文中心;学校也一而再再而三地挽留她,因此,她在碧差汶府一干就是3年。所以,当她真的要离开时,泰国的老师来了,泰国的学生来了,捧着鲜花,含着泪光。依依不舍的场面是对"中泰一家亲"最好的诠释。赵雪的例子绝不是孤立的。我们派出的志愿者,都像赵雪一样在默默地为加深两国之间的友谊积极地奉献自己的青春。正如《光明日报》记者韩小蕙所言:"在泰国的数百名80后志愿者们,同样交出了一份极其出色的答卷。……他们来泰国肩负起祖国交给的重担后,一下子就长成了大人,责任感、信心、毅力、勇敢、坚强、顽韧、永不放弃……这些似乎从来不属于他们的词汇,都在他们身上凿凿地体现出来了。……外表看似杨柳般柔弱、内心却松柏般刚强。"

三、改进泰国汉语教师志愿者项目的建议

在此次调查中,志愿者们提出来急需解决的问题主要集中在三点。一是教材问题,教材和教师是汉语走向世界的瓶颈。二是回国后就业方面并没有给予相应的优惠政策——志愿者教师任期结束回国后应该继续保留应届毕业生的身份进入国内就业市场、志愿者教师在外工作年限应该计入国内工龄等。三是在泰国的生活工作中的交通条件有待改善,管理工作需要不断加强和完善。

鉴于志愿者教师对志愿者项目从培训、选拔、派出、在外工作、结束任期(或留任)、回国及回国后的政策等多个环节提出的许多宝贵意见,我们对改进当前泰国汉语教学志愿者项目提出如下建议。

(一)培训、选拔工作常态化

在培训环节,应选择诸如云南师范大学这样已积累了一定经验的机构作为志愿者培训基地,将培训工作常态化。即利用平时的时间开设小语种、中华才艺、中华文化方面的培训,确保培训质量。到派出前从前期培训合格的人员中选拔优秀者集中进行外事纪律、素质拓展、前往国汉语教学等方面的强化培训。这样有利于提高志愿者培训的针对性和质量。在选拔工作方面,应不拘一格降人才。对有特长的同学,如精通武术、舞蹈、书法、剪纸等中国传统文化技艺的人,应适当放宽英文水平的限制。此外,建议完善留任政策,应允许很多已经适应了泰国环境和文化的期满志愿者教师续任,并对于留任者给予相应的鼓励政策。这样既可以节省选拔培训经费,又可以发挥志愿者从事汉语教学的热情,也可以更好地提高赴泰志愿者的双语教学水平。

(二)加强泰国汉语国际推广项目的管理工作某志愿者教师在回复的调查表中写到:"由于志愿者刚到国外,可能第二天就去各学校报到,时间很紧,有些人没有买到电话卡,或频频换卡,或所在学校无法上网,常常和队长失去联系,无法时向

队长告知自己的近况,常处于孤立无援的环境。如果我们能在志愿者刚到国外时就有及时的通讯安排,将各学校队员详细的联系资料发放给大家,就可以为以后大家联系提供更好的帮助。"由此,派出学校应在到达泰国确定志愿者所任教学校及其详细联系方式后,以电子邮件或其他方式把通讯录发放到各志愿者教师手中,便于沟通和联系。同时,从性质上来讲,志愿者赴泰工作属于毕业后的一种就业行为,学校完成了选派任务后,并不能与他们在工作中保持一种管理上的关系,时间一长,也就失去了联系。因此还应由专人统一管理汉语教学志愿者项目的所有事务,按照地区分期组织聚会和教学上的交流活动,不仅要重视派出前的心理辅导,还要加强派出后的跟踪辅导,建议国家汉办加快建立"志愿者之家"的网站和论坛。

最后,需要补充一点,就是建议由国家汉办向政府有关部门争取一些关于志愿者回国后身份、就业和继续深造等方面的优惠政策。即志愿者回国后还应属应届毕业生,同时很多志愿者回来的善后工作要尤其关注,如考研、公务员、事业单位等方面应给予一定的照顾,把赴泰支援教学也算在工龄以内,这样可以减少志愿者教师的后顾之忧,调动他们从事汉语国际推广的积极性和主动性,更好地促进中华文化的传播,为中泰友谊之树增添新花。(吴雁江,男,河北任县人,云南师范大学副教授,研究方向为高等教育国际化)(《云南师范大学学报》对外汉语教学与研究版2010年9月)(本文在编辑过程中,文章内的原文引用等处略有删节)

赴泰汉语教师志愿者心理濡化研究

随着我国国际影响力和吸引力的上升,世界各地汉语学习热潮涌起,汉语国际传播需求加大,但是汉语教师却极度匮乏。为帮助世界各国解决汉语师资短缺问题,我国启动了汉语教师志愿服务项目。据国家汉办网站,自2003年国家汉办试点向泰国和菲律宾派遣首批志愿者以来,目前,国家汉办已向亚、欧、美、非、大洋五大洲派出1.4万多人次。志愿者以其出色的工作被誉为"民间大使""最可爱的人"。

汉语教师志愿者是汉语跨文化传播的直接承载者,而濡化(acculturation)则是外派汉语教师志愿者成功进行汉语国际传播面临的首要问题,尤其是心理濡化(psychology acculturation)问题,其关乎志愿者个人的生活质量和工作成效。事实上,外派汉语教师志愿者多是本科毕业生或在读研究生,海外经历很少,受到的培训有限,适应状况兼多面向和复杂性于一体,是一个新生的旅居者群体。对于汉语教师志愿者的心理濡化研究,既是对国际心理濡化研究是一个补充和拓展,也利于对汉语教师志愿者持续关注和帮助。

一、濡化与心理濡化

濡化现象发生在来自不同文化的个体持续接触第一手接触(continuous first - hand contact)之后一个或两个群体最初文化模式的不断变化,Redfieldetal. 强调这是一种现象,既然是一种现象,那么就应该包括现象的起因、经过和结果。此后,Redfieldetal. 的定义被视为经典,也是被濡化研究学者引用最多的定义,虽然"濡化"是一个用得很频繁的术语,但是在社会科学领域其基本的含义和应用都很模糊,有的学者将兴趣放在过程的考察上,将濡化视为过程并加以定义,也有的学者将关注点放在濡化过程中中结果问题,而前者占的比例似乎更大。具体到我国的濡化研究(acculturation study)同样存在许多问题,甚至对于 acculturation 的翻译也有"涵化""文化适应"等多个版本,笔者认为 acculturation 是指分属不同文化群的个体之间进行持续性的直接接触(笔者理解为这就是"濡"),因而导致对某一个或双向原有文化形态改变的现象(笔者理解为这是"化"),其以个体为主体,朝着某一文化去适应,因此"acculturation"译为"濡化"更为合适。关于 acculturation 与中文概念的对应问题,笔者已另文阐述。

濡化现象源于欧洲人对殖民地土著人统治的需要,后来,研究逐渐关注移民在进入东道国社会后的变化。濡化一词最早由 Powell 提出,他认为濡化指的是由跨文化模仿(cross - cultural imitation)而引起的心理变化。之后在研究的发展中,人类学家倾向于用濡化来表示从低等社会中来的群体与文明社会接触而变得进步起来的过程,而社会学家更喜欢用同化来更直接地表示移民群体与当地社会接触之后逐渐遵守当地社会生活习惯的过程。

濡化研究发展至今,其深度和广度已是先前研究所不能比拟的。濡化研究领域的著名学者 Berry 给出了濡化的内涵与外延,他认为濡化是发生在两个或多个文化群体及其中的个人间的结果而产生的文化和心理变化的双向过程,这些变化是一个长期的过程,内容常常包括学习东道国语言、认同东道国人的偏好适应穿着风格和社交特点等,这些内容常常会在跨文化互动中产生压力和文化冲突。濡化过程中可能包括一套比较容易实现的行为变化,如谈话方式、衣着方式、饮食方式,但同时也可能有不容易发生变化的一面,如个人的文化身份,进而产生濡化压力如不确定感、紧张、失望等,而对于这些压力的处理在濡化过程中,其结果是适应或不适应。濡化研究发展至今,研究框架业已完善,研究范围已经扩大至心理和社会文化两个面向。

具体到心理濡化(psychological acculturation)方面,此概念由 Graves 提出,指的是个人在文化接触环境(culture contact situation)中,因与他文化接触和来自于个人所在文化的不断变化,而产生的个体的变化。后来,Berry 进一步指出这种变化在群体层面和个体层面的差异:群体层面上的变化或者在群体社会结构层面,经济基础或者群体的政治组织中;个体层面上的变化发生于个人的身份、价值观、态度和行为,而且这些方面的变化速度也是不同的。

濡化的过程就是一个适应的过程。心理濡化涉及情感的(affective)、行为的(behavior)和认知的(cognitive)变化,在个体层面上,被 Ward 冠以濡化的 ABC 理论。Berry 将 ABC 理论总结为行为变化和濡化压力两个方面,这些变化往往成为短期濡化研究的关注点,Ward 和他的同事将心理上的和社会文化上的濡化现象区分开来,认为心理濡化指的是心理和情感的稳定和满足,这种区分是根据濡化理论研究的两个层面提出来的,即"压力""适应"和文化学习。其中,心理濡化研究看重人在濡化过程中的情感方面问题,属于压力和适应范畴。

如何经由濡化过程获得良好的濡化(跨文化适应)结果则涉及濡化策略问题。濡化策略常常包括在日常跨文化交往中表现出来的两个相互关联的部分:态度和行为。态度即个人对如何进行文化适应的偏好,行为则是个人的实际行为。Berry于 1997 年提出了包括同化、整合、分离、边缘化的"濡化策略"(Acculturation Strategies)。后来,对于濡化策略的选择和濡化压力之间关系的研究成为学界热点,结果显示,整合策略造成的压力最小,也会有最好的适应结果,而边缘化策略造成的压力最大,处于中间的是同化策略和分离策略,有时候是这个会压力小些,有时候是另一个,这些发现的模式成为心理健康的重要指示标志。关注个体心理濡化过程研究的成果显示,心理问题经常在接触另一文化群体之后会上升,而之后往往会紧接着下降,而个性特点、生活变迁事件、社会支持等因素影响个体的适应。其中社会支持(social support)是影响心理濡化的重要因素,Ramsay 将社会支持分为 4 种:情感支持(emotional support)、实际支持(practical support)、信息支持(informational support)和社会陪伴支持(social companionship support)。

最近,濡化研究重点关注 3 个方面的问题:全球化带来的不断扩大的国际贸易和政治关系;本土居民经历新型的殖民化和表现的抗争;在民族文化群体已在多数国家形成的情形下,与这些经济和政治变化一同进行的新一轮移民、旅居和难民潮。本课题研究的汉语教师志愿者便是世界政治经济变化中的新一轮"旅居潮"中的一支。

二、外派汉语教师志愿者濡化研究

目前,国内对于外派汉语教师志愿者的濡化研究还颇为匮乏。笔者通过中国知网,以"志愿者"为关键词,以 1979 - 2001 年为时间跨度,匹配为精确,在"中国期刊全文数据库""中国期刊全文数据库(世纪期刊)""中国博士学位论文全文数据库""中国优秀硕士学位论文全文数据库""中国重要报纸全文数据库"5 个数据库中进行跨库检索后,进行了手动二次检索(即排除汉语教师志愿者研究之外的成果,剔除有关汉语教师志愿者的消息通讯),得到 16 篇与汉语教师志愿者直接相关的论文,其中硕士论文 3 篇。另外,搜得国际期刊《Intercultural Communication Studies》论文 1 篇。梳理当前对于汉语教师志愿者的研究成果,发现成果数量少,而且以跨文化教学为多,对于汉语教师志愿者濡化研究的文章仅有 3 篇。

濡化研究在国外多进行定量研究,在量表设计与操作流程上较为成熟和规范,而这些规范的程序逐渐为国内学者重视和应用。笔者在前一篇赴泰汉语教师志愿者跨文化适应的论文中,经过实证研究发现,跨文化培训与汉语教师志愿者的适应状况之间的关系不显著,社会文化适应程度和心理适应程度之间的相关关系不明显,汉语教师志愿者社会文化适应和心理适应程度随赴泰时间增长呈现出不同趋向,但对心理适应过程即濡化没有做深入细致的分析。祝捷通过对在韩汉语教师志愿者跨文化适应影响因素进行的实证研究,发现社会支持对心理适应有负影响,濡化策略(即论文中的跨文化适应策略)影响适应状况,韩语水平对社会文化和心理适应有不同影响。

对于旅居者的研究一直是濡化研究的重点,所谓旅居者即赴外一段时间以达成特定目标的群体,任务完成之后,这些个体将返回自己的国家,目前所研究的旅居者主要包括留学生、游客、外派工作人员、NGO 雇员、军事人员、国际贸易的经理人和技术人员等。汉语教师志愿者是承担一定任务的外派工作人员,但同时与西方对外派工作人员的研究又有所区别:外派汉语教师志愿者从小生活在中国,是彻底的中国文化产物;该项目启动不过 8 年时间,汉语教师志愿者是一个新生的正在发展的群体;他们赴外时间一般在 3 年以内,赴外任务是汉语教学,传播中国文化;年龄大都在 20 到 25 岁,且女性居多;该群体的形成与中国的国家政策密不可分。这些中国文化中成长起来的志愿者教师在适应国外环境的过程中受到中国文化、项目目标等多因素的影响,呈现出一定的独特性,而对于这一独特性的挖掘和总结,对于汉语教师志愿者项目进一步的发展价值很大。

本研究以赴泰汉语教师志愿者为研究对象,考察志愿者的心理濡化情况。

三、研究方法

本研究以扎根理论(Grounded Theory)为基础,通过对赴泰汉语教师志愿者群体自我认知和经历的揭示,即自我感知(Self - Perceived)的描述,归结赴泰汉语教师志愿者在跨文化适应上的影响因素和适应特点。扎根理论特点在于深入调查、归纳推理和概念结构化,目标是形成一个良好的概念集合,以能解释研究中的现象,数据多来自深度访谈(in - depth interviews)和观察,样本的获得参照概念、性质、规模和变化等。该研究中的研究对象分布在泰国的 4 个市,我们用 A、B、C、D 代替。访谈对象基本信息如表 1 和表 2。

表1 访谈对象基本信息

性别	学历	所在单位	年龄	赴泰时间
男 (17,37%)	本科 (33,72%)	孔子学院 (15,33%)	22岁 (3,6.5%)	3个月 (20,40%)
女 (29,63%)	硕士 (13,28%)	孔子课堂 (28,61%)	23岁 (11,23.9%)	1-2年 (7,15%)
		汉办驻泰办事处 (3,5%)	24岁 (4,8.7%)	2-3年 (7,15%)
			25岁及以上 (28,61%)	2-3年 (7,15%)

表2 四地(ABCD)访谈人数统计

项目	A	B	C	D
孔子学院	9	2	3	4
孔子课堂	3	0	10	15
合计	12(26%)	2(4%)	13(28%)	19(42%)

在国家汉办驻泰代表处的帮助之下,4个地点的孔子学院、孔子学院教学点和孔子课堂及汉语教师志愿者多数成为我们的访谈对象,除了上课的志愿者,其他志愿者全部参加了我们的访谈。这些志愿者中有本科毕业生,有在读硕士,有硕士毕业生,他们在泰国都至少呆了3个月以上,还有不止在泰国做过志愿者的人,他们都愿意接受我们的采访。这些志愿者来自中国不同地域和不同的大学,有着不同的专业,但是他们在泰国都由学生变为了老师,来泰经历了或正在经历濡化过程,访谈前研究人员向访谈对象承诺保护个人信息。

访谈形式为小组访谈,地点为当地孔子学院或孔子课堂的办公室或会议室,语言为中文。选取这种访谈形式的原因有:能够启发研究对象发觉自己在泰国的经历和感受,尤其是小组成员的相互启发;能够让研究者从志愿者的角度理解和感受他们在泰国的心理濡化过程;能够鼓励志愿者将他们在泰国的内心感受阐述和评价。

访谈问题主要有:初到泰国的经历和感受? 遇到的压力及应对? 在泰国工作生活的感受和评价? 对未来的计划和打算等? 所有的问题都是半结构半开放式,以鼓励志愿者说出自身的真实经历和感受,相关的表述都被鼓励。我们用追问和重述的方式来核实我们对访谈对象意欲表达的意思和我们的了解之间的一致性。访谈时间因小组访谈人数的不同而有差异,多数场次在1个小时左右。

收集到的数据分三步处理:访谈录音转写成文本,以便于下一步的分析,访谈共转写 8 小时 52 分时长的录音,共转写 147428 字;根据访谈内容的归类,将转写内容分为几个相关的主题:第一,志愿者选择赴泰教学的原因;第二,志愿者对汉语教学工作的态度;第三,志愿者在泰国生活和工作中的经历;第四,工作生活中遇到的压力和应对;第五,与心理波动相关的其他因素;第六,志愿者对在泰工作和生活的看法;最后再按主题进一步分类,组成下一部分中"主要发现"的内容。

四、主要发现

通过访谈及对访谈内容的归纳总结,我们特别关注并考察了赴泰汉语教师志愿者的跨文化心理适应即濡化情况。心理适应是情感的稳定和满足,其以情感反应为基础,指向在跨文化接触中的心理健康和生活满意度。

(一)这里条件很差——低度心理预期

这些汉语教师志愿者在赴泰之初便已经做好了吃苦的心理准备,对他们来说,生活和工作的基本条件能够满足便可以接受了。如伟是一名研二的学生,他这样讲述自己赴泰之前的预想。

伟:当时我的期望值是只要我来到这的屋子四面是白墙就可以,因为我们的师哥告诉我们,如果是木制的,有缝,会有蛇进来,每天还要贴报纸。

随着汉语教师志愿者项目的扩大,作为提供志愿者的主要阵地,许多高校的志愿者人数已经很多,有的高校则顺势建立了志愿者中心,为志愿者的选拔和后续工作提供服务,而在此平台上的新老志愿者的交流则成为志愿者了解泰国基本情况的重要信息渠道。而且传播者的身份为回国的志愿者,他们的经历让传播者具有更强的可信度与说服力。此处志愿者伟获得的关于泰国的信息来自于志愿者中心的"师哥",这些回国的志愿者给出的泰国生活的场景颇为艰苦。旅居者在出国之前会在脑海中对所去往的目标国家有所想象,这种想象包括东道国的生活状况、东道国人们的行为、东道国文化的核心精神等。而这种想象会形成旅居者对目标文化的预期。心理预期影响志愿者的心理适应,过高的心理预期与现实环境之间的巨大差异,往往会造成心理上的不适与情绪的低落,影响整个工作、生活、学习的状态;而有一个符合实际或低于实际的低心理预期会使志愿者视困难为常事,反而促成志愿者以良好心态去应对困难。访谈中,多数志愿者表达了自己对于赴泰教学环境的低水平预期,能够乐观地接受赴泰工作的实际。如燕的描述,燕是一位来泰国一年的志愿者,其专业为泰语,硕士生。

燕:以前老志愿者都吓唬我很艰苦。所以就已经做好了那种很苦的准备,但是来了以后感觉没有想象那么惨,所以心里就没那么失落。

(二)没人交流——心理压力

在泰国的汉语教师志愿者很希望在赴泰之初有交流的对象,尤其是在志愿者人数很少的教学点。对他们来说,这种交流能够帮助他们克服物质上的困窘。如斌是一位即将毕业的硕士研究生,他在讲述自己赴泰之初的感受时这么说。

斌:……一个人,稍微有个人,像我们俩还能打打羽毛球,我们俩在这边打打羽毛球做做饭什么的,有时候邀请泰国老师过来……我觉得心里难受主要是说没有人交流,没有人帮忙,你说住宿条件再差,但是有人关怀什么的下来,心理上就会好一点。

斌是一位已经在泰国做了3年汉语老师的志愿者。他工作的地方是一个孔子学院下设的教学点,孔子学院和这个教学点分布在两个城市,有4个小时的车程,虽然这个孔子学院有10多个汉语教师志愿者,但是这个教学点中只有斌和另外的一名志愿者。而在另一位志愿者到来之前,这个教学点只有斌一个人。虽然在这里生活工作了近3年,但是想起赴泰之初无人交流的境况,他仍旧记忆清晰,表述深沉。大量的研究表明,很好地参与东道国文化对其更好地适应东道国文化有着积极的影响。而人际交流是社会交往的一种形式,文化圈内和圈外人际交往的情况影响着志愿者的跨文化适应。志愿者的人际交流是编制或巩固传播网络的过程,是从中获取支持因子的过程,在物质支持因子获取情况一定的情况下,其他支持因子的获取便成为心理濡化过程中的关键影响因素。

(三)皮格马利翁效应——他人期望与自我肯定

他人尤其是长辈或领导的关注和肯定是志愿者肯定自我的重要源头,许多志愿者在岗位上坚守和不断进步的重要原因在于上级对于自己价值的肯定。如宝是一位在泰国工作了5年的志愿者,因表现优异已成为办事处的管理老师,他这样讲述的。

宝:……之前听到庞老师有说工作中求地位,然后得到历练,你不管将来到任何单位都可以做好,给你一摊子工作你都能做好,然后还有一个深刻体会的地方,就是之前广西师范大学的校长过来,他也是提了一个就是很让人鼓舞的一句话,就是像你们这些年轻人,不管是志愿者也好,不管是教师也好,你在外面经历了几年,你就是学校的一个宝贝,你就是学校的一个人才。所以说我就是用这些话一直鼓励自己,不管我们这些志愿者下一步要走哪一步,我想我们得到了历练,得到了成长,下一步一定会有更好的机会等着我们。

这位志愿者本科毕业之后便来到泰国工作,一直到现在。他是从农村走出来的,是他们村子的第一个大学生,也是第一个出国的人,他十分重视长辈或领导的嘱托和信任,很珍视他人对自己的肯定,这种肯定成为自己不断进取的重要力量源泉。志愿者也就成为了汉语教学和文化推广中的"皮格马利翁",产生了皮格马利翁效应。所谓皮格马利翁效应(Pygmalion Effect)亦称罗森塔尔效应(Robert Rosenthal Effect),或"期待效应",它源于人格中的"自我"部分对外界环境和个人需要等不完善的判断,从而接受外来影响和暗示作为不完善"自我"的补充,外界的赞美、信任和期待可以使人自尊、自信,并尽力达到对对方的期待,因此人们会不自觉地接受自己喜欢、钦佩、信任和崇拜的人的影响和暗示。心理濡化的过程需要获取支持因素,而根据支持因素的来源,宏观上可分为内在因素与外在因素两部分。汉语教师志愿者从他人期望与肯定中获取外在支持因素,外在支持因素内化后,即志愿者理解和认可,使志愿者更自尊和自信,从而转化为支持志愿者心理适应的因子。

(四)不重视则失落——社会认可度的影响

这些汉语教师志愿者身负着汉语教学与文化推广的重任,有一定的工作目标,工作任务能否完成、目标能否达到影响着志愿者内心的感受。如志愿者春是一位赴泰3个月的硕士研究生她这样讲道。

研究者:那你说你当时在俄罗斯感觉不好,那是什么样子?

春:因为那边属于还是偏欧洲化一些,他们对于欧洲语言比较喜爱,然后汉语在这边推行是有一定的困难,所以对汉语的重视度确实不是很高,所以就觉得有点失落。……可能不是国家的问题,可能是这个地区也有问题,不是属于那种开放城市,所以他们对于这个汉语的要求程度也不是很高。

春在泰国已经3个月了,在赴泰之前她有一段比较长的经历在俄罗斯,但是当时她所在的地方的汉语教学与文化推广并没有得到当地的认可,当地居民没有对汉语表现出让志愿者满意的热情,因此感觉失落。而且该志愿者在阐述中仍旧在寻找不受重视的原因:可能是这个地区的问题,不开放。志愿者不认为汉语推广工作存在什么问题,问题出在俄罗斯或这个地区身上,这种自我保护的归因方式一方面显示出她对自己工作的高度认同,另一方面也反映出汉语推广工作的整体对个体的影响。志愿者将汉语推广工作看为自己的本职工作,认为自己的角色便是汉语教师,别人对于该项目的肯定便是对自己工作的肯定,反之,则否定。角色转换完成之后,如果社会不认可汉语推广工作,便会让志愿者退回到汉语和志愿者相关的圈子中,不利于志愿者的濡化与适应。另外,这种情形源于志愿者的身份认同,还与中国传统的集体主义价值观密切相关,"先有国才有家",先有汉语推广项目才有汉语志愿者,因此汉语推广项目不顺利也自然带来了志愿者心理上的不适。

(五)微笑与包容——全球化心态

经历过一段时期的内心阵痛之后,这些志愿者学会了调节自己的内心世界,逐渐适应了泰国的学习生活,心理濡化的过程接近完成。赴泰3年的志愿者唯向研究人员这样描述。

唯:他们(泰国学生)根本就不知道中国是什么样的,他们就觉得,上海可能像清迈一样,他们老是问我,你觉得我们的清迈像不像你们的上海?我比较无语,心里说好吧,你说像就像吧。哈哈……他们说为什么你们中国可以举办奥运会,泰国就不可以? 我说可能很多年后就可以吧。

唯在泰国已经 3 年多了,刚刚到泰国的时候,他被分到了北部靠近中国的一个很偏远的学校,地域封闭,条件很差。当学生问及有关中国发达城市和举办奥运会的事情的时候,他便如此回答学生,他的回答体现出自信、豁达、乐观的全球化心态。全球化心态是指我们能够透过不同背景,看到人们对不同事物和观念的理解,其通过包容(tolerance)和移情(empathy)产生的具有多元特征的概念及其适应性。心理适应的根本在于心态的自我良性调整,良好的心态会促进心理适应。像唯一样,许多志愿者对泰国学生在缺乏对实际了解的情况下做出的结论持包容态度,不计较学生在未看到中国实际的情况下产生的偏见,此种包容心态是全球化心态的题中之义,是心理适应的重要表现。

另外,乐观、豁达与包容的心态能让物质环境的影响力降低,让自己的乐观心态成为主流,从而提升在泰生活和工作的质量,这些志愿者在面对恶劣的工作生活环境的时候,能够以乐观、豁达的全球化心态面对,显现出志愿者心理适应到达了一定的层次。如伟是赴泰 3 个月的志愿者,在此次赴泰之前,她有一年在泰国进行汉语教学的经历,她这样描述自己初次赴泰时候的情形。

伟:……其实我当时那年也受了很多罪,比如我被蚊子咬得满身都会起包,都会化脓,然后跟小孩子接触会感染风疹,然后还经常会被烫到,被咬到,其实还是有很多会让自己心里很难受的阶段,但是我觉得就是靠自己来调节,因为我想反正不在家了嘛,跟爸爸妈妈诉苦什么的,只能增加他们的担心,就是自己调节,……我觉得高高兴兴的每天是一天,愁眉苦脸的每天也是一天,所以每天我就是再难受,我也让自己笑着出门,然后跟学生见面,然后见到一些可爱的学生,又增加你的开心,我觉得事事相辅相成,首先要从你自己的心态调整,然后旁边的环境会帮助你。

(六)亲人、朋友与学生——社会支持的来源

这些志愿者在赴泰之初往往经历过一段情绪由高涨到低落最终再次高涨的过程,Lysgaard 将这一心理变化的过程总结为 U 曲线理论,即从刚开始的新鲜感、幸福感下滑到压抑感,再上升到复原感觉。情绪和情感是人对客观事物的态度体验及相应的行为反应,是与社会性需要相联系的高级主观体验,具有稳定性、持久性、深刻性、内隐性。志愿者赴泰之初的心理适应中正存在一个主观体验逐渐稳定的过程,如志愿者唯讲述了他赴泰之初情绪稳定的案例。

案例:唯是赴泰汉语教师志愿者,赴泰后被分配到泰东北的一所学校,物质条件差,与他共处的当地教师对他不太友好,这些都让他在赴泰的第一个月中几近崩溃。因为不知道找谁倾诉,第一个月每天都给家里边打电话,因为不懂如何打国际长途,花了两千元人民币。但对家人他报喜不报忧,艰难度过了第一个月。他每个

周末都期待跟同府的志愿者聚会,如果不能则心情惆怅,而在平时就以健身的方式发泄不良情绪(该志愿者以前学过舞蹈,热衷健身),另外他还跟英国来的两个志愿者交朋友,一起骑车兜风等。他表示最快乐的时候是跟学生在一起的时候,学生能够看出老师心里苦闷,就给他买零食,这让他感动。

社会支持是影响汉语教师志愿者跨文化心理适应的重要因素,是否能够获取足够的支持因子直接影响着志愿者的适应效率和适应水平。案例中,志愿者唯获取支持的来源可分为3类:亲人、朋友、学生,3种来源中获得支持的功能各不同。

从亲人处获取支持是该志愿者频度最高的,但因为中国孝道文化的制约,便"报喜不报忧",所以在实际问题处理中,从亲人处获取的对实际问题解决大有帮助的信息有限,按照 Ramsay 的分类,获取的多为情感支持(emotional support)和社会陪伴支持(social companionship support)。

朋友是另一个获取支持的重要来源。在该志愿者描述中,该志愿者赴泰之初的朋友只有中国志愿者和英国志愿者,两者相比较而言,该志愿者更期待跟中国志愿者的相聚,如果不能按预定聚会,则会有情绪低落等问题的产生,可见中国的志愿者在给予该志愿者情感支持上的重要地位。另外中国的志愿者们聚会时讨论生活工作中的问题,这种讨论能够给予实际问题排解上带来支持,这种功效是英国的志愿者无法给该志愿者带来的。英国的志愿者给予他的更多的是跨文化友谊带来的心灵上的宽慰。综合起来,从朋友处获得的支持类型有情感支持、实际支持、信息支持和社会陪伴支持4种。

志愿者从学生处获得的支持也多为情感支持和社会陪伴支持。志愿者与学生建立的情感及学生的进步给志愿者带来的成就感和满足感,助益于志愿者的心理濡化。访谈中,志愿者表现出了对于学生进步的欣慰和因此带来的成就感、荣誉感和责任感,这样的感觉支撑着志愿者走过这段艰难的心理适应之路,而反过来,也让志愿者自愿投入更多的时间和精力到教学工作中去,这反而为教学和师生关系的发展提供了契机。

五、讨论

(一)心理濡化中的中国文化印记

中国文化深受儒家文化影响,强调国家群体至上,在家庭中表现为家族主义,其以血缘为纽带,以孝为道德规范,强调对于家族的依附和服从;在个体与他人关系中,强调群体的认同,表现为人们愿意随大流,力图同社会其他成员和谐相处,倡导集体主义精神;在个体与国家、民族关系上,表现为国家民族利益至上,倡导为民族、为国家献身。儒家价值观强调人的义务,强调主体对国家、民族、家庭的责任。具体表现在以下几个方面。

首先,集体主义价值观下的心理濡化与汉语推广。中国是 Hofstede 的文化价值取向理论中集体主义价值观的代表,这种价值观在志愿者心理濡化的过程中得到了体现。志愿者在个体层面将自己与汉语推广项目联系在一起,汉语推广项目的好坏直接影响着志愿者的心情和心理状况,如访谈中志愿者春说在俄罗斯,汉语推广项目不受当地重视而倍感"失落"。这种联系建立在对于集体价值的认同和个体特点的忽视上,这也是集体主义价值观一直倡导的"为民族和国家献身"观念的表达。另一方面,对于集体的认同导致对于集体所承载的任务和目标的认同,及对于自己身份的认同,汉语推广的成效正是自己工作成绩和自己价值的体现,是自己能不能为国效力的体现,所以遇到当地居民不热情的情形出现的时候,志愿者会感觉失落,并寻找客观原因进行归因,以保护自己。

其次,心理濡化中的孝道观。中国文化是在 Hofstede 文化价值取向理论中权利距离指数较高的文化,其强调尊卑有序,强调晚辈对于长辈的尊重,强调个体对于家庭的责任,而孝道观则是这种文化的精准概括。汉语教师志愿者是中国文化的产物,其在心理濡化的过程中,即使非常需要家人提供情感和实际信息上的支持,但是在跟亲人联系的时候仍旧像案例中的唯那样,报喜不报忧,在心理濡化困境中支持获取需要与家庭长辈安宁的冲突中,志愿者选择遵守孝道,舍弃从父母那里得到过多的保护。

第三,外部的和谐与内心的和谐。中国文化在处理与他人关系上强调关系的维持及和谐氛围的营造,强调集体主义精神和随大流,所以在跨文化人际关系的处理过程中,志愿者不"较真",而是希望能够维持比较好的关系和良好的外部和谐氛围,只有这种氛围才能让志愿者内心实现和谐,这点在唯的案例中体现明显,他对于学生未经证实的观点不加评论,不愿意过多地纠正学生带有国家自豪感的不准确观点,这既是全球化心态的表达,同时也体现出儒家文化中追求和谐的一面。

(二)沟通和交流是濡化过程诸影响因素的交汇点

心理濡化是一种在异域文化中追求和谐与安宁的过程,而对于这种状态追求早在汉语教师志愿者赴泰之初便已经开始。志愿者向自己的有经验的师哥、师姐求教,通过加工师哥、师姐提供的信息,产生了较低的心理预期,如伟所说的"只要四周是白墙"就可以了,这种来自于沟通的对他文化的想象实际为心理濡化过程的开始。志愿者进入到泰国之后,经历着种种的不顺利,自然而然地通过各种途径寻求支持,包括自己的家人、异国朋友、志愿者和学生,这种支持的寻求需要经由人际沟通获得情感支持或利于自己实际问题解决的信息,这种信息建立在符号的加工和意义的建构之上。另外,受集体主义价值观和高权利距离的影响,志愿者对于长辈或上级的肯定格外珍视,所以志愿者宝受鼓舞于广西师大校长的肯定,并且认为自己有很大的价值,以后在什么岗位上都能做出一番事业,这是建立在上级肯定信息的传播与个体对于这一信息的认同基础之上的,这种信息经由个体的加工,即人内传播最终转换为自我效能感,即认为自己什么事情都能做好。所以沟通和交流将心理濡化过程中诸影响因素串了起来,从而直接影响着志愿者的心理适应情况。

(三)自我效能感和成就感是志愿者心理适应的初级表现。

自我效能感由班杜拉于1977年提出,指的是个体在执行某一行为操作之前,对自己能够在什么水平上完成该行为活动所具有的信念、判断或主体自我感受,自我效能感高的人倾向于选择富有挑战性的任务,相信通过自己的努力一定能克服困难,不会在做事之前具有强烈的焦虑心理,而是会选择积极应对。志愿者在进行汉语教学或其他文化活动之前认为自己是否能够很好完成这一工作直接关乎工作完成的实际,而且这种感觉的形成和稳定意味着内心的满足,所以是心理适应结果的初级表现,当然这种感觉可能会在任务和目标完成不理想之后而遭到破坏,但这正是心理适应的初级表现,即可能不稳定。访谈中志愿者宝对于广西师大校长和汉办驻泰办事处老师的肯定深信不疑,认为自己是人才,到哪里都能做好,而外界的期望,即皮格马利翁效应真正能起作用的也是需要作用于个人之后,让个人产生自我效能感,认为自己一定能克服困难,这种自信能够削减焦虑心理。

另一方面,成就感是志愿者心理适应的另一初级表现。成就感的获得能够让志愿者感受到自己和自己工作的价值所在,从而产生内心的满足和自豪,实现心理的稳定与和谐,反之,则会出现访谈中的志愿者春那样的失落感。虽然同为心理适应的初级表现,但成就感产生于成绩之后,而自我效能感产生于成绩之前,所以成就感的稳定性要高于自我效能感,同时没有自我效能感做基础,成就感获得的几率可能便大打折扣。

六、结论

心理濡化是赴泰汉语教师志愿者在赴泰之初首要面临的适应问题之一,这一问题处理的恰当与否直接影响着跨文化适应的其他方面。我们认为,赴泰汉语教师志愿者心理濡化过程便是追求内心和谐的过程,影响这一过程的因素很多,包括心理预期、社会支持、跨文化经历等等,但是这些因素的交汇点是沟通和交流,如果没有或者缺少合适的交流机会、渠道和内容,那么汉语教师志愿者的心理适应结果便可能不理想。在交流基础之上的自我效能感,及在自我效能感基础之上的成就感的获得,则是心理濡化结果,即心理适应的初级表达,心理濡化的高级表现便是全球化心态。另外,在汉语教师志愿者的心理濡化过程中,体现出浓重的中国文化特点,如集体主义、孝道观念和人际关系和谐理念等,在此笔者将赴泰汉语教师志愿者的心理濡化模式归纳出来,如图1所示。

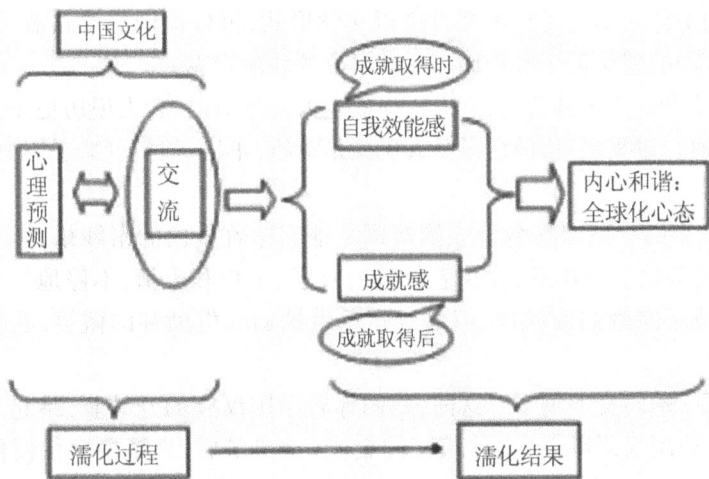

图 1　赴泰汉语教师志愿者心理濡化模式

　　笔者认为赴泰汉语教师志愿者的心理濡化的基础是心理预期,其建立在交流基础之上并影响交流,交流是心理濡化过程的核心所在,经由交流才可能获得自我效能感与成就感,这两种感觉都标志着内心和谐的部分完成,而建立在丰富跨文化经历基础之上的全球化心态的形成则预示着更高层次的心理适应结果。所以,心理濡化这一结果应该包括较低层次上的自我效能感和成就感的获得,以及较高层次上的全球化心态的形成。赴泰汉语教师志愿者只是我国外派汉语教师志愿者的一部分,因外派汉语教师志愿者所在的国家和文化差异颇大,因此不同国家和文化中的汉语教师志愿者的跨文化适应情况的研究可能会得出不同的结论,体现不同的特点,而这种差异和可能正是研究下一步应当关心的问题,这既是对外派汉语教师志愿者濡化理论的完善,也利于为我国汉语教师志愿者项目的进一步发展提供可行性建议,任重而道远。(安然,女,湖北武汉人,华南理工大学教授,博士,研究方向为跨文化传播、多元文化教育)(《云南师范大学学报》对外汉语教学与研究版2012 年 11 月)(本文在编辑过程中,文章内的原文引用等处略有删节)

延伸阅读

中国驻泰汉语教师志愿者:青春做伴在异乡

　　近年来世界汉语学习热急速升温,把中国国家汉办高兴坏了的同时也愁坏了——为了解救汉语教师严重匮乏的燃眉之急,汉办征召并派出数千名中国志愿者,其中大多是应届毕业生,"80 后"越来越多。毫不遮掩地说,他们年轻,没有生活经验,要独自面对异乡的陌生环境,其艰难可想而知。不过,可以让祖国人民放心的是,他们干得太出色了！本文首度以文学形式,报告他们的筚路蓝缕、他们的炽烈激情、他们的埋头苦干和他们那可歌可泣的壮丽青春。

有人说历史是英雄创造的,有人说历史是人民创造的,有人说历史是英雄和人民共同创造的。在我眼里,他们既是人民又是英雄,不错,他们创造了历史。

（一）

6个七八岁的小姑娘在台上表演舞蹈。她们穿着黄色的泰纱裙,脖子上戴着泰国人民最喜爱的鲜花串儿,模仿着舞神的身段、手势和表情,不停地旋转、腾挪、跳跃。虽然听不懂她们的歌声,但可以感觉出她们在借助神的微笑,歌咏生活的美好。

一曲终了,她们又上场了。这回,她们穿着中国汉族的娃娃装,跳起了喜庆的丰收舞,还一边用汉语唱着"麦浪滚滚闪金光……"最后,来了一个像模像样的大喜庆造型。

一时间,我竟迷惑了,有点不知自己是身在泰国还是中国？这些漂亮的小姑娘是泰国人还是中国侨裔？自己是在清醒中还是在梦里？

直到经久不息的掌声响起,直到老师们和家长们涌过来,直到6个小姑娘跑到我们面前献上鲜花串儿,我才恍然醒来:哦,这是在泰国而非中国,这是泰国小姑娘而非汉族小丫头,这是在泰国南部城市芭堤雅的明满汉语学校……

是的,这是刚刚过去的2008年的一段美好时光,,我们作为中国的作家和记者,来到美丽的热带近邻泰国,来看看年轻的国际汉语教师中国志愿者们,是如何在这里展开汉语教学工作的——短短5年时间里,他们创造了一个又一个奇迹!

（二）

近年来,泰国越来越成为中国人旅游的首选地,这个东南亚最大国家的风土人情、旖旎风光、历史文化、社会生活以及神秘的宗教众神……也越来越被中国人民所了解,所熟悉,所亲切。

这是我第一次踏上泰国的土地。睁着大大的眼睛,我看到了一个安宁、祥和、干净、美丽、亭亭玉立、飘飘欲仙的国度,也接触到她温婉、礼貌、淡泊、宽厚、谦谦君子、玉树临风的人民。一周之旅,匆匆行色,我发现自己是愈益喜爱上了这个到处是微笑的邻国,直后悔自己来得太晚了:在我自己的地理坐标中,过去为什么总是看见欧美,而没有重视这个充满着亲情魅力的邻居呢？

首都曼谷的素万那普国际机场即使在半夜,也令人不可置信地像北京王府井大街一样热闹,到处都是拥挤而快活的人群。让我震撼的是这机场的现代化程度,堪可与北京首都机场新建成的3号航站楼比肩,而且更高明一筹的是机场内的巨型雕塑,它们不是"洋"的和"后"的(西洋、后现代、后后现代),而是泰国人民平素供奉的佛教神像、金刚、力士等等,立刻就给人一种古老文化的氤氲、点染。

已是半夜 1 点半,泰国教育部的官员赖志华老师等一行还等候在机场迎接我们,说明了他们的热情,也显示出泰国现在对中文教育的重视程度。他们按照泰国的传统礼节,为我们挂上了洁白的兰花、黄色的雏菊等编织而成的鲜花串儿,浓郁的香气袭上来,十分可人。

他们不顾机场熙熙攘攘的人流,说了许多热情得烫人的话:感谢中国政府帮助泰国实施的中文教育工作,赞美中国国家汉办对泰国有关方面的大力支持,赞扬国际汉语教师中国志愿者们的出色工作,自豪于泰国的汉语教学目前是全世界开展得最好的,还希望接受中国更多的派遣人员和经费支持……

我们一下子就进入角色了,并且感到了此行的责任重大!

(三)

中国国家汉办是教育部下设的一个机构,过去默默无闻,现在呢,可是越来越重要,越来越显赫了。为什么呢? 因为全世界学汉语的人越来越多,事业越来越红火呗!

国家汉办的领导人是许琳主任,这位女士着实了得,衣着讲究,风姿雅致,思维敏捷,个性率真,说话和办事都"嘎嘣脆",一看就是个不把工作搞得轰轰烈烈绝不睡觉的角儿,由她领导国家汉办可真是"汉语国际推广"的福分。在北京时,一见面她就拉住我们说:

"真的,这些年来,全世界都出现了汉语热,100 来个国家在各种教学机构里开设了汉语课,学汉语的人数已超过 3000 万了。'如果你想领先别人,就学汉语吧!'这话可不是我说的,也不是中国人说的,而是美国人说的,话见美国《时代周刊·亚洲版》2006 年 6 月 26 日,有兴趣请你们上网去查……"

在此之前,我也隔三差五经常看到这类报道,什么美国有多少人学习汉语啦,日本学界和企业时髦学中文啦,就连非洲也传来此类消息。但由于没有切身体会,就容易理解为是记者们的一厢情愿,轻风在耳边一吹也就过去了。而这次在泰国,我的确是亲眼看见了,更是从内心"触"到了这"热"的温度有多高。

明满学校一位 40 多岁的男性家长,热情洋溢地跟我说:"我是一个企业家,去过贵州,看到中国美好的文化十分向往,回来就送女儿来学中文,希望她将来能到中国上大学。我们家族里都是泰国人,没有人懂汉语,一点基础也没有,因此最初很困难,我们就鼓励她,讲学习汉语的重要性。现在,她都可以和老师对话了,我们全家都感到非常骄傲!"

泰国教育部 2008 年 5 月的一份官方文件说:"中国的经济在 20 世纪末 21 世纪初蓬勃发展并保持较高的增长速度,使泰国越来越多人对汉语产生了浓厚的兴趣,汉语热潮涌入泰国社会,随之涌入了国立学校、高校和职校,从而打破了之前只有私立学校才开设汉语课程(学习汉语的大多是华裔后代)的单一化局面。近年来泰国的汉语教学得到中国政府的大力支持,使得泰国的汉语教学发展迅速,一跃成为仅次于英语的第二外语,使得泰国教育部从中看到了促进汉语教学的必要性。……泰国教育部迫切恳请中国国家汉办的支持:在 2007 年 650 名志愿者的基础上,逐年增加名额,争取在近年内向泰国派驻的志愿者数量每年达到并超过 1000 名。"

(四)

经济当然是基础,但我过去没想到的是,经济和语言的关系之重要,就好比人和双手、双脚的关系,甚至好比人和吃饭的关系。尤其是在经济全球化浪潮滚滚滔滔的大背景下,泰国的家长们都长了一双明天的眼睛,已充分认识到中国是亚洲各国最重要的贸易伙伴,在与中国的经贸关系中使用汉语体现了东亚地区的一体化(也就是说,今后在东亚做生意的通用语言是汉语),因此学会汉语就如同拥有了走入东亚地区的通行证。他们积极送孩子学汉语的主要目的,是为了使下一代成为能应对变化、管理经济的国际型人才。

此外,汉语在泰国的"热"也跟王室有关。全世界都知道泰国是一个佛教国家,却有很多人不知道泰国人民对王室的尊敬和热爱,就像对佛教一样虔诚和神圣。近年来,泰国王室为了国家利益越来越重视对华关系,与中国密切往来。王室众多成员都在热学汉语,学得最好的是诗琳通公主。她早在 25 年前就开始学习汉语,现在每周六还在上课。其对汉语的精通程度不仅能直接欣赏中国的文学、书法、音乐、舞蹈、绘画……还通读了为数不少的中国古典典籍。我们在泰国的街头、广场还有很多学校里,都看到了诗琳通公主题写的汉语书法。比如她题给泰国最好的大学——朱拉隆功大学孔子学院的匾额,就是"任重道远"。多么贴切啊。

除此之外,我们还听说了不少其他王室成员乃至宫廷官员们学习汉语的故事。比如朱大孔子学院一共办了 7 期汉语学习班,王室成员和宫廷秘书处就占了 4 期;又比如某次中国驻泰王国特命全权大使张九桓去王宫会见普密蓬国王,一路碰上的官员都跟他用汉语打招呼,弄得他既惊又喜,没想到汉语在王宫里竟然也这么热。

现在,连泰国军队都在学汉语,连泰国警察都在学汉语,现在泰国社会的上、中、下层,官方、民间都在学汉语。

你说,对汉语教师的需求能不大吗?

(五)

来自中国的汉语教师志愿者,基本上都是各个大学的应届毕业生、研究生,几乎百分之百都是 80 后。他们都是自己报名、经过有关部门的严格考试而后录取来的。

在泰国著名的旅游胜地普吉岛的普吉女子中学,我有幸听了志愿者孙佳老师的一堂课。这所学校建于整整一百年前,治学严格,成绩卓著,在全泰国享有盛誉,其地位相当于北京四中、天津南开中学、上海复旦附中。

孙佳老师是女性,二十四五岁的样子,圆圆脸,戴一副白边眼镜,虽然比讲台下面的高二学生大不了几岁,还真有点师道尊严的风度。别看她年轻,在泰国服务已是第二年,所以有经验积累,课讲得生动活泼,很有吸引力,而且师生们的会话全部是用中文。

孙佳老师:"大家都是普吉人,喜欢普吉岛吗?"

学生:"喜欢。"

孙佳老师:"我也很喜欢,因为它有美丽的海滩,还有很多游客(游客:就是来旅游的人)。老师也是外国人,来普吉岛旅游,你们可以给我介绍景点吗(景点:就是供游览的风景点,这里碰到了两个三声调的词,那么第一个字应该读二声)?"

学生:"巴东海滩。"

孙佳老师:"如果我去巴东海滩了,可以做什么呢?对,可以游泳、潜水、观鱼(观鱼:观是观察的观,就是特意地看)。我还可以在海上骑摩托艇,还可以在陆地(陆地:就是大地,这里指的是土地)上开汽车、骑自行车,还可以做什么呢?"

学生:"还可以购物。"

孙佳老师:"对,巴东海滩有很多商店(商店:就是卖东西和买东西的地方),还有泰国最大的购物中心,外国游客可以尽情地选购(选购:挑选的选,购物的购)。"

……

就这样一环套一环,一生二,二生三,举一反三,一以当十,既好理解又好记忆。孙佳老师真可谓殚精竭虑,使出了浑身解数。我可以体会到孙佳老师对自己的学生非常了解,是站在学生的角度,或者用文学术语说是从"接受美学"的角度出发,想方设法让学生爱学,学进去,并在心里牢牢记住。同时,我也非常欣赏她的讲课风度,自信,果决,智慧,干净利索,字正腔圆,很有权威性——是的,权威性显示着使人信服的力量和威望,中国老师们都很年轻,权威性就是很重要的,必不可少。

我感慨地对站在一旁的庞利女士说:"孙佳老师真是一位兢兢业业、极有责任心,同时又水平高超的优秀教师。她身上体现出了中国作为文明古国的泱泱大国之风,真给咱们中国争光啊!"

庞利女士是中国驻泰大使馆教育组一等秘书,是负责泰国汉语推广项目的最高官员,也就是说,她是所有在泰国的汉语教师中国志愿者们的"司令官"。听我这么一说,她的脸上笑开了花,灿烂而动情地说:"感谢你这么高的评价。不过我可以负责任地告诉你,我们的志愿者教师,个个都是这么出色。"

(六)

我知道,我相信,因为一路走过来,我已听到了那么多故事。印象最深的,是

《"爸爸"曹凡的故事》。

来自天津师范大学英语专业的曹凡出生于 1982 年,2007 年研究生毕业,经过短期的专业培训,被分配到泰国,这使他完全"没想到",因为他原来想去的是欧美国家。

第二个"没想到"的是,他被带到离曼谷有 15 个小时车程的泰南,在一个私立的华侨学校落了户。虽然已做好了吃苦的思想准备,但条件之艰苦还是让他惊心动魄,"那时是建校初期,简单说吧,屋子里除了电灯什么都没有。"而给他安排的课程是教 10 多个班,从幼稚园、小学、初中一直教到高中。

第三个"没想到"最要命,泰国学生之难教,简直匪夷所思。说来泰国是一个佛教国家,国民大都信奉"清静""善缘""不争""忍让"等佛家思想,讲究与人为善,礼貌谦和,连吵架、骂人的事情也很少发生。可是泰国又很"西方",由于受美、日、西欧影响,青少年们非常热衷于追随其文化,表现在课堂教育上就是学生们可以和老师平起平坐,不爱听了就自由走动、说话、接下茬儿,有时上着课就在地上爬开了。老师还不可以施行硬性管教,太严肃了会被投诉,真能把女老师们气得哇哇大哭。

不过后来曹凡发现,泰国学生也非常可爱,只要你表达一点点善意,他们就喜欢你、信赖你。曹凡就琢磨出了好多"套磁"的点子,比如给他们起中文名字,女孩子们叫"可爱""美丽""温柔""典雅",男孩子们叫"俊伟""坚强""硬汉""大方",还应他们的要求,叫"李连杰""成龙""周星驰"以及"孙悟空""唐僧""诸葛亮""武松"……他还和男孩子一起踢足球、打篮球,和女孩子们聊天、一起过生日……

学校里住校的孩子基本上都是家里有些问题的,比如没有父母等等。曹凡看着他们小小年纪就得不到家庭的温暖,心里特别不是滋味,就对他们特别好,像对自己的弟弟妹妹一样耐心呵护。后来忽然有一天,有一个男孩子过来对他说:

"老师你对我太好了,我不想叫你'老师'了。"

"那你叫我什么?"

"我管你叫'爸爸'吧?我就叫你'爸爸'了。"

从此,单身的中国大男孩曹凡,就在学校里被孩子们称作"爸爸"了。他的课堂纪律也变成全校最好的了,学生们的汉语成绩像大风起兮送纸鸢,越飞越高……

(七)

无独有偶,不,不是"偶",而是像庞利女士说的,这些来自中国的汉语教师志愿者们,个个都出色——我参加了他们的一个交流座谈会,聆听这些年轻志愿者们的激情澎湃的发言,让我一次次鼻子发酸,眼泪在眼眶里打转。

来自山东大学的中文系毕业生袁凯说:我初来乍到时学生们欺生,上课听歌,一身打扮得特摇滚,我管他们,他们就挑衅地问我会说泰语吗?后来我组织他们演戏,让最皮的孩子演《三打白骨精》,练的过程特痛苦,约好 1 点开始,他们 3 点还不来。但我咬着牙坚持下来了,对他们一些奇奇怪怪的想法,鼓掌叫好,调动他们的积极性。最后,表演大获成功,这群叛逆的家伙也成了我的忠实粉丝,学汉语都特别卖力气,有的假期时还让家长带他们去了中国……

暨南大学研一女生戴玉洁长得小巧玲珑,她是 2008 年 5 月 28 日到泰国,29 日就开始工作了。本来她想象得很好,谁知第一节课就懵了,学生们问她会不会泰语? 得知她不会就不理她了。她看着闹哄哄的课堂没人听讲,急得敲桌子,但脸上还得保持微笑,学生们觉得老师没事,就继续自顾自地闹腾。怎么办? 这个倔强的小姑娘说:我就只好在课堂上增加肢体语言,比如教"爬"字,就找一个学生在地上爬,同时像妈妈带孩子一样忍着不发脾气。后来他们就接纳我了,还说他们喜欢中国了……

云南师范大学毕业的王婷已经来泰国 3 年,算是志愿者中的"资深教师"了。其实这个西双版纳的姑娘是 1983 年才出生的,且因为身材修长,高高瘦瘦,就显得比实际年龄更小。她一人教几百个学生,智慧地把他们分成 10 人一组,背书时人人争先,唯恐影响了全组的荣誉。她还充分发挥自己的特长,教学生们唱歌跳舞,带着他们做演出服装,去区里参加比赛还获了奖。她经常收到学生们用泰、中、英文写给她的纸条:"老师你不是普通教师,就像我的朋友和亲人。"

1984 年出生的袁强长得虎背熊腰,看着比实际年龄老成得多。他是比较特殊的一个,本来他大学毕业以后已经在厦门的一家电视台上班了,可他办了停薪留职,跑到泰国来当志愿者。问他为什么,他说:"很大的原因是家族遗传,因为我父亲年轻时就是他们那个年代的志愿者,每个星期天不是种树就是到孤儿院服务。现在他老了,就支持我当志愿者,我在国内时已经做了很多,比如献血、帮助孤寡老人和残疾人等等。当然,他没想到我当上了国际志愿者,比我还激动……"

哎呀,我的眼泪终于落了下来。这些可敬的中国志愿者,这些可爱的中国 80 后,这些懂事的中国大孩子——他们在遥远的异国他乡,表现得竟是这么精彩和丰富,太了不起了!

（八）

新一代的中国 80 后,对我们来说,他们曾经、现在,都有点让我们看不清,是令我们迷惑的一代新人。

我家也有个 80 后女儿,曾给我带来很多骄傲,也惹来我的众多烦恼。我曾和全国的爸爸、妈妈、爷爷、奶奶、姥爷、姥姥一起,称他们是"小皇帝",指责这些蜜罐里长大的孩子们,娇骄二气、自我中心、冷漠自私、不关心社会也不关心别人,忧虑他们将来怎么能担当起家国大业。

2008 年是划时代的一年——先是数以百万计的中国 80 后留学生自发组织起

来,同仇敌忾地保护奥运圣火在境外的传递;后在汶川大地震发生时,又有无以数计的80后挺身而出,或舍生忘死赴灾区救人运粮送水,或大公无私在后方献血捐款捐物,还利用自己的优长在互联网上宣传报道,相互鼓舞激励……他们做得简直太出色了,使一向对他们恨铁不成钢的大人们目瞪口呆,深受震撼而又喜极而泣。

在泰国的数百名80后志愿者们,同样交出了一份极其出色的答卷。这些可爱的男孩女孩们,连泰国教育部的官员都知道他们在中国时都是父母的心肝宝贝,但他们来泰国肩负起祖国交给的重担后,一下子就长成了大人,责任感、信心、毅力、勇敢、坚强、顽韧、永不放弃、永不言败……这些似乎从来不属于他们的词汇,都在他们身上凿凿地体现出来了。请大家跟我读下面这段文字,这是一个外表看似杨柳般柔弱、内心却松柏般刚强的女孩,独自任教于空坤中学的谢文婷写的。

"一天我在卫生间里洗头发,眼睛的余光瞄到排水口有个脑袋探了进来,呀,蛇!我的腿立刻就软了!我立马舀起一瓢水向它泼过去。水有用吗?但我没有任何武器。我不敢伤害它,只想把它吓走。可是它又再次爬进来了!我舀起更多的水向它泼去,终于,它撤退了。我看清楚了它——全身赤红,一米多长,手腕那么粗,立着身子,吐着舌芯,很具攻击性。我为我的勇敢而庆幸……"

男孩子们同样经历了这种凤凰涅槃的锻造过程,在国内他们出了学校门又进学校门,从小到大哪儿做过饭啊,熨衣服的活儿更是夸父逐日一样的神话故事。可是来到泰国,独自一人就是一个家,必须学会奏响锅碗瓢盆交响曲;更兼泰民族对服饰的要求很高,正式场合上衣不能有皱折,裤线必须笔直,这就逼得他们不得不把神话变成现实。来自河北大学的霍国保是在读研究生,是利用写论文的一年时间来这里任教的,每天上午教学,下午备课,晚上写论文,零碎时间做家务,他说出了他们的共同心声:"一个学期以后,我们全搞定了,从一个男孩长成了男子汉。"而且十分有趣的是,霍国保的研究生论文题目是《论先锋日常语诗歌》,不知这形而上的"日常诗歌"和每天那些形而下的"日常生活"有一种什么样的血肉同盟?

我想,他们远在家乡的父母,听到这些让人牵肠挂肚的孩子们迅速成长,心里是多么的欣慰啊!可是且慢,孩子们还有更大的进步让人万分惊喜呢——他们全体,都说出了自己的最大收获:

"远离了祖国,才知道自己对祖国有多么爱!"

"我自豪:我是一个中国人,我是中国志愿者!"

"有了这次在泰国的从教经历,我收获了自己正确的人生观。现在我无比骄傲——我是中国80后!"

一个人的家乡记忆是永远的财富。这些年轻志愿者已经把泰国当做第二故乡,在他们的生命羁旅中,这一段难得而宝贵的记忆,将是他们的终生财富。

(九)

正确人生观的建立,加速着这些中国80后政治上的成熟。2008年奥运圣火传递到泰国时,听说有几个坏分子想要加以阻挠,数百名中国80后志愿者一传十、十传百,星夜赶到曼谷,组成了长长的人墙,用年轻的血肉之躯捍卫奥运和祖国的尊严。他们的英勇、严肃、纪律和团结精神震动了全世界,也打灭了反华势力的嚣张气焰,使捣乱者们再也打不起精神纠集人马搞破坏了。

中国政府以欣喜的目光注视着自己这些青春儿女们的成长,也无时不刻关心着他们的点点滴滴,为他们提供着强大的后援支持,包括工作上和生活上的悉心照看。

张九桓大使经常亲自过问中国志愿者们的工作,高度评价这个国际项目给泰国汉语教学带来的巨大进步。同时站在国家的角度,张大使也概括出如下四条:中国汉语教师志愿者的了不起之处,首先在于推动了汉教事业在全世界的发展,是实现中华文化走出去大战略的重要一环;推动了中泰关系的发展,使泰国人民更加了解中国,使"中泰一家亲"更加丝丝入扣地沁进了人心;志愿者们从一个侧面代表了中国的形象,他们是民间大使,以饱满的精神面貌诠释了改革开放以来中国的巨变;志愿者们自身也得到锻炼,经了大风雨见了大世面,为他们今后的人生夯下了一个坚实的基础。

庞利一等秘书身为泰国汉教事业的"司令官",更是呕心沥血,点灯熬油,操碎了心。数百志愿者的姓名、年龄、性格、优缺点以及他们的所在学校、他们的工作情况,庞利能够如数家珍;同时她还不断地提出培训计划,为他们安排学习交流的机会;她还不断去走访和看望他们,帮助解决切身遇到的困难。最厉害的是,是泰国教育部的官员们不怕他们的上司,却最惧怕庞利,因为她的认真和顽韧,使他们在她面前一点也不敢懈怠。我亲耳听到泰国基教委的昆英秘书长赞美庞利:"因为庞利老师的杰出工作,使别的国家的教育官员都坐不住了,纷纷建议自己的政府也把教育政策向泰国倾斜。"

张大使和庞利老师都笑了,特别灿烂的笑,一脸阳光的笑。我心头掠过一束激情——这就是"英雄"的作用,有时候,一个人也能创造历史。

在泰国,创造历史的人还有很多,即使是在最艰难的时候,他们也没有放弃。留中大学校友会的罗宗正主席、曾心秘书长等上百位友好人士,就是这样的前辈。顾名思义,他们都是在中国留过学的精英人物,各自都有轰轰烈烈的人生传奇。比如罗主席1966年从北京钢铁学院毕业后,曾主动要求去支援边疆,在包钢工作过8年;回泰国以后,他白手起家,荜路蓝缕,创建下辉煌的家业后,念念不忘"旧情",寻找一切机会做泰中友好事业的工作。他们也给中国80后和孔子学院的志愿者教师们提供了所有力所能及的帮助,使志愿者们如坐春风,感觉走到哪个城市乡村都能遇见亲人。

（十）

泰国政府和各级机构、各个学校,对中国志愿者们的评价越来越高,充满了由衷的感激之情。随着这些年轻可爱的志愿者们越来越成了"香饽饽",各个学校对他们的照顾也越来越精细,使他们的工作和生活条件得到了越来越好的改变。

我们参观了几个学校的教师宿舍:高档的像公寓,几个女孩或男孩合住一个豪斯(house),每人一间,厨房、卫生间公用。条件差点儿的也能做到两人一间,有公共的厨卫设施,就像中国大学的教工宿舍。我们还听说了许多美好的故事。

最不可思议的:有一位志愿者老师是回民,结果学校为了照顾她,全校老师都跟着吃清真饭,不习惯吃也皱着眉头往下咽。庞利老师说这怎么行,把她调回去给你们换一个人来。校长连连摆手说不行,派不来了怎么办?

最幸运的:滕珊珊的泰国校长对她特别好,每天给她带饭吃,还给她削水果、买牛奶,春节还给发红包,不好意思接受他们还要生气。

最幸福的:霍国保的女校长51岁,有6个子女。自从有一次国保用中药治好了她的感冒,他就成了她的第7个孩子,所有正式的家族聚会一定都邀请他参加,他就跟着他的泰国亲人们摘果子、划船、泼水、载歌载舞。

最可爱的:王婷2005年刚到学校时,宿舍里基本是空空如也。后来校方给她一样样地加,现在已经加到热水器、电饭煲、网线……几乎是加无可加了,还在问她:需要什么?

最可乐的:有几个天真无邪的泰国小女生跟杨秋健要求说:"老师我能不能和你谈女朋友? 现在先让我妈妈照顾你,等我长大了嫁给你,再由我来照顾你。"

最感觉良好的:李明刚来时不会用泰铢,坐车给司机1000元大票人家找不开,这时一位泰国妇女为他付了25泰铢,又送给他20泰铢让他去打摩的。

最骄傲的:泰国学生给足了中国老师面子,有一项调查显示,在曼谷一家职业学校,日语、法语、英语课都有学生逃课,唯有汉语课是百分之百出勤率。一所从初一到高三都开设了汉语课的中学校长发自内心地称赞:"校方考查了全校学生的汉语水准,平均分达到3.4分(4分为满分)。这些都是因为他们跟从中国教师学习的结果。来自中国的志愿者能自我调整并很好地融入泰国社会中,得到学校领导、教师、学生及家长的信任和爱戴。"

……

青春做伴在异乡,激情大戏美名扬。中国教师志愿者们用自己兢兢业业的工作态度,勤勤恳恳的敬业作风,忠忠厚厚的待人原则,饱饱满满的精神面貌,喜喜兴兴的乐观主义,认认真真地在泰国勤奋着、努力着、顽韧着、快乐着、锤炼着、锻造着。他们无比自豪地说:"我代表着13亿中国人。"

（十一）

在刚刚过去的 2008 年,中国向泰国派遣的国际汉语教师志愿者是 870 名,加上往年留在泰国的 134 名志愿者,现在泰国任教的志愿者已达千人。而自从 2003 年中泰合作的"汉语教师志愿者项目"启动以来,中国已先后向泰国派出 7 批共 2270 名教师志愿者,成为中国外派汉语教师志愿者最多的国家。

但是泰国还说不够,远远不够,杯水车薪。他们强调说:"比如在基教委属下的 500 所开设汉语课程的学校中,仅有 5 位教师是汉语专业毕业,师资匮乏的程度可见一斑。"在这种情况下,中国汉语教师志愿者成为泰国汉语教学的主力军。

由于他们的工资、国际旅费以及教学用具是由中国和泰国政府共同承担的,又加上他们出色的工作使教学品质得到了高度信任,选修汉语的学生人数逐年递增,泰国人民对中国的友好情谊,也像中国人民赴泰旅游的热度一样,在一天天增长。

而放眼全球来看,"泰国现象"不孤立,它只是世界性汉语学习热潮的一个浪头。语言不仅是工具,也是经济,也是政治,也是文化,也是实力。经济走高地位也走高,语言通了一通百通——说来说去,还要感谢我们赶上了这个好时代!

身在异乡的亲爱的中国志愿者们,祖国人民感谢你们,慰问你们!(韩小蕙)
(《光明日报》2009.2.13)

海南汉语教师志愿者赴泰国支教:"苦行僧"般的经历

离开时,仍是一个个生涩懵懂刚出校门的大学生;匆匆 10 个月,归来时,举手投足间表现出的落落大方和成熟稳重,让人感觉,他们已然是名副其实的老师了!

2014 - 2015 年度,海南省共派出 147 名赴泰汉语教师志愿者。其中,50 名往届申请留任志愿者,在新补充的 97 名志愿者中,大部分是来自于海南大学、海南师范大学、琼州学院等大学本科院校的应届毕业生。在泰国,这些志愿者老师们主要执教于泰国基础教育委员会下属的公立中小学,学生人数达到 3 万余人。

短暂的 10 个月,是什么改变了这些年轻人?在异国他乡,他们又收获了什么不一样的经历?本报记者今天带你走进这些志愿者在泰国支教的日子。

3 月 13 日,挥别了对于他们中很多人来说已经成为"第二故乡"的泰国,挥别了为期 10 个月、短暂而又令人难忘的异国支教生活,海南省赴泰支教志愿者们踏上了归国行程。身后是太多的恋恋不舍,行前又是对祖国怀抱的无限期待,这一天,他们的行囊中,装满了太多的"五味杂陈"。

第二天,不顾一路的舟车劳顿,志愿者们一大早便赶赴一场阔别已久的"家庭聚会"——海南省 2014 年赴泰汉语教师志愿者回国交流座谈会。在他们各自奔赴自己的未来之前,这一场聚会是对他们泰国支教生涯的最后"谢幕"。

一段"高大上"的非主流支教生活

座谈会上,来自海南师范大学的赴泰支教志愿者方秀中讲述了一段"非主流"

支教经历,因为她被派往的支教学校,是所有支教学校中最"高大上"的一所。

　　繁华的支教地点,高富帅的学生和多语言的工作环境,对她来说,10 个月的支教生活用一个词来概括,那就是"非主流"。

　　"来之前,我做好了住乡野小屋,白天观鳄鱼,中午捕蛇,夜晚与蚊虫壁虎嬉戏的准备,但幸运的是被分到了一个繁华的城市。"方秀中没有想到,自己被分配到泰国北柳府一所"高大上"的学校。

　　"刚来的时候,班上人手一部 iphone5S,等到离开的时候,已经有一半的学生换成 iphone6,而且学生中大部分人都拥有国外交流学习的经验。"面对这样一群拥有开阔思想和眼界的"非主流"学生们,方秀中深感"压力山大"。

　　由于学校"全英班"的学生长期都进行十分强化的英语训练,英语学习的比重甚至超过了他们的母语泰语,中文课上写英语作业,成为方秀中课堂上最大的难题。为了使学生们对汉语学习燃起兴趣,方秀中将《爸爸去哪儿》《我是歌手》《小苹果》等时下中国年轻人中的流行文化搬上泰国的汉语课堂。

　　"《爸爸去哪儿》的台词简单易懂,学生们看得明白,《我是歌手》让学生们在音乐中感知汉语的魅力。"方秀中的办法很快让课堂变得活跃起来。有时候,男学生们会指着邓紫棋问,"这个美女叫什么名字?"而女同学会问,"张杰都唱过哪些歌?"为了教会学生们汉语的购物用语,方秀中还将"淘宝"引入泰国学生的课堂,教学生们用阿里旺旺在线与买家进行交流。

　　向泰国学生推广中国的流行文化,介绍中国人的生活方式,成为方秀中成功吸引这些非主流学生兴趣的独门绝招。

一段"苦行僧"般的支教经历

　　"再不好的事,都是生活给我们的恩赐,是困境教会了我们成长,给我们的生活添上了浓重而不可缺少的一笔。"这是海南大学赴泰支教志愿者谢思稳的一段意味深刻的开场白。

　　谢思稳所执教的学校位于泰国南部的春蓬府,是一所近山近海的学校。在这里,没有网络,手机信号不好,没有直接喝的饮用水,不能洗热水澡,没有酸甜苦辣分开的食物,买个水果都得出山。

　　"来泰之前,准备的 PPT 在这里完全用不上,因为这里没有固定教室,没有多媒体设备,学生甚至没有教科书,教室即是办公室。"谢思稳告诉记者,硬件上的这些欠缺还不是最大的难题,她遇到的最大难题莫过于学习汉语的学生寥寥可数和课堂管理的问题。

　　"经常会遇到一个班只有一两个学生前来上课的现象,老师在台上讲,学生在台下说,稍不注意几个学生就像叠罗汉似地扭在一起,你打我一下,我踹你一脚,还时不时插入一个第三者上来补上一拳。"慢慢地,谢思稳了解到,这些调皮捣蛋的学生中,父母离异或因事故身亡的不在少数,另外还有很多轻微或深度智障的学生。

在了解了学生和学校的情况后,谢思稳开始"对症下药"。课堂上,她增加了更多游戏环节,学生们喜欢画画、唱歌,她就以画代写,以唱代说。课下,谢思稳主动找学生们聊天,和他们一起踢藤球,跳恰恰,一起制作节日卡片和花束,一起吃饭用夹杂着中英泰三语的句子聊天。渐渐地,前来上课的学生多了起来,他们不再刻意迟到,会主动问问题,按时提交作业,会利用课间时间与她交谈,会邀请她一起去吃冰激凌,去郊游。

在经历过半夜被热带蜈蚣咬伤,皮肤发炎溃烂,以及强紫外线照射下眼睛时常强烈刺痛和流泪等生活上的折磨后,似乎在这个世界上,再没有什么可以让这个勇敢的姑娘有丝毫退怯。当问起谢思稳在泰国最大的感受是什么?谢思稳表示,"那就是比以往任何时候都要爱自己的祖国,以后也只会更加倍地爱。"

被问及为什么时,谢思稳意味深长地说道。"也许就像是经历过死亡并从死亡边缘回归正常的人会更加热爱生命一样,像流浪在外才更深刻体会'每逢佳节倍思亲'的情感一样,出国在外,才更理解"国家"一词背后包涵的意义。"

"微笑"国度感动和成长不断

在志愿者们的眼中,泰国是一个民风淳朴、风光迷人的美丽国度,他们已深深爱上了这片土地。

"无论是超市的店员还是街边的小贩,每个人都会满脸笑容地向你问好,认真地把找回的钱从大到小顺序排列并梳理好凭证后,双手递给你。"泰国人的友善让方秀中时刻感觉无比温暖。而学生们自己亲手制作展板海报来宣传科学日和禁烟日等,也让她感觉到泰国教育的身体力行。

来自海南师范大学、在暖武里府执教的志愿者闫海表示,自己收获最多的就是感动和成长。尤其是,当学生们一个个双手合十,向他行合十礼,尊敬地道一声"老师好"的时候;或者当学生们双膝跪地向老师请教问题的时候;还有当泰国国歌奏起的那一刻,所有人都放下手中工作,肃然起敬唱国歌的时候。

"让我印象最深刻的是退休老师的退休典礼。"座谈会上,来自海南大学的郑学问向现场观众播放了一段学校退休老师典礼上,学生们集体拜师的一段感人视频。视频中,全校所有的学生相互挽着臂膀,由里到外,成层层环状将退休老师包围其中,然后集体鞠躬呐喊,向退休老师致敬,声音震撼响亮,让人不由心生敬畏。

"赴泰前,我们是稚气的大学毕业生;现在回头看看,我们一个个已经是可以掌控几十人的课堂的老师了。"赴泰支教志愿者队长周佳妮说道,在外的这十个月确实让每个人得到了各种各样的历练,从生涩的大学毕业生练成了大方的对外汉语教师,酸甜苦辣也都变成了他们的自信和底气!(侯赛)(《海南日报》2015.3.16)

"一带一路"下文化产业格局的构建

自国家主席习近平于 2013 年提出倡议后,共建丝绸之路经济带和 21 世纪海上丝绸之路(简称"一带一路")逐渐成为社会各界广泛关注的热门话题。今年,国务院总理李克强在政府工作报告中数次提到"一带一路",并把"一带一路"明确为经济发展的"三个支撑带"之一。

推进"一带一路"建设,加强与相关国家互联互通,是党中央、国务院统筹国内国际两个大局作出的重大战略决策。经济与文化密不可分。"一带一路"并没有忽略文化,而恰恰在很多方面是文化先行。在共建"一带一路"的过程中,文化将如何发挥软实力? 文化界能为"一带一路"做些什么?"一带一路"又将为文化走出去和汉文化国际传播带来怎样的机遇?

缘起

中国经济网:专家共议"一带一路"下文化产业格局的构建

2013 年,习近平主席在哈萨克斯坦提出了共建"一带一路"的合作倡议。丝绸之路是商贸之路,是和平之路,更是文化之路。"一带一路"的建设为文化产业发展提供了巨大的发展空间和历史机遇。3 月 28 日,习近平主席在博鳌亚洲论坛 2015 年年会开幕式上发表主旨演讲,使得世界的目光再次聚焦到"一带一路"构想上。巧合的是,同一天,一场以"一带一路"背景下的文化产业为主题的学术论坛—"首届中国文化产业智库论坛暨中国文化产业智库工作会议"在陕西西安举行。一南一北,遥相呼应,为"一带一路"的文化产业发展描绘出一张绚丽的蓝图。

我国文化产业发展的"四缺四不缺"

论坛一开始,中国文联主席团委员、中国民家文艺家协会副主席罗杨就直指现阶段我国文化产业发展的弊病。他用"四缺四不缺"对其进行了概括,即我国的文化产业发展不缺少创新的激情,缺少对传统的继承;不缺少对外开放的勇气,缺少文化走出去的能力;不缺少国家对文化的资金投入,缺少精品力作的大师级人物的诞生;不缺少历史文化的资源,缺少当代文化的传承和发展。罗杨指出,我国的文化产业与其他发达国家相比,还有相当大的差距。因此,要紧紧抓住"一带一路"的机遇,有了"新思路"才能有"新丝路"。

中央党校文史部教授范玉刚也表达了他对目前我国文化产业发展状况的忧虑,他表示,文化产业发展规划的制定对文化产业发展有着至关重要的作用,而现在以文化产业园区规划为代表的,偏重经济属性、以 GDP 指标来引导文化产业发展的规划类型使得文化产业严重偏离了其正常轨道。现在的文化产业是只见产业,不见文化。因此,文化产业发展规划的制定要有底线思维和伦理尺度,要注重文化,以"文化软实力"为重要价值目标,通过文化产业发展实现文化的繁荣。

北京大学电子政务研究院副院长杨明刚则从理论角度分析了中国文化事业的现实困境和危机。他表示,文化是事业而非产业,目前,文化事业正遭遇着媚俗化和过度商业化危机、守旧思维和短视危机等。

科技助力"一带一路"文化产业

今年"两会"上,李克强总理在政府工作报告中首次提出的"互联网＋"行动计划,无疑将带来一轮传统行业与科技融合的热潮,文化与科技融合的话题再次被热议。此次论坛也迎来了两位科技领域的专家,一位是中国国家科学院姚建铨,另一位则是国家科技部科研条件与财务司副司长邓天佐。论坛上,姚建铨提出了科技要为文化产业发展提供支撑作用的观点。他表示,"一带一路"建设必然要求互联互通,而互联互通离不开信息化。邓天佐对此表示认同,他指出,"一带一路"的构建要在"五通"的基础上,实现物流、信息流、人流和资金流的互联互通。

此外,中国人民大学文化创意产业研究所所长金元浦也对"互联网＋"提出了自己的看法。他表示,创客、"互联网＋"、DT、工业 4.0 等热词体现了我国经济未来发展的趋势,也代表着"一带一路"的建设方向。目前,与互联网相关的文化创意产业已经成为领军产业,一支以 BAT 等互联网上市企业为代表的文化产业准航母舰队正在成型,堪称中国文化产业的主力军,可以美国等发达国家相匹敌。

特色文化产业是"一带一路"的突破点

2014 年 8 月,文化部、财政部联合发布的《关于推动特色文化产业发展的指导意见》,提出依托丝绸之路沿线丰富的文化资源,调动各方力量,推动丝绸之路文化产业带建设。范玉刚表示,文化旅游资源是"一带一路"独一无二的文化产品,因此,可以此寻求产业发展的突破点。

中央财经大学文化经济研究院院长魏鹏举具体分析了我国特色文化产业发展存在五个问题,即业态简单,同质化问题严重;高度区隔,碎片化问题突出;进退失据,原生保护和市场开发失衡;产业化热,规模经济和范围经济缺失;资本短缺,缺乏资本化思维和融资途径。

据中国经济网文化产业频道记者了解,"一带一路"沿线历史文化资源十分丰富,仅甘肃省就有 7 处世界级文化遗产。这些文化遗产如何能有效地保护与利用?针对特色文化产业发展中存在的原生保护和市场开发失衡问题,上海大学中国艺术产业研究院副院长罗宏才指出,要建立新的"丝路"文化遗产保护观,采取"共育、共享、共识、共荣、共进"的保护模式。

针对特色文化产业的融资难的问题,魏鹏举具体分析了特色文化产业投融资的路径。第一,政府性基金的示范引导;第二,发挥银行、保险等传统金融的优势,助力特色文化产业基础设施建设;第三,政府筑基,积极开展特色文化产业链投融资;第四,积极发展文化产权交易,开展特色文化资源的平台型投融资;第五,推动文化金融创新,尝试开展基于特色文化资源收益的资产证券化;第六,积极拓展适合特色文化产业生产和消费的互联网金融。

文化产业创新驱动的核心在金融

党的十八届三中全会提出,鼓励金融资本、社会资本与文化资本相结合。2014年3月,文化部、财政部、中国人民银行共同出台了《关于深入推进文化金融合作的意见》,明确文化与金融合作已经成为我国文化创意产业持续发展的重要动力。对此,北京中传文化金融产业研究院院长王德恭表示,文化产业创新驱动的核心在金融。目前,"一带一路"的金融合作已经开始启动,近年来中国积极推动人民币跨境结算,规划区域金融中心,加快在沿海国家设置金融机构,推动筹建亚投行,发起设立规模400亿美元的丝路基金等,为推动"一带一路"注入了新的动力和活力。

浙江大学经济学院副教授景乃权提出了相似的观点,他认为,文化艺术产业基金是"一带一路"建设的重要支点,也是文化产业和文化事业发展的支点。设立文化艺术产业基金既要突出公益性和社会性,还要注重投资者的回报和收益。

共建"一带一路"需注意规避法律风险

目前,我国在文化领域的立法还存在很多空白。中央财经大学法学院副院长刘双舟表示,"一带一路"建设需要完善的文化法律体系。在国内,法律应该保障国内文化产业发展,规范文化市场的交易活动,保障文化消费者的合法权益;国际上,要用法律手段保障文化产业的海外投资,文化贸易等。

刘双舟提醒,在"一带一路"的共建过程中,应注意防范法律风险,其中包括地缘政治风险、差异化风险和其他特殊风险。因此,刘双舟坚硬,中国应该积极牵头或参与到相关国际公约的制定当中,同时开展相关的研究咨询和服务。

据中国经济网文化产业频道记者了解,今年"两会"期间,全国人大教科文卫委员会主任委员柳斌杰介绍,我国正在全面推进文化领域立法的四个重点方面:一是公共文化服务保障法;二是文化产业促进法;三是有关文化市场管理的法律法规;四是互联网信息服务、网络安全保护、网络社会管理方面的法律法规。

发挥中国文化产业智库的智力作用

本次论坛还正式挂牌成立了"中国文化产业智库研究中心"。陕文投集团董事长王勇表示,中国文化产业智库研究中心的成立可以说是应运而生,将为刚刚起步的中国文化产业提供强有力的智力支持,搭建一个理论探索和信息交流的平台。

文化部中国艺术品行业协会负责人胡月明从英美等国家的经验出发,介绍了文化产业和智库的关系。他指出,英美的文化创意产业能够迅速发展,得益于其多业态融合的智库研究。目前,多业融合,"互联网+"成为文化产业的新特点。因此,如何把文化融合到各行各业中是文化产业的真谛,也将是中国文化产业智库研究中心的研究重点。

据中国经济网文化产业频道记者了解,该中心是我国首个文化产业智库研究机构,也是一个跨学科、跨界别的新型专业化协同创新研究机构,由中国经济网、中国对外文化集团公司、中国民间文艺家协会、中国艺术品行业协会(筹)、陕西文化产业投资控股(集团)有限公司、北京中传文化金融产业研究院、陕西中华文化促进会、辅仁书苑等共同发起成立。(张晶雪)(中国经济网西安 2015.3.31)

相关报道

《光明日报》:"一带一路"和"互联网+"推升文化产业发展

踏入 2015 年,我国经济发展新常态的特征已经明朗,"一带一路"和"互联网+"的热潮席卷而来。日前公布的《推动共建丝绸之路经济带和 21 世纪海上丝绸之路的愿景与行动》提出推动中国与沿线各国广泛开展经济、文化等多领域的交流合作;以互联网为基础平台的"互联网+"也为文化产业的发展带来了无限的想象空间。2015 年,文化产业在新常态背景下如何发展?"一带一路"和"互联网+"将为文化产业发展带来哪些机遇和挑战? 4 月 1 日,光明日报文化产业研究中心召开"2015 年文化产业发展态势"季度分析会,与会专家就此展开了深入的讨论。

1. 新常态下如何抓住机遇

我国经济发展进入新常态,正从高速增长转向中高速增长,经济发展方式正从规模速度型粗放增长转向质量效率型集约增长。李克强总理在今年的政府工作报告中指出,必须坚持不懈依靠改革推动科学发展,加快转变经济发展方式,实现有质量有效益可持续的发展。新常态下,文化产业发展面临怎样的机遇,该如何进一步挖掘潜力、发挥作用?

在我国经济进入新常态的大背景下,传统产业相对饱和,新产品、新业态正大量涌现,融合发展渐成趋势,继续深化改革也成为各方共识。近年来,文化产业与科技、金融等领域融合发展,顺应了新常态的发展趋势。国家新闻出版广电总局规划发展司副司长李建臣指出,从近年的发展看,文化产业蓬勃发展势不可当。党的十八届三中全会对文化体制改革进一步进行了部署,这些改革措施的实施将释放新的发展活力。

中央财经大学文化经济研究院院长魏鹏举认为,新常态对应的是一种以创新为内涵的经济形态,发展更强调创新带来的内生增长活力。这种发展模式中,教育、科技、文化是最重要的内生因素,文化创新和文化产业的发展将在经济增长中发挥更突出的作用。

今年的政府工作报告提出,要打造大众创业、万众创新和增加公共产品、公共服务"双引擎"。创业、创新的重要性被提到了一个新的高度。在中国人民大学文化创意产业研究所所长金元浦看来,大众创业、万众创新("双创")概念的提出与文化产业的发展相契合,将增强文化产业发展的活力和创造力。"双创"的提出将推动新的创意潮和创业潮,改变了过去缺乏原创、以模仿为主的发展方式,开创了关注创造力的新时期。

"在新常态下,文化产业的发展应抓住两个关键词,'整合'和'创新'。"北京新元文智咨询公司董事长刘德良介绍说,整合就是产业在现有条件下通过整合并购释放出更多资源,构建更完善合理的市场体系;还应积极利用新技术、新业态和新模式倒逼原有产业管理模式改革,进而实现产业转型升级。

魏鹏举表示,实现文化产业的持续健康发展,把无形资产纳入 GDP 核算是必由之路。文化企业面临融资难等问题的症结在于很多无形资产难以量化,应构建知识产权、品牌等无形资产的评估体系,而这一工作的前提是将无形资产纳入 GDP 核算体系。此外,新常态下,文化产业的发展还要抓两个重点:顺应创新时代到来,建立完善文化创业园区,培养文化"创客";培养文化欣赏,鼓励文化消费,创造文化需求,为文化产业发展提供持续动力。

北京漫园投资集团有限公司董事长杨青山结合自身经验说,应构建文化经济发展的生态圈,为文化产业发展创造良好的外部环境。要打造文化产业集聚区,抓住一两个龙头企业或龙头项目做到深入,提高支持政策的针对性。还要注重政府和市场的双轮驱动,"两只手"科学分工、密切配合,为文化产业发展保驾护航。

2."一带一路"能否拓宽发展空间

3月28日,国家发展改革委、外交部、商务部联合发布《推动共建丝绸之路经济带和21世纪海上丝绸之路的愿景与行动》,在合作重点中提出了加强与沿线各国的文化交流、积极开展文化产业合作、塑造和谐友好的文化生态的新要求。原本就承载着几千年中华文化内涵的"一带一路"战略的实施,给中华文化走向世界及文化产业的发展提供了绝佳的机遇。

"'一带一路'既是经济带,也是文化带,它既包含经济交流,也包含文化交流。"在魏鹏举看来,任何文化的交流一定伴随着经济的交流,文化实力和经济实力如影随形。文化经济的基础建设既是"一带一路"基础建设的一部分,也是"一带一路"彰显文化特性的重要手段。有了文化经济,"一带一路"才有人情味,才有真正的吸引力。

北京市文化创意产业促进中心主任梅松表示,"一带一路"的基础设施建设实现的是发展空间的问题,而只有通过文化交融才能巩固"一带一路"的经济发展成果。中国在融合"一带一路"古老文化和现代文明中扮演着很重要的角色。发展"一带一路"的文化经济,文化企业和非文化企业都应当承担文化传播的责任。对文化企业来说,目标是孵化出一批真正为"一带一路"生产文化产品的企业。

"摆脱本土消费的生产倾向,更多从国外文化市场的角度开发文化产品。"刘德良建议,中国的海外企业在"一带一路"战略实施中积极开展文化交流活动,承担文化塑造的责任,让中华文化赢得当地人民的尊重和喜爱,也就实现了本土文化在国际社会的最大效益。

北京歌华文化发展集团有限公司总经理李丹阳建议,做好"一带一路"的顶层文化战略规划,充分发挥文化协同对国家战略的重要支撑作用,让文化的传播配合国家重大战略的实施。其次要在文化产业"引进来"与"走出去"的过程中实现文化的相互欣赏和相互融合,尊重当地文化进行文化产品的创新设计。

在"一带一路"战略下文化产业该往什么方向发展?北京朝方科技有限公司总经理杨峰谈到茶文化和丝绸文化的"走出去"。他坦言,在这个过程中,遇到了不少问题,最主要的是缺少政策的支持和龙头企业的引导作用,要通过产业投资、创投投资等方式进行合理的政策引导。

对此,北京中视东升文化传媒有限公司董事长高素梅认为,政策的引导必须遵循市场的需求和规律,只有市场才能了解不同国家当地人民的需求。当前我国文化产品在全球文化市场的占有率还比较低,文化产业要想"走出去",必须要依靠市场的力量。

魏鹏举建议,可以实行"丝路公共工程艺术计划",挖掘丝路文化的渊源,并进行现代呈现。将丝绸之路的文化特点和历史底蕴赋予更多的内涵和附加值,不仅提高了文化的经济效益,也彰显了文化的社会效益。

3. "互联网 +"如何创新业态

今年的全国两会上,"互联网 +"首次在政府工作报告中亮相,便引发热议。"互联网 +"代表着一种新的经济形态,在这种经济形态下,互联网在生产要素资源配置中的优化和集成作用可以得到充分发挥,互联网的创新成果也将深度融合于经济社会各领域之中,提升实体经济的创新力和生产力,形成更广泛的以互联网为基础设施和实现工具的经济发展新态势。

如今,多数人的生活都离不开互联网。中国互联网络信息中心(CNNIC)发布的《第 35 次中国互联网络发展状况统计报告》显示,截至 2014 年 12 月,我国网民规模达 6.49 亿人,互联网普及率达 47.9%。互联网凭借如此高的普及率改变着人们的生活习惯,也为"互联网 +"的经济构想提供了无限的想象空间。而具体到与政治、经济、文化、社会发展息息相关的文化产业,"互联网 +"又将为其发展带来哪些改变呢？

在金元浦看来，"互联网＋文化产业"意味着文化和科技的高度融合。"如果说创客空间讲的是草根创业，那么'互联网＋'则将从更高的层面上对国家的整体经济发展带来巨大变化。过去，我国的文化产业发展寄希望于政府部门，但在市场起决定性作用的情况下，完全依赖政府扶持也有弊端。比如我国动漫产业的很多从业者盯着政府补助，导致真正好的创作不能被激发出来。"金元浦认为，"互联网＋"可以引导文化产业更贴近市场，市场化的发展方向能实现文化产业从以政府部门引领的自上而下发展模式向以企业为主自下而上发展的转变过程。

过去一年，以阿里巴巴、腾讯、百度三巨头为代表的大型互联网企业频频将触角伸到文化产业领域。以阿里为例，收购文化中国、注资恒大、入股优酷土豆、入股光线传媒……阿里加码文化产业的动作着实让人应接不暇。大型互联网企业对文化产业的"偏爱"，也为文化产业的投融资方式带来了转型期盼。

金元浦表示，"互联网＋"突破了产业的界限，实现了更高端的文化产业投融资方式。一直以来，因为牵涉到人才、创意等许多难以估量的无形资产，文化企业的发展都受到融资难问题的困扰。而大型互联网企业的进入，改变了这一困局。

刘德良认为，"互联网＋"呈现出的一个趋势是以内容和软件推动硬件设备的升级和转型，这将成为未来新的发展方向，"现在许多互联网企业生产手机，他们都是以软件和内容去推动智能手机的升级、创新。在智能汽车领域也有百度、阿里巴巴等互联网企业的参与，核心也是利用内容加软件的形式来推动汽车生产。"他认为，未来，智能手机、智能汽车、智能穿戴设备、智能家居等都有很大的市场，而这些产业与文化产业的结合，将推动硬件和内容的结合，可以创造出无限的想象空间。

李丹阳表示，"互联网＋文化产业"的发展目标是在信息化、物联网、智能化的大环境下，实现科学技术、文化艺术、创意设计等产业的横向打通，再利用孵化器模式和创投模式融合的新业态，实现文化产业的高速发展。（陈晨 杨君 刘伟）

链接

我国文化产业政策环境不断优化

政策性文件

1.《国务院关于推进文化创意和设计服务与相关产业融合发展的若干意见》

2014年2月发布，提出了增强创新动力、强化人才培养、加大财税支持等措施。

2.《国务院关于加快发展对外文化贸易的意见》

2014年3月发布，提出了明确支持重点、加大财税支持、强化金融服务、完善服务保障等举措。

3.《国办关于印发文化体制改革中经营性文化事业单位转制为企业和进一步

支持文化企业发展两个规定的通知》

2014年4月发布,主要涉及财政税收、投资融资、资产管理、土地处置等多方面支持政策。

4.《关于支持电影发展若干经济政策的通知》

2014年6月发布,提出了加大电影精品专项资金支持力度、通过文化产业发展专项资金重点支持电影产业发展等举措。

5.《关于深入推进文化金融合作的意见》

2014年3月发布,其中提出创新符合文化产业发展需求特点的金融产品与服务,加强组织实施与配套保障。

财税实施细则

1.《关于继续实施文化体制改革中经营性文化事业单位转制为企业若干税收政策的通知》

2014年11月发布。其中指出,文化事业单位转制为企业,可享受一系列税收优惠政策。

2.《关于继续实施支持文化企业发展若干税收政策的通知》

2014年11月发布,对从事文化产业支撑技术等领域的文化企业,按规定认定为高新技术企业的,减按15%的税率征收企业所得税。

3.《关于支持文化服务出口等营业税政策的通知》

2014年12月印发,对纳税人为境外单位或个人在境外提供文物、遗址等的修复保护服务免征营业税。

行业发展政策

1.《关于大力支持小微文化企业发展的实施意见》

2014年7月印发,提出要高度重视小微文化企业发展、增强创新发展能力、打造良好发展环境、健全金融服务体系等。

2.《关于推动特色文化产业发展的指导意见》

2014年8月印发,以多项保障措施全面推动我国特色文化产业发展。

3.《关于推动新闻出版业数字化转型升级的指导意见》

2014年4月印发,其中明确要开展数字化转型升级标准化工作、提升数字化转型升级技术装备水平等。

4.《关于推动互联网上网服务行业转型升级的意见》

2014年11月出台,文件对互联网上网服务行业管理思路、管理政策进行了重大完善和调整。(《光明日报》2015.4.2)

《中国文化报》:"一带一路"释放文化软实力

自国家主席习近平于 2013 年提出倡议后,共建丝绸之路经济带和 21 世纪海上丝绸之路(简称"一带一路")逐渐成为社会各界广泛关注的热门话题。今年,国务院总理李克强在政府工作报告中数次提到"一带一路",并把"一带一路"明确为经济发展的"三个支撑带"之一。

经济与文化密不可分。"一带一路"并没有忽略文化,而恰恰在很多方面是文化先行。在共建"一带一路"的过程中,文化将如何发挥软实力? 文化界能为"一带一路"做些什么?"一带一路"又将为文化艺术带来怎样的机遇?

遗产保护先行一步

丝绸之路申遗成功就是文化先行的一大表现。去年 6 月,中国与吉尔吉斯斯坦、哈萨克斯坦联合申请的"丝绸之路:长安—天山廊道路网"入选《世界遗产名录》。

业内人士指出,此次申遗成功为沿线地区带来的发展动力将不可估量。它必将推动国内各省区市乃至三国之间在文物保护工作方面的交流、协作,促进这一地区文化遗产管理与保护水平的提升;必将在这一地区兴起文化遗产保护热潮,不仅可以拉近民众与文化遗产之间的距离,更能密切丝路沿线民众间的情感,为古丝绸之路注入新的活力;此外,沿线众多省区市政府乃至企业借风"新丝路"相机而动,申遗的成果被融入到当地的经济建设之中。可以说,申遗的成功使得丝路沿线各国重新关注这条古代商贸之路,为丝绸之路经济带成为新的国际纽带打下了铺垫。

海上丝绸之路的申遗工作也受到了前所未有的关注。记者了解到,相比陆上丝绸之路,海上丝绸之路的概念提出较晚,相关的资料梳理、理论研究等基础工作有一定差距。近年来,海上丝绸之路相关的文物考察工作不断推进。今年两会期间,全国政协委员彭钊提交了有关加快推进"海上丝绸之路"联合申遗工作的提案。

全国政协委员、故宫博物院院长单霁翔则建议,沿线地方各级政府应建立"一带一路"沿线文化遗产保护管理长效机制,切实做好"一带一路"建设中的文化遗产保护管理工作。

文化交流打下民意基础

"一带一路"文化建设已经成为我国对外文化工作的新抓手。在今年年初举行的 2015 年文化部驻外文化处(组)及文化中心负责人工作研讨会上,文化部外联局局长谢金英指出,2014 年,文化部已与新疆、宁夏、甘肃等有关省区市开展了多渠道、多层次、多形式的交流与合作,举办了一系列以"一带一路"为主题的综合性文化交流活动,协调指导西北五省区文化厅成立了"丝绸之路经济带西北五省区文化发展战略联盟",在陕西西安举办了首届"丝绸之路国际艺术节",在福建泉州举办了"海上丝绸之路国际艺术节"。

由中国文化部、阿拉伯国家联盟秘书处主办的中阿文化部长论坛上,论坛代表一致认为,文化交流与合作将在中阿"一带一路"建设中起到不可替代的桥梁和引领作用。此次论坛通过的《北京宣言》可以说是"一带一路"文化交流与合作的一个缩影:中国与阿拉伯国家均属丝绸之路沿线重要国家,中国与阿拉伯国家是建设"一带一路"的天然合作伙伴,中阿共建"一带一路",拥有坚实的民意基础。

今年两会期间,全国政协委员、中国文化遗产研究院研究员张廷皓提出建议,互办文物展览、举办高规格的学术研讨会、开展文化节庆活动,让沿线国家和人民与我们共享当代中国的发展成果,了解中国和平发展的意愿。

文化贸易方兴未艾

全国超过 20 个省区市上报了"一带一路"有关规划项目。其中不少项目涉及文化产业与文化贸易领域。

如浙江省于近期上报了继续推进实施浙江吉尔吉斯斯坦德隆电视台文化贸易平台作为"一带一路"建设工作重点项目,并将进一步开展沿线国家各类文化贸易促进活动,以促进该省文化企业对沿线国家的境外投资并购。

北京第二外国语学院国家文化发展国际战略研究院常务副院长李嘉珊教授表示,"文化具有先天优势,在国际交流、国际贸易中发挥着独特的作用。"亚非拉地区,尤其是"一带一路"沿线国家,在基础建设、资源能源开发等领域,对中国的资金、人员、技术及管理支持有着非常巨大的需求,目前丝路基金主要面向基础设施等方面的建设,以此促进中国与"一带一路"沿线国家更多元的互联互通。"但这并不意味着文化、教育等领域等待渠道铺设好再加入其中,而应以更加开放的胸怀和更积极的实践主动融入这一战略进程中,无论官方还是民间都应深度参与。"

旅游业也走在了国家布局的前沿。今年是"美丽中国——丝绸之路旅游年"。全国政协委员、国家旅游局原局长邵琪伟说,"一带一路"会对旅游业产生极大的影响,推动旅游业总体水平提高,加大和世界相关国家的交流交往。

不少沿线省区市文化旅游搭上"一带一路"快车,为文化旅游产业发展开拓了新契机。2014 中国西安丝绸之路国际旅游博览会、首届国际丝绸之路旅游发展会议等大型展会显示出了巨大的吸引力。在刚刚结束的柏林国际旅游交易会上,作为唯一开展现场推介会的中国省份,福建凭借海上丝绸之路旅游资源而赢得了极大关注,共接待来自欧美地区的 200 余家旅游批发代理商。

艺术创作如火如荼

与丝绸之路有关的艺术创作自古以来硕果累累。"一带一路"更为当代艺术家提供了巨大的创作空间和无穷的灵感。

中国国家画院发起了"丝绸之路美术创作工程",考察写生团分为海上丝绸之路、陆路丝绸之路、草原丝绸之路三路。为了使创作更具学术性和现实针对性,该院还制定了《"丝绸之路"美术创作选题》,确定了300多个选题作为艺术家创作的选题参考。首届中国新疆国际艺术双年展上的众多艺术作品,也显示出丝绸之路艺术创作的如火如荼。

羊年央视春节晚会上,那英演唱的《丝路》可谓音乐作品的个中代表。实际上,以丝绸之路为主题的音乐作品为数不少。目前,中央民族乐团已推出了大型音乐会《丝绸之路》,以琵琶、胡琴、热瓦普、唢呐、扬琴、冬不拉,追寻古老而悠久的古丝路音乐足迹。新疆维吾尔自治区、陕西、甘肃均在酝酿推出与丝绸之路有关的音乐、歌舞作品。2月,新疆木卡姆艺术团推出的音乐会《丝路乐魂》已经上演。

影视纪录片成为展示共建"一带一路"的重要手段。记者了解到,目前,纪录片《丝绸之路经济带》《海上丝绸之路》已经开拍,大型人文纪录片《崛起新丝路》也在筹备当中。3月12日,作为国内首档丝路专业节目,中央电视台大型人文纪实栏目《新丝路》在央视发现之旅频道首播。该栏目涵盖文化、艺术、航空、高铁、健康、科技等众多门类,将集中展示"一带一路"建设过程中各领域的创新实践。(《中国文化报》2015.3.16)

《经济日报》:"一带一路"下的文化传承与创新

共建丝绸之路经济带和21世纪海上丝绸之路(简称"一带一路"),是以习近平同志为总书记的党中央统揽全局、顺应大势作出的战略决策,是着眼实现"两个一百年"奋斗目标和中华民族伟大复兴的中国梦,为进一步提高我国对外开放水平而提出的重大战略构想,体现了"睦邻、安邻、惠邻"的诚意和"与邻为善、以邻为伴"的友善,是承贯古今、连接中外、造福沿途各国人民的伟大事业,得到国际社会的广泛关注和积极支持。在建设"一带一路"的进程中,我们应当坚持文化先行,树立文化引领经济的高度自觉,推动传统文化的传承与现代文化的创新,通过进一步深化与沿线国家的文化交流与合作,促进区域合作,实现共同发展。

丝绸之路古已有之,体现了人类跨越阻隔、交流互鉴的胆识和毅力,在古代东西方文明交流交往历史中写下重要篇章。2100多年前,雄才大略的汉武帝遣臣子相继开辟了陆上丝绸之路和海上丝绸之路,将中国与亚、欧、非三大洲的众多国家联系起来,丝绸、瓷器、香料络绎于途。正是在丝绸之路的引领推动下,世界开始了解中国,中国开始影响世界。丝绸之路在推动东西方思想交流、文化交融、全球经济一体化、人类文明多样化方面发挥了十分重要的作用,为古代东西方之间经济、文化交流作出了重要贡献。今天,世界和中国又站在一个崭新的战略关口。顺应求和平、谋发展、促合作的共同追求,"一带一路"新倡议也被赋予新的丰富内涵和深远意义,传统文化的传承与现代文化的创新迎来难得的发展机遇。充分发挥"一带一路"连接不同文明的纽带作用,就能把地区间的经济、社会、文化交流提高到新的水平。

文化的影响力超越时空,跨越国界。文化交流是民心工程、未来工程。古丝绸之路是一条文化交流之路。古代中国许多科学文化创新创造通过丝绸之路传到西方后,对促进西方近现代科学的发展起到了积极作用;近代西方的一些现代科学知识,也是通过海上丝绸之路传到中国的。"一带一路"战略构想涉及几十个国家、数十亿人口,这些国家在历史上创造出了形态不同、风格各异的文明形态,是人类文明宝库的重要组成部分。"一带一路"是沿线国家不同文化深入交融的融合剂。不同文明之间的交流互鉴,是当今世界文化发展繁荣的主要渠道,也是世界文明日益多元、相互包容的时代标签。国之交在于民相亲,民相亲在于心相通。文化传承与创新是各国经济贸易合作的"软"支撑。"一带一路"沿线各国历史文化宗教不同,只有通过文化交流与合作,才能让各国人民产生共同语言、增强相互信任、加深彼此感情。据文化部资料,这些年来,我国与沿线沿途国家的文化交流形式越来越新、内容越来越多、规模越来越大、影响越来越广。比如,我们与沿线大部分国家都签署了政府间文化交流合作协定及执行计划,民间交流频繁,合作内容丰富,与不少沿线国家都互办过文化年、艺术节、电影周和旅游推介活动等,近几年在不同国家还多次举办了以"丝绸之路"为主题的文化交流与合作项目。这些是基础,也是我们走向未来的开始。我们要立足现有基础,打造新模式、探索新机制,深入开展与沿线国家的文化艺术、科学教育、体育旅游、地方合作等友好交往,密切中国人民同沿线各国人民的友好感情,夯实我国同这些国家合作的民意基础和社会基础;我们要充分发掘沿线国家深厚的文化底蕴,继承和弘扬"一带一路"这一具有广泛亲和力和历史感召力的文化符号,积极发挥文化交流与合作的作用,共同促进不同文明的共同发展。

文化搭台,经济也要唱戏。我们要与沿线沿途各国齐心协力,让"一带一路"成为政策沟通、道路联通、贸易畅通、货币流通、民心相通之路。一要使"一带一路"成为走向和平的通途。古老丝绸之路的精神核心是"和平、友好、开放、包容",已经成为人类文明的共同财富。今天的丝路沿线各国,是拉动世界经济增长的引擎,是世界多极化和全球化的中坚力量,通过"一带一路"文化交流加强各国友好往来,增进相互了解,是实现持久和平的重要基础。二要使"一带一路"成为走向发展的通途。沿途沿线大多是新兴经济体和发展中国家,普遍处于经济发展上升期,在文化交流的基础上深挖各国之间合作潜力,推进区域基础设施、基础产业和基础市场的形成,推进贸易投资自由化和便利化,必将从根本上缩小经济发展差距,确立符合世界经济发展多样性的合作新范式。三要使"一带一路"成为走向共赢的通途。我国正处于经济结构调整、产业升级的重要时期,丝路沿线各国大多也处在经济建设的关键节点上。创新合作模式、发展本国经济、优化产业布局、实现互补共赢符合各方利益。共建"丝路经济带"的宏大战略构想涵盖经贸、投资、人文和战略互信等各个方面,将把区域合作提升至新的高度。要深刻认识到,在经济全球化、社会信息化大潮下,各国相互依存、相互影响达到前所未有的程度。只有"通",才能在取长补短、求同存异中共同进步;也只有"通",才能同舟共济、同担责任、共享权利,建立更加平等均衡的新型发展伙伴关系。(北京市中国特色社会主义理论体系研究中心)(《经济日报》2015.1.29)

《南方日报》:"一带一路"文化交流先行 东南亚现华文教育热

语言和文化是不同国家和民族间交流的桥梁,随着中外交流日益频繁,在"一带一路"的视野下,作为世界第二大国际通用语言的汉语,既是海外华人的"留根工程",也成为越来越多外国朋友学习外语的重要选项。4月15日至24日,南方日报记者用10天时间与广东省侨办调研团深入印尼、马来西亚和泰国,近距离、多角度进行采访观察,尽可能深入地与当地人士交流,获得了大量丰富的事实细节和人物样本。东南亚华人学习华文的热情令人印象深刻,与此同时,越来越多的友族入读华校学习华文,甚至成为华文教师。

语言的力量

学习华文不仅是现实需要,也是不同民族和文化交流的需要,在东南亚华人心中,学习华文就是传承传统文化,"不懂华语相当于自我边缘化"

刚到达印尼梭罗培育三语学校,记者便被一片斑斓的色彩所吸引:一年级的学生穿着极具印尼风情的表演服跳起可爱的土风舞,中国老师和当地老师身着印尼蜡染服饰,他们身后的校门上贴着红色的春联,形成了浓烈而和谐的视觉合奏。

"您好,我是四年级的学生,我叫郑德华,我是我们家华语说得最好的"。

"您好,我是五年级的学生,我叫黄燕珍,我和我哥哥两人是全家最懂华语的"。孩子们调皮地用中文打着招呼。

在古稀之龄的《千岛日报》记者肖女士看来,这些孩子是幸运的。"现在几乎每座城市都有三语学校,但孩子们的父辈、祖辈却在20世纪错过了学习华文的机会,目前懂华文的人,不是70岁以上的老人,就是正在上华校的孩子。"

"我们从事华教事业的目的,一是为印尼培养像林优娜一样的汉语人才,一是让华裔懂得自己民族的语言,传承传统文化。"泗水新中三语学校校长陈锦球开门见山地说,"目前,中国是世界第二大经济体,经济与文化密不可分,比如中国提出的'一带一路'构想就没有忽略文化,而恰恰在很多方面是文化先行,语言的沟通交流必定首当其冲,印尼太需要懂华文的人才了!"

华文的"根"情结,对老一辈华人而言更为深刻。很多华校学生都是被爷爷奶奶送进学校的。"小时候我们接受华文教育,所以知道它的重要性,我希望我的孙子也能学好华文。"梭罗福清公会教育部部长刘美玉说。

"中华文化是民族之魂,对内,我们个人要从中汲取精神力量;对外,我们要借助语言和文化,积极推动中外文明的交流互鉴,促进中外民众互相了解和理解。"在从事了一辈子华文教育的泰国罗勇光华学校资深校长蔡良看来,中国移民立足海外后最关心的就是子女教育,一是现实需要,一是精神需要,当前,更深远地说也是不同民族和文化交流的需要。

正因如此,只要政策允许,海外华人便会投入最大的热情去发展华教,一大批具有远见卓识的热心华教人士出钱出力,甚至倾其所有大力支持和兴办华文教育,他们的努力也获得当地主流社会的肯定。

泰国光华学校中文校长蔡玲玲介绍,该校学生每年都会增加约 100 人。与光华学校一样的华文民校被泰国教育部纳入国民教育体系,政府每年对每名学生补贴 1.2 万泰铢。

由于华文教育与中国对接得好,印尼泗水新中三语学校的学生出国留学没有障碍。校长陈锦球透露,今年高一年级期末考后,已有 10 多位学生选择到国外留学,其中两人选择了中国。

"不懂华语相当于自我边缘化。"马来西亚企业家雷智雄告诉记者,当地很多高官子女,如某任首相的小儿子、副首相的孙女都在华小就读。

华文学习热潮的成果在马来西亚很是明显。马来西亚华总副总秘书兼策略研究委员会主席陈耀星博士多次在接受当地媒体采访时发现,不少非华裔媒体人可以直接用华文采访他。

办学的开放

在东南亚华文学校里,友族孩子所占比例不断攀升,不少学校的华族学生与友族学生甚至各占一半,"友族多说明中文地位高了"

在广东省侨办副主任郑建民看来,"和为贵""和而不同"等是中华文化的特质,这在华文教育领域也得以体现。"一直以来,海外华文教育都坚持开放包容的办学理念,积极吸纳友族子弟入校学习,支持当地教育事业的同时,也增进友族对中华文化和中国的了解,促进不同种族之间的文化交融。"

市场则从另一个角度对此进行了客观的印证。

印尼丹格朗省与雅加达西部交界处有一所全国最大的三语学校——八华学校,从幼儿园到高中,学生多达 4000 多名,非华裔生占 12%,颇受当地高端人群青睐。记者调查发现,多数华校学生以华族后裔为主,但友族孩子的比例不断攀升,即使是山城马吉朗的培德三语学校,友族孩子也占到 15%。甚至,有的学校华族学生和原住民各占一半,如日惹崇德三语学校,这个比例是 52%:48%。巴厘省文桥三语学校生源中也有 30% 是友族孩子。

"崇德办学在当地可是响当当的,这个比例说明印尼人越来越重视中文,也说明中文地位高了。"广东外派教师谢芳说。

泗水小太阳三语国民学校总监张玲玲了解到,离泗水市区 200 多公里的一所习经院里也有不少学华文的孩子。

而在马来西亚,近 60 万的华小学生中也有三成非华裔学生,华文独中生超10% 为非华裔生,当地华人富裕阶层和家长以孩子入读这些学校为荣。记者一年前曾到马来西亚沙巴州采访,该州江门四邑联合会总会长、崇正中学副董事长兼助学金筹集和发放负责人黄小娟告诉记者,她的几个孩子都是华小、独中毕业生。

"崇正中学每年初中入学考试报名人数达到 1000 人,但只有一半学生有机会入读。"学校董事凌观保介绍。这种爆满的情况也出现在许多城市的华文小学中。每次新学年开始,总能见到不少华人家长连夜排队,争取入读华小的名额。

让人颇为讶异的是,华文学校中,原住民教师的人数也有所增加。

他们为什么会选择世界上最难学的语言作为自己的职业?张玲玲举的例子或许能说明一二。泰国光华学校一位小学老师是女佣的孩子,小时候常跟华人老板娘到佛堂,因此接触到汉语,后来又参加了汉语班进一步学习。在华社的推荐下,高中毕业时小伙子获得到中国留学 4 年的奖学金。听说他回到印尼,张玲玲便找到他,邀请他来华校任教。

"这位老师的妹妹现在也在中国留学。"张玲玲认识四五个曾在中国留学最后回到印尼当老师的原住民,"当地友族学习华文的热情很高。每年华文协调机构都会从中选一些送到中国留学,他们毕业后都很愿意当老师。"

今年 34 岁的林优娜(Jona Widhagdo Putri)是印尼大学政治与社会学院国际关系讲师,这位印尼第四代华人年纪轻轻,却已从事翻译工作 10 年以上,曾为 50 多场国际会议担任过同声传译,服务的对象包括印尼前总统苏西洛、现任总统佐科等政要。

同声传译高度紧张、信息量大,一般由两名翻译员轮流进行,每隔 15 分钟交班一次,但林优娜做同声传译,每次常常超过半个小时甚至长达一两个小时,就是因为印尼十分缺乏华文同传人才。令人意外的是,林优娜现在中文说得很"溜",但18 岁以前她一个汉字都看不懂,都是留学中国后通过自己的努力才成为这一领域的佼佼者。

在印尼泗水崇高三语学校,记者见到了 9 岁的王小嬬和 12 岁的李恩典,她们都会说流利的中文。跟林优娜不同的是,她们是印尼原住民,家里人都不会中文。

崇高三语学校是一所由华人开办的基督教学校,学校友族学生占 19%,从幼儿园起,李恩典在这里学习了 8 年。

"目前印尼有 100 多所华文学校,尽管这个数字仅为 1966 年禁锢期之前的 10%,但 10 余年来各地华文教育的热情以井喷的状态发展。"印尼日惹特区华文教育协调机构主席陈启明先生介绍,由于特殊原因,印尼是东南亚华文教育较为薄弱的地区,发展的急切性尤为明显。而在华文教育体系完整的马来西亚,其华文小学有 57 万在校生,华文独立中学在校人数超 8 万。

"据不完全统计,全球有 6000 多万华侨华人,分布在近 200 个国家地区,自发兴办了近 2 万所华文学校,在职华文教师数十万人,在校学生数百万人。"此次调研团团长、广东省侨办副巡视员李仲民告诉南方日报记者,华文教育事业的发展,海外华侨华人社会和广大华文教育工作者功不可没,"他们为中外文化交流架起了一座桥梁"。

记者手记

在印尼,华文教育的内涵比过去更丰富

今年是中国和印尼关系的大年,两国建交 65 周年,亚非会议召开 60 周年,在"一带一路"的新视野下,两国的交往、交流无疑走进了一个新时期。

在印尼采访时,记者曾阅读到一段令人反复咀嚼回味的话。印尼雅加达华文教育协调机构执行主席蔡昌杰认为:"华文教育远远不是华人自己的母语教学,而是全体印尼民族均可积极参与的事业。"蔡昌杰希望通过发展华文教育,提高印尼民族的竞争力,促进华族和印尼族和谐相处,增进中国和印尼世代友好。

正如泗水新中三语学校校长陈锦球所言,开展华文教育,对己是传承中华文化;对国家,是为印尼培育多语言人才。这种观念代表着印尼华人的现代华文教育观、国际关系观,折射出他们的现代素养、教育理念和现实智慧,与时代潮流十分契合。

今年 3 月,印尼总统佐科在上任不到 5 个月内第二次访华,同习近平主席等中国领导人就深化两国各领域务实合作、提升中国与印尼全面战略伙伴关系达成重要共识。双方还发表了《关于加强全面战略伙伴关系的联合声明》,一致同意建立副总理级的人文交流机制。4 月下旬,习近平主席再次访问印尼,出席亚非领导人会议和万隆会议 60 周年纪念活动。

无疑,包括华文教育在内的人文交流被当今时代赋予了新的内涵,华文教育在印尼有了更丰富的内涵和更广阔的需求。也正因为此,中方在印尼华文教育工作中愿意提供支持,印尼人民也十分欢迎这样的支持。

纵深

师资短缺困境如何破

目前华教发展面临的最大困难是师资捉襟见肘,一方面是华文人才的普遍缺乏,一方面是社会对华校的需求不断增长。在泰国,同样由于华教的断层和市场需求强劲,华校吸引华文优秀师资显得心有余而力不足。

广东省侨办沈卫红博士一直对 10 年前看到的一组照片记忆犹新——华文教师培训班里挤满了白发苍苍的学生,他们有的拄着拐杖而来,有的看书需要用放大镜,教室外面的走廊里也坐得满满当当。

作为第一届师资培训的工作人员,张玲玲一次次被这些学员的学习热情感动,正是老一代的坚持和努力,使印尼华文教育在中断了 30 多年后仍保有复活的力量。

在印尼培德三语学校,记者了解到,该校两位当地华文教师都已 70 多岁。泗水市一直奔波在华教第一线的陈锦球、张玲玲等人,大都年近古稀。当地华文报纸《千岛日报》的采编人员则是清一色上了年纪。

面对海外华教界的需求,中国通过两种形式来缓解他们的师资短缺问题:第一,帮助印尼等国培训华文教师,欢迎有志从事华文教育的人士到中国接受培训,短则几个月,长则一年,也可以接受本科教育甚至研究生学历深造;第二,中方从中国选派优秀中小学教师到国外做示范教育。

10 天的走访中,记者在各地均遇到从中国留学归来并从事华文教育的年轻人,如八华学校的周慧凤,2011 年毕业于暨南大学,已工作 4 年;日惹崇德学校的黄秋美,去年大学毕业,现在是一至三年级的华文老师;林心菲,在广州幼儿师范学校培训一年后回印尼教书,目前已有 8 年教龄;梁先梅,万隆大专毕业后又在河北师范大学拿到本科学位;俞晴霞,保送到集美大学读本科……

但张玲玲指出,这些留下来教书的年轻人,仅占师资定向留学生的不到 20%。

"每年都有许多华裔高中毕业生被推荐到中国留学,作为定向师资培养。但毕业后,他们轻易在中资企业、旅游业、经贸业找到高薪工作,华人家庭又比较殷实,辛苦且收入不高的华校教师一职对他们吸引力有限"。在一些旅游发达地区,甚至出现华校学生流失问题,原因在于学生学会了华文的日常交流后,便迫不及待地出去工作赚钱。

一份广东省侨办提供的调研报告显示,虽然教师数量在不断增加,但素质提高不快,中国外派教师成为很多华校开展华文教学的主力,不少学校仍由中国外派老师承担汉语主课教学,有的学校本地教师以兼职为主,规模大、发展好的学校还比较少。目前,华文教师趋向来源多元化,各个国家华校都有大量中国公派教师,其中广东在印尼就有 90 名外派教师。

权威信息显示,近 5 年来,国务院侨办每年邀请 15800 名海外华文教师到中国参加汉语言基础知识等的系统培训;组派了 111 个专家团分赴 25 个国家和地区巡回培训。通过提供奖学金的方式,为海外华校培养 1700 多名具有本科学历的骨干华文教师。应海外华校的需求,每年从国内选派赴海外任教的优秀教师,从原来的两三百人扩展到现在的 1000 人。(林旭娜)(《南方日报》2015.5.7)

《人民日报》海外版:"一带一路"助孔子学院高飞

"一带一路"战略的提出是全方位对外开放的必然逻辑,也是文明复兴的必然趋势,还是包容性全球化的必然要求,标志着中国从参与全球化到参与塑造全球化的态势转变。

如何建设"一带一路"?关键是实现"五通":建设从太平洋到波罗的海和印度洋的横跨欧亚大陆的交通干线;发展贸易和投资。简化贸易程序,扩大贸易规模,改善贸易结构,增加高新技术和高附加值产品比重,加强投资合作;加强货币流通。促进货币互换,实行贸易本币结算,增强金融体系防范金融风险能力,提高国际竞争力,设立金融机构为建设两条丝绸之路融资;加强政策沟通,把两条丝绸之路建设成为利益共同体和命运共同体;加强人文合作,实现民心相通。

古人云:"国之交在于民相亲,民相亲在于心相通。""一带一路"作为强化中国与世界关系的新抓手,需要长期经营、精心策划、妥善运筹,其中"民心相通"尤为关键。"一带一路"的基础是以基础设施为代表的互联互通,都是长远工程,如果缺乏沿线国家支持和民众认可,不可能建成,建成了也无法维护、运行。

孔子学院不是为"一带一路"而生,但客观上为沿线国家的民心相通做了铺垫。在新的时代背景下,孔子学院与"一带一路"可以携手同行,相辅相成。孔子学院是文明复兴的时代体现,也是中国魅力的生动写照。古丝绸之路播下的中国与沿线国家友谊的种子,经孔子学院浇灌后生根发芽,再经过"一带一路"建设开花结果。"一带一路"强调共商、共建、共享理念,与孔子学院一脉相承。弘扬和平合作、开放包容、互学互鉴、互利共赢的丝路精神,也因此为孔子学院未来发展提供了新的动力。

孔子学院成立十周年,创新了人类文化、语言交流传播史,得益于中国改革开放 30 余年来所取得的伟大成就;"一带一路"这一伟大倡议,是中国提供给国际社会的公共产品,正在将中国机遇变成世界机遇,将中国梦与世界梦想融通。"一带一路"拓展和深化了中国与有关国家的合作与友谊,极大地提升了中国制造、中国创造、中国规划的能力与信誉,提升了中国威望。我们完全可以预期,"一带一路"建设将为孔子学院再次腾飞插上一双翅膀。

古老的丝绸之路将沿途各国变成了好邻居、好朋友、好伙伴。"亲望亲好、邻望邻好",中国坚持与邻为善、以邻为伴,坚持睦邻、安邻、富邻,积极践行"亲、诚、惠、容"理念。这些都在孔子学院和"一带一路"建设中得到了具体体现。孔子学院在世界上的分布尤以两条丝绸之路沿线国家密集,其再次腾飞也有赖于把中国的发展与沿途各国的发展对接起来,把中国梦与沿途各国人民过上美好生活的梦想对接起来,让周边国家从中国的发展中获得裨益和助力,也使中国从周边国家的共同发展中获益。传播丝路文化、讲好丝路故事、阐明丝路精神,正在成为沿线国家孔子学院的新使命。(王义桅 中国人民大学欧盟研究中心主任、重阳金融研究院高级研究员)(《人民日报》海外版 2015.2.17)

蔡武:坚持文化先行建设"一带一路"

2013 年 9 月和 10 月,习近平主席在出访中亚和东南亚期间,分别提出建设"丝绸之路经济带"和 21 世纪"海上丝绸之路"(简称"一带一路")的战略构想。最近,习主席在访欧时进一步指出,建设文明共荣之桥,把中欧两大文明连接起来,让亚欧大陆上不同肤色、不同语言、不同信仰的人们携起手来,共同走向更加美好的生活。建设"一带一路",是以习近平同志为总书记的党中央统筹国内国际两个大局,着眼实现"两个一百年"奋斗目标和中华民族伟大复兴的中国梦,为进一步提高我国对外开放水平而提出的重大战略构想。在建设"一带一路"的进程中,我们应当坚持文化先行,通过进一步深化与沿线国家的文化交流与合作,促进区域合作,实现共同发展,让命运共同体意识在沿线国家落地生根。

一、建设"一带一路"是顺应时代发展潮流的必然选择

2000 多年前,中国汉代张骞出使中亚,开辟出横贯东西、连接欧亚的古丝绸之路;随着古代航海业的不断发展,中外之间的海上贸易运输日益兴起,逐渐形成海上丝绸之路。丝绸之路不仅是中国与欧亚非各国之间商业贸易的通道,更是沟通东西方文明的桥梁。正是在丝绸之路的引领推动下,世界开始了解中国,中国开始影响世界。丝绸之路在推动东西方思想交流、文化交融、全球经济一体化、人类文明多样化方面发挥了十分重要的作用。在新的历史时期,随着中国与沿线国家经济文化联系的日益密切,古老的丝绸之路重新焕发出生机与活力,迎来难得的发展机遇。建设"一带一路",是我们顺应时代发展潮流的必然选择。

建设"一带一路"有助于构建人类命运共同体意识。当今世界正在发生深刻复杂变化,世界多极化、经济全球化深入发展,各国间相互依存程度不断加深,但局部动荡频繁发生,各类全球性问题更加突出,影响人类社会存续发展。这些问题和挑战,各国都无法单独应对,只有携手合作才能共创未来,"一带一路"战略构想正是在这样的时代背景下提出的。在这一构想中,中亚、俄罗斯、南亚和东南亚国家是优先方向,中东和东非国家是交会之地,欧洲、独联体和非洲部分国家从长远看也可融入合作。这一构想充分彰显了中国开明开放的精神风貌和互利共赢的合作态度,有助于中国同沿线国家一道,共同构建人类命运共同体意识。

建设"一带一路"将为沿线各国发展提供新机遇。当前,国际金融危机影响尚未结束,世界经济增长不稳定不确定因素增多,全球贸易、投资格局和资金流向酝酿深刻变化,亚欧各国处于经济转型升级关键阶段,经济发展面临不同程度的困难和挑战。"一带一路"将成为横跨中西、连接欧亚的经济纽带,实现各国以经济合作为重要内容的区域大合作,以点带面,从线到片,使区域内各经济要素有序自由流动和优化配置,带动沿线国家经济转型和发展。

建设"一带一路"是维护地区和平与稳定的需要。欧亚地区是国际政治舞台的中心地带,由于其重要的地缘战略地位,各大国都非常重视在此扩大影响。近年来,恐怖主义、分裂主义、极端主义等"三股势力"在欧亚地区活动日益猖獗。在21世纪"海上丝绸之路"沿线,相关国家仍存在一些领海、岛屿和海洋权益争议,海盗等各类海上犯罪活动也不同程度存在。这些因素不利于维护沿线国家和地区的和平与稳定。建设"一带一路",有助于各国通过合作来促进共同安全,有效管控分歧和争端,推动各国的协调与和谐,使沿线国家成为和睦相处的好邻居、同舟共济的好朋友、休戚与共的好伙伴。

二、文化交流与合作是建设"一带一路"的题中应有之义

文化的影响力超越时空,跨越国界。文化交流是民心工程、未来工程,潜移默化、润物无声。我们在建设"一带一路"的进程中,要积极发挥文化的桥梁作用和引领作用,加强各国、各领域、各阶层、各宗教信仰的交流交往,努力实现沿线各国的全方位交流与合作。

文化交流与合作有助于促进不同文明的发展。古丝绸之路既是一条通商互信之路、经济合作之路,也是一条文化交流之路、文明对话之路。古代中国许多物质文化和发明创造通过丝绸之路传到西方后,对促进西方近现代科学的发展起到了积极作用;近代西方天文学、数学和医学等知识,也是通过海上丝绸之路传到中国的。这两条通道所展现的开放、包容的文化交流心态为我们树立了光辉典范。"一带一路"战略构想涉及几十个国家、数十亿人口,这些国家在历史上创造出了形态不同、风格各异的文明形态,是人类文明宝库的重要组成部分。我们要充分发掘沿线国家深厚的文化底蕴,继承和弘扬"丝绸之路"这一具有广泛亲和力和深刻感召力的文化符号,积极发挥文化交流与合作的作用,使沿线各国都可以吸收、融汇外来文化的合理内容,促进不同文明的共同发展。

文化交流与合作有助于夯实我国同沿线国家合作的民意基础。国之交在于民相亲,民相亲在于心相通。各国间的关系发展既需要经贸合作的"硬"支撑,也离不开文化交流的"软"助力。"一带一路"沿线各国历史文化宗教不同,只有通过文化交流与合作,才能让各国人民产生共同语言、增强相互信任、加深彼此感情。近年来,中国与沿线国家的文化交流形式越来越新、内容越来越多、规模越来越大、影

响越来越广。中国与沿线大部分国家都签署了政府间文化交流合作协定及执行计划,高层交往密切,民间交流频繁,合作内容丰富,与不少沿线国家都互办过文化年、艺术节、电影周和旅游推介活动等,在不同国家多次举办了以"丝绸之路"为主题的文化交流与合作项目。我们要立足现有基础,打造新模式、探索新机制,深入开展与沿线国家的文化艺术、科学教育、体育旅游、地方合作等友好交往,密切中国人民同沿线各国人民的友好感情,夯实我国同这些国家合作的民意基础和社会基础。

文化交流与合作有助于提升我国的国际话语权和影响力。文化是一个国家核心竞争力的重要组成部分,在综合国力竞争中的地位和作用日益突出。我们要发挥文化潜移默化的影响作用,做好与"一带一路"沿线国家的文化交流与合作,讲好中国故事,传播好中国声音,把"中国梦"同周边各国人民过上美好生活的愿望、同地区发展的前景对接起来,促进中华文化走出去,提升中国的国际话语权和影响力。

三、把握机遇、尊重规律,推动中国与沿线国家的文化交流与合作

近年来,中国一直高度重视与"一带一路"沿线国家的文化交流与合作,积极有为地开展了丰富多彩的文化交流活动,有力配合了我整体外交大局。我们要结合建设"一带一路"的重要契机,发挥"人文先行"的优势,制定规划、整合资源、形成合力,进一步推动中国同沿线国家的全方位、多领域交流合作。

加强顶层设计和战略部署,推动政府间文化交流与合作深入发展。我们与"一带一路"沿线国家有稳定和牢固的官方文化交流平台;与上合组织、东盟、阿拉伯国家联盟等多个组织成员国及中东欧地区建立了人文合作委员会、文化联委会机制,这是我们今后可以进一步借重的重要基础。未来,我们要加强顶层设计和战略部署,制定政府文化交流的中长期战略规划,落实好与"一带一路"沿线国家的政府间文化合作协定和年度执行计划,视情况在相关计划中纳入共建"丝绸之路"的内容,为中国与沿线国家开展文化交流与合作提供法律保障。同时,要注意发挥上合组织、东盟"10+1"、中阿合作论坛等现有机制的作用,丰富现有机制框架下的人文合作内容。

发挥现有丝路品牌工作成果优势,精心打造新的文化交流品牌。长期以来,我们在境内外举办了多个以"丝绸之路"为主题的文化交流合作项目,取得了丰硕成果。我们要依托现有成果和品牌,统筹现有项目资源,打造新的文化交流品牌,深化"丝绸之路文化之旅"活动,与沿线国家联合举办"丝绸之路艺术节",举办形式多样、丰富多彩的文化论坛、展览、演出活动。要继续挖掘古丝绸之路的文化内涵和人文精神,并赋予其新的时代意义,围绕"文化新丝路"的主题,联合译介、出版相关书籍,拍摄、播放有关影视片。注重利用网络平台和新媒体手段,通过音乐、演出、动漫、网游等文化产品,传承古丝绸之路精神,提升中华文化影响力。要注意发挥我驻外使领馆文化处(组)和海外中国文化中心的作用,进一步完善中国文化中心的全局布局,抓紧就在丝绸之路沿线国家建设新的文化中心进行合理安排,加大文物修复、文博设施建设、艺术人才培训等对外文化软援助的力度。

整合各方面资源,形成建设"一带一路"的合力。要积极发挥中西部省区的独特作用。由于特殊的地缘地位,我国广大中西部省区在建设"一带一路"进程中有着特殊的历史、人文优势,我们要在国家总体外交政策的指引下,支持中西部省区制定有关规划,加大哈萨克语、吉尔吉斯语、塔吉克语、乌兹别克语等多个语种的广播、影视、游戏节目的投入制作,向沿线国家传播和推介中国文化。中西部各省区也应当以积极有为的姿态,发挥文化桥头堡作用,主动融入"一带一路"战略构想。要积极发挥市场主体性作用,调动各类文化企业的积极性,分国家、分地区制定对外文化交流贸易政策,推动与沿线国家的文化产业合作。要充分挖掘"一带一路"的历史文化遗产,引导和动员民间力量开展丰富多样的文化交流活动,支持沿线有关国家联合申请世界文化遗产。此外,还要充分发挥专家学者和智库的作用,群策群力,通过定期召开研讨会、分专题开展调研等形式,为"一带一路"建设中的文化交流与合作提供智力支持。

历史赋予重托,奋斗创造未来。我们要深入发挥文化潜移默化、润物无声的重要作用,扎实做好与"一带一路"沿线国家的文化交流与合作,为开创我国全方位对外开放新格局、推进中华民族伟大复兴进程奠定坚实的民意基础和社会基础。
(蔡武,作者系文化部党组书记、部长)(《求是》2014.5.3)

裴援平:"一带一路"机会无限 华侨华人大有可为

3月6日,全国政协委员、中国国务院侨务办公室主任裴援平在政协对外友好组讨论会结束后接受《欧洲时报》专访,她认为海外华侨华人能够在中国"一带一路"建设战略中发挥独特、甚至是突出的作用,"一带一路"建设必将带来无限的机会,华侨华人大有可为。

裴援平认为,"一带一路"是中国和周边、沿线国家共同合作的友好共赢之路。她表示,"在'一带一路'沿线核心地带聚居着4000多万华侨华人,他们几代、甚至十几代以来在这一地区长期生存发展,拥有广泛的人脉关系,并积累了相当的实力基础,是全球华人经济最发达的地区。"

裴援平还表示,华侨华人可以在"一带一路"建设中发挥独特、甚至是突出的作用,参与"一带一路"的建设有以下几大机遇。

首先,华商可以在"一带一路"建设中进行各类互联互通的业务。在铁路、公路、航运物流、油气管道、通信,以及港口、工业园、开发区建设,海上合作等方面,侨商参与的积极性都很高。"一带一路"建设需要大量金融支持,不少从事金融、贸易行业的海外华商,也可以一起参与到互联互通的所有环节,其中有无穷的商机。

其次,华侨华人还可以在人文交流领域有所建树。比如在华文教育领域和中外文化交流方面,发挥牵线搭桥、桥梁纽带的作用。语言是中国和沿线各国的交流合作的基础,在华文教育基础上,华侨华人可为"一带一路"建设培养更多的中文人才,并通过中国语言文化的教育和传播增进中国与其他国家的沟通。

第三,为数众多的海外华文媒体可以担当起"一带一路"建设积极的推介者和参与者。"一带一路"建设需要营造必要的舆论氛围,以凝聚沿线各个国家共识,进而促动相关国家共同广泛参与其中。

"华侨华人参与'一带一路'建设进程本身,有助于他们自身事业的发展。"裘援平认为"一带一路"建设是互利互惠、合作共赢的过程,"华商们能够从中获得无穷商机,专业人才能够得到施展自身才华的空间,而人文领域的参与者则可以成为中外交流的使者,华文媒体则可以提高自身的影响力和作用力。"

"我相信,只要善于抓住机遇,'一带一路'建设必将给华侨华人朋友带来无限的机会和福祉!"(《欧洲时报网》2015.3.9)

何亚非:华侨华人是"一带一路"传播者实践者受益者

国务院侨务办公室副主任何亚非近日在北京接受中新社记者专访时表示,华侨华人在"一带一路"建设中所起到的作用不可或缺,他们是"一带一路"的传播者、实践者、受益者。

中国官方日前发布《推动共建丝绸之路经济带和21世纪海上丝绸之路的愿景与行动》,引发广泛关注。何亚非认为,中国提倡的"一带一路"设想是要把东亚经济圈与欧洲、非洲乃至北美等多个区域的经济圈连接起来并加以融合。"这其中有两大关键词——'联通'与'对接'。"

何亚非说,如今海外华侨华人总数达6000余万,在"一带一路"沿线地区的东南亚各国,华侨华人就超过4000万。经过多年艰苦奋斗,华侨华人在各自住在国的作用、地位日益凸显,不仅是当地经济的重要支柱,也为中国与住在国之间的政治、经济、文化交流发挥了"桥梁"作用。

"华侨华人能够用当地人听得懂的语言,用中外两种文化融会贯通的方式来讲述'中国故事',更易被接受。"何亚非说,在"一带一路"建设中,中国需要向世界传递发展理念,同时也需要了解世界的需求,在此过程中,必然要克服不同文化间的隔阂,华侨华人通晓两国文化风俗,是最好的"传播者"。

他介绍说,事实上,华侨华人已经为此做出很多努力,如在海外建立华文学校、创办华文媒体等,为中外文化的交流、交融提供了平台,为"一带一路"建设打下了良好基础,是这一构想的"实践者"。

与此同时,何亚非认为,在"一带一路"建设中,华侨华人既是合作方又是联络者,他们在这些互利共赢的项目中既可扮演"中介"角色,也可与中国企业实现"强强联合"。

何亚非还表示,"一带一路"建设秉承利益共同体、命运共同体的理念,其间蕴藏着无限商机,华侨华人同样将成为"受益者"。为此,国务院侨办将通过开展一系列活动,以助侨胞在"一带一路"建设中找到自身事业发展的结合点。

在招商引资和招才引智方面,国务院侨办不仅在博鳌亚洲论坛框架内举办了华商领袖与华人智库圆桌会,还计划举办"世界华侨华人工商大会"。在文化方面,将继续支持沿线国家华文教育事业的发展,培养更多既熟悉当地文化、又会讲中文的双语人才。同时,依托暨南大学与华侨大学两所侨校以及相关研究机构,展开"一带一路"理论研究。

此外,国务院侨办还将充分聚合华文媒体的力量,通过举办第八届世界华文传媒论坛、海外华文媒体高级研修班等活动,组织华文媒体深入"一带一路"建设重点省份实地采访,增进其对"一带一路"的理解和支持。

何亚非介绍说,中国新闻社也于近日启动了"聚焦'一带一路'"大型采访报道活动,将调动精兵强将,赴"一带一路"沿线深入采访,让沿线各地、各界、各业共商、共建、共享的声音和故事传之四海。(杨凯淇)(中新社 2015.4.20)

王林旭:"一带一路"建设需文化先行

习近平总书记 2013 年 9 月和 10 月分别提出建设"新丝绸之路经济带"和"21世纪海上丝绸之路"的战略构想,强调相关各国要打造互利共赢的"利益共同体"和共同发展繁荣的"命运共同体",得到了丝绸之路沿线国家以及海上丝绸之路沿线国家的强烈反响。

全球经济一体化,促使各国在变化的世界中找到自己的文化定位,而具有积极相融态势的文化会更容易扩大自身影响。

在联合国大楼的东厅,不同肤色、不同语言的人们驻足仰望《互动的世界》和《共同的家园》两幅中国水墨作品。联合国秘书长潘基文对两幅永久展出的画作评价道:"它们是中国元素与世界语境完美结合的艺术精粹。"而这两幅作品的作者就是全国政协常委、民族文化宫副主任王林旭先生。

文化与"一带一路"建设中有什么联系,如何更好地讲好中国故事,未来文化如何在"一带一路"的建设中发挥先行作用? 为此,记者专访了全国政协常委、民族文化宫副主任王林旭。

吕丽宁:"一带一路"为什么需要文化先行?

王林旭:"一带一路"是党和国家在新形势下提出的重要战略,倡导合作发展的理念,借助有效的区域合作平台,高举和平发展的旗帜,主动地发展与沿线国家的经济合作伙伴关系,共同打造政治互信、经济融合、文化包容的利益共同体、命运共同体和责任共同体。不同文化的相互了解、相互理解、相互包容是"一带一路"的前提和基础,所以我认为"一带一路"文化先行。

中国是四大文明古国之一,"一带一路"连接起人类历史上重要的文明,目前,中国已成为世界第二大经济体,随着国民经济发展和软实力的进一步提高,我国在国际社会中扮演着越来越重要的角色。中国正努力从"文化大国"向"文化强国"转变,但是任重道远。从 2011 年全球文化市场占有比例来看,美国、欧盟所占比重依次为 43% 和 34%,而我国仅为 4%,位列第五。这和我国的国际地位是不相称的,需要我们从文化战略、对外传播、公共外交等多个方面来集思广益,构建共识,讲好中国故事。

吕丽宁:我们在"一带一路"建设中,怎样讲好"中国故事"?

王林旭:中华民族的历史文化就是最好的"中国故事"。从张骞出西域到郑和下西洋,几千年来,最珍贵的遗产就是文化的交融。

中国的传统文化中有许多养分,可以提供给全人类共享。我国又是一个多民族构成的国家,各个民族交融发展的历程也是全人类宝贵的财富。

正如民族学家费孝通先生所讲"各美其美,美人之美,美美与共,天下大同。"需要着力推敲的是共享的途径和方式,在文化传播上,要运用各种媒介,各种吸引人、打动人的方式。方式对了,一曲歌、一段舞、一幅画、一首诗词、一部文学作品,都会讲"中国故事"。

吕丽宁:我们了解到,您用中国当代水墨超象绘画向世界讲述着中国的故事,并得到了不同国家、不同民族的认同,请问您是如何策划的?

王林旭:任联合国和平文化大使的 20 年中,我和各国人士致力于用艺术弥合人类的文化差异,促进文明多样化发展,用作品反映联合国倡导的公平正义、和平发展的《宪章》精神。

我们生活在"地球村"里,面临着很多全球化的问题。涉及世界经济不确定性、能源危机、粮食安全、环境变化、疾病防控等问题,是不同文化背景、不同宗教信仰的人们,要共同面对、共同解决的。

人类在地球上生活了近 700 万年,对于自然有着共同的认识和感受。我一直在寻找、表现。20 世纪 80 年代,我去泰山拓印书法石刻,一次偶然的机会把山石的肌理拓在宣纸上。当时我意识到,大自然本身的展现和人类的对自然的描绘比起来更富有深意。从那时起我开始用水墨宣纸为媒介,探寻让自然展现它本身。

伴随着信息化社会的到来,真实世界和虚拟世界的界限变得模糊,人们的感知能力却越来越强,这是人类发展中崭新的时代特征。唐代的司空图讲:"超以象外,得其环中。"我在绘画创作中不是让人们在画面上看到什么,而是让人们感知到人们共同的和共通的认知,这是跨越语言、跨越文化的尝试。以此让文化交流、人文交流、文明相互交融。

吕丽宁:您认为"一带一路"文化先行需要做哪些工作。

王林旭:目前,中国已与"一带一路"沿线绝大部分国家都签订了政府间文化合作协定,文化合作协定是代表两国关系在文化领域发展的一个基础性法律文件,为国家之间文化关系的发展奠定基础、指明发展的主要方向。

应加强顶层设计和战略部署,推动政府间文化交流与合作深入发展。要依托现有成果和品牌,统筹现有项目资源,打造新的文化交流品牌,深化"丝绸之路文化之旅"活动,与沿线国家联合举办"丝绸之路艺术节",举办形式多样、丰富多彩的文化论坛、展览、演出活动。

整合各个方面资源,发挥文化桥头堡作用,主动融入"一带一路"战略构想,充分发挥专家学者和智库的作用,群策群力,通过定期召开研讨会、分专题开展调研等形式,为"一带一路"建设中的文化交流与合作提供智力支持。(吕丽宁)(人民网 – 文史频道2015.5.5)

西沐:"一带一路"格局中文化产业发展的战略维度

"一带一路"发展战略是中国倡议的,但它绝不仅仅是中国的战略,它是在全球化背景下,中国经验与中国发展的一种全球化共享。"一带一路"可以说是一个历史的概念,它之所以会成为今天全球化发展进程中的重大战略架构,我认为最为核心的是,"一带一路"虽然是一个历史的概念,但它是用文化将历史、现实与未来连接在一起,成为中国面向全球化的一个战略架构。所以,站在这个视角下,我们讲,文化是"一带一路"的灵魂,文化产业是其中的战略基础。

一、"一带一路"格局中文化产业发展的战略背景

"一带一路"战略的提出与实施,最大的背景就是全球化。而在全球化背景中,最为重要的是两个大的方面:一是在当下全球化发展出现的新的趋势,对这一趋势的梳理可以简要的归纳为——从冷战时期的二极世界到苏联解体后的一极世界,再进一步发展到由于经济、科技全球一体化催生下的全球多极化格局的逐步形成,在这一大趋势的进程中,亚太地区的发展活力,以及中国的快速发展越来越被关注,这是全球多极化发展过程中的一个特点;二是与全球多极化的发展相对应,全球化发展的中心已经在开始出现新的变化,美国、欧洲、亚太以及新的经济体,在新的全球化格局中不断发展演变,旧的格局正在被一点点打破,特别是中国的不断崛起与亚太整体竞争能力的提升,正在成为全球化发展中的重要一极,并会不断成

长为全球化最富活力的中心。

"一带一路"战略是在中国面对更加复杂的重大挑战,在全球化背景下应对挑战的战略框架。当下中国发展遇到的重大挑战主要来自三个方面,一是国内问题;二是国际化问题;三是有可能国际化的国内问题。国内问题最为重要的就是国家治理的现代化、内需的激发与扩大,内陆与沿海经济的平衡发展及能源、环境等问题,在新常态下,这些问题与挑战,在"一带一路"战略架构中可以寻找更多的机遇、可能与发展的空间;国际问题最为重要的是如何保持国际综合竞争能力,不断推动中国经济的国际化与提升人民币在世界贸易发展中的地位与作用,即人民币国际化问题;而这些问题,在"一带一路"战略框架下,都会有更多的发展可能与发展前景。关于有可能国际化的国内问题,主要有新疆问题,台独、港独等问题,最为主要的还是新疆问题,事实上,在"一带一路"战略架构下,通过正式或非正式的多边与国际合作,可以找到更多的解决问题的路径与方法,有利于这些突出问题与矛盾的解决。

"一带一路"是中国经济在新常态下发展的内在需求,而文化产业则是重要的战略基础与融合性战略产业。"一带一路"为在新常态下中国经济发展转型带来新的战略机遇与空间。我们知道,中国经济持续 30 年的高速增长,我可以用两句话来总结,第一句是促成了全球经济与政治格局的根本改变,第二句话是取得这样的成就,我们付出了巨大的代价。从要素投入、成本到资源控制效率这个角度来看,经济和社会的发展等许多方面已经达到了必须要改变的极限,到了一个极限状态。所以说在这个时候我们把文化产业的发展当做一个国家战略提出来。这其中有两个大的背景,一个背景就是目前从我国人均 GDP 来看,已经到了一个消费结构快速转型的时期,03 年我们的人均 GDP 到了 8700,据估算到 2020 年,我们的人均 GDP 达到 1.27 万美元,进入高收入国家行列。其中这种消费结构的快速转型里面,文化消费的迅速崛起是非常重要的体现,这是一个背景。第二个背景,我们积极实现新的经济与社会的发展问题,因为不合理的投资结构与产业结构,已经造成我国生产能力大量闲置和生产产品的大量剩余,到了今天我们必须要重视并且要尽快加以改变这种状况,而改变这种状况无非我们有两个方面要进行转型:一个就是发展方式必须要转变,另一个就是必须要寻找新的发展领域和新的发展资源。关于新的发展方式大家讨论的比较多,在这里我重点谈一下新的发展领域和新的发展资源的问题。新的发展领域对我们来说是一个非常重要的问题,在寻找新的发展领域方面,互联网是重要的发展领域,而"一带一路"战略架构下的全球化则是更为庞大的领域与空间,文化艺术产业也是一个新的发展领域;新的发展资源首先就是文化艺术资源是一种非常重要的资源,而"一带一路"战略架构下带来的新的资源更加丰富、更加多元、更易进行价值的整合,对文化产业的发展来讲更是如此。文化产业的战略地位与作用,仅从产业发展层面就可见一斑。

"一带一路"战略是国际社会合作协同、和谐发展的共同需求。从目前来看,中国的崛起需要有两个大的前提:一是要有强大的国力和不断创新发展的竞争能力;二是要有和谐、合作与共同发展的国际环境。"一带一路"战略在当下来看,对我国国力的增强及竞争力的提升作用是不言而喻的,但更为关键的战略意义,我认为在后者,即通过"一带一路"战略的框架,可以与广泛的国际社会加强互利合作,建构双边、多边或者是国际社会共同发展的框架与平台。在这一架构与平台上,可以通过资本的聚合,通过投资大量的公路、铁路、港口、能源、通信等基础设施来实现互联互通,并在此基础上,真正实现东亚与欧洲这两大经济发展极间的经济、文化等的交流、互补与合作。同时,在这种互联互通的合作中,大量的发展中国家也会不断受益。在这一战略架构下,中东、非洲等地区也会不断地受益。可以这样说,在"一带一路"的战略架构下,通过资本的聚合与互联互通的战略突破口与抓手,中国发展模式也会不断被国际社会所认可,而这种认可与平台的建立,很可能在今后不远的将来,会引发新的一轮多边、多元化的战略合作的潮流,从而进一步从纵深加快加深"一带一路"战略的实施。

二、"一带一路"格局中文化产业发展的战略定位

从以上的分析,我们可以看出,"一带一路"格局中文化产业发展的战略定位,从目前看至少可以分为以下三个层次:

1. "一带一路"战略不是一个单向度的功能性战略,而是一个超级的综合性战略,战略的落实,关键是要变中国的战略为国际社会共同的战略,这就需要通过多层面、多渠道的双边或是多边合作或是交流,取得在发展上的共识,共同打造文化互认、政治互信、经济互融、产业互容的利益共同体,并在此基础上,进一步提升文化共识与价值的认同,来建构面向未来的责任共同体与命运共同体,这既是各相关国家发展的需要,也是"一带一路"战略落实的需要。而要实现这一点,其中,最为重要的前提是通过文化产业的发展来进一步落实文化共识与价值认同。

2. "一带一路"战略是基于历史发展的脉络,建立在文化共识之上的经济合作倡议,强调的是合作机制与平台的建立与建设,突出在合作机制与平台的建设过程中,贯彻共商、共建、共享的原则,充分照顾各方面的具体利益及相应的区域发展地位,中国不会把"一带一路"格局的建构当做地缘战略的工具,而是着眼于开放、包容的建设态度。由此可见,文化共识的达成与取得是落实这一战略的基础,而文化价值的融合与新价值建构的形成是保障,但要落实这一基础与保障,文化产业的发展可以说是主要的一个战略路径。

3. "一带一路"战略亟需战略突破口及战略落实的抓手。现在我们看到的战略突破口主要是,利用资源优势,通过"一带一路"格局中的互联互通来实现双边或是多边的国际合作,从而推动地域经济发展,我们设立亚洲基础设施投资银行及建立丝绸之路发展基金就是构筑突破口的有力举措。在这一过程中,我们的主要抓手就是首先利用中国与周边国家所建立的双边或是多边合作机制,建立"一带一路"的合作平台,重点进行基础设施建设,如公路、铁路、港口、能源、通信等基础设施的合作建设,以及在此基础之上的经济合作发展,如合作建设产业园区,在产业链整合中进行产业转换和产能转移。其实,在战略突破口的选择方面,还有一个更具需求优势、为具有亲和力与认同性极高的产业,那就是文化产业。所以,在资本聚合的过程中,如何根据合作国家的文化资源特性,建构不同价值形态的文化产业合作发展平台,通过产业资本来发展不同国家与民族的有竞争力的文化产业业态,从而实现保护不同的文化生态,这是极为重要又极具战略前瞻性的突破口与重要抓手。

以上三个不同层次的文化产业战略定位,从宏观、中观与微观等方面勾勒了"一带一路"格局中文化产业发展的战略定位,这为进一步探讨"一带一路"格局中文化产业发展的战略认识,取向及维度打下了基础。同时,这也从一个方面,探讨了文化产业的发展在"一带一路"战略格局中的地位与作用。

三、"一带一路"格局中文化产业发展的几个战略误区

随着"一带一路"战略的不断展开与深入,人们的认知也出现了多元化及不同层次的取向,特别是对文化产业的发展问题。具体来讲,对文化产业战略在"一带一路"格局中的认知,有以下几个误区需要我们加以关注与重视:

1.强调"一带一路"战略格局中的地缘政治与经济合作的博弈问题,忽视了文化及其产业在其中的历史与融合的基础作用。大家都看到了"一带一路"战略是中国不断尝试通过双边、多边等机制与周边及世界共同寻找依存共赢发展的路子,可以说是中国在新的世界格局中走出去的关键。与美国先军事合作再经济合作的方式不同,中国走的是先文化、再经济、再安全的基本路径。在这里,文化及其产业的战略基础与缓冲作用不可忽视。目前,我们看到通过双边或多边机制的合作国家,特别是我们的周边国家,往往会出现在合作过程中不断反复,这种反复除了争取更大利益之外,对战略的指向与意图的不同理解不认同,也是一个重要原因。所以,文化共识及其产业的基础战略的地位与作用,不失为一个重要的认知向度。

2."一带一路"不仅仅是一个空间的概念,它更是一个建立在历史文化概念影响的基础之上的一个文化影响力的概念。大家都知道"一带一路"是指丝绸之路经济带和21世纪海上丝绸之路,它贯穿的空间包括欧亚大陆,东边连接经济繁荣并具活力的亚太经济圈,西边连接经济发达的欧洲经济圈,在这两大经济圈之间,涉及中亚、南亚等数十个国家的广泛地域,而在这些广泛的区域中,政治势力与政治格局复杂,美国的影响力大,不少区域可以说是根基深厚,在这种广度多维的区

域空间内,如果我们一味地强调政治、经济手段则易形成硬碰撞。所以,如何淡化"一带一路"的空间概念,通过文化及其产业先行,通过文化影响力概念来淡化地缘政治效应,逐步形成共识与相互信任,达成谅解,则更易架构"一带一路"中国全方位的对外开放格局。同时,这也有利于发挥传统文化及其资源的巨大优势。

3. 在"一带一路"的战略架构中,过分强调互联互通过程中的经济合作关系,特别是把基础设施的合作建设,如铁路、公路、港口、能源、通讯等项目的合作作为战略突破口与抓手,而忽视了"一带一路"互联互通过程中文化资源的价值发现及文化平台的合作机制建设。事实上,通过双边或多边文化交流与合作机制,在文化共识形成的基础上,不断建构共同参与、共同建设、共享利益、共识推动的文化平台,不仅可以整合丰富的文化资源,形成非物质文化遗产的保护发展长效机制与产业优势,共筑民意基础。同时,在文化及其利益的共享中也会进一步提升对"一带一路"的战略认同感。

4. 在"一带一路"战略的规划与实施的过程中,文化产业的战略后置问题比较突出。任何一个战略都必须要有相应的突破口与抓手,充分发挥我们的资本优势与基础设施建设的优势毫无疑问是正确的,但后置文化及其产业发展的战略部署的趋势,应值得警惕。大家都知道,在国际交易与贸易的过程中,文化具有其他无法替代的先天优势,"一带一路"的多元互联互通,在巨大的要求中,文化的积极介入势不可挡,以项目为抓手,以资本为纽带,以平台建设为根本,充分发挥文化及其产业的先行优势,有利于形成平等与尊重的气氛,推动"一带一路"战略的实施由独唱到合唱。

四、"一带一路"格局中文化产业战略的取向与维度

在"一带一路"格局文化产业发展的战略讨论中,虽然有很多不同的声音,但在系统研究与分析的过程中,我们认为其战略的取向基本上可以概括为:一是战略先行;二是建构平台机制;三是发挥多元效应。也可以将以上这三个方面简要地概括为:在"一带一路"格局中,文化及其产业的发展战略要前置,一方面可以建立共识,清除战略误解,减少摩擦或冲突,另一方面,文化产业作为一个新兴业态,也可以丰富与壮大"一带一路"的战略内涵与规模。文化的交流、资源的整合开发、产业的规模发展,一定要建立在平台机制的形成上,这样既可以提升有效性,又可以持续并做大规模。文化及其产业发展的多元效应,不仅仅包括短期与长远效应、战略与策略效益、资源与产业的效应、民意与认同的效应,而且最为关键的是,文化及其产业战略的有效架构与落地,对最大程度地发挥"一带一路"战略的长效作用,推动形成中国崛起的战略局面,具有重要的战略意义。

在以上战略取向的分析研究的支持下,我们认为,文化产业在"一带一路"的格局中的战略维度,重要体现在以下几个方面。

1.战略共识维度。从以上的分析与研究过程中我们可以看出,总的来讲,基本的战略共识有三个:一是文化产业战略是"一带一路"战略的重要组成部分,并且是一个急需要在规划过程中需要前置的一个战略;二是文化及其产业是"一带一路"战略格局中的重要突破口与抓手,其战略意义不低于基础设施在互联互通中的战略地位与作用;三是文化及其产业拓展了"一带一路"战略的内涵与视角,是"一带一路"战略的重要基础。

2.战略资源维度。文化资源是"一带一路"战略发展中的极为宝贵的战略资源。在"一带一路"格局中,具有非常丰富的文化生态,它们基于不同的民族与文化特性,培育着不同的文化价值取向、文化传统及丰富的非物质文化遗产。对多元、丰富的文化资源进行系统的挖掘、整合,并使之能够有效地流动与充满活力,才能有效地激发不同文化背景参与文化产业发展战略的积极性,真正实现文化资源的融合、共同发展。也只有在这些文化资源的流动、融合、共生与竞争中,才能形成共识,达成认同。

3.战略平台维度。战略平台主要是指在"一带一路"战略格局中,文化产业发展的平台化机制。而这种平台化的机制主要包括5个方面:一是文化交流的平台化机制;二是文化资源流动,包括文化资源资产化、金融化发展的平台化机制;三是各种战略力量聚合的平台化机制,包括政府的支持,企业、社会及民间力量的积极参与,产业市场支撑体系的参与支持等;四是基于不同文化背景及利益诉求而形成的双边、多边或者是区域化的平台发展机制,这都是文化产业战略平台的重要组成部分。五是新科技融合,特别是互联网、通信及信息管理技术融合,以及大数据技术、云服务平台及物联网的快速发展,为平台化战略维度的有效性提供了可靠的保障。

4.战略资本维度。资本及其市场是"一带一路"文化产业战略推动的核心力量,没有战略资本及其市场的存在,就难以形成"一带一路"格局中的文化产业战略。所以,战略资本维度是文化产业战略格局中的重中之重。战略资本的形成主要是依靠资本市场,在"一带一路"架构下不断发展统一的文化产业资本市场十分重要。为此,应该重点关注:一是充分发挥丝绸之路基金及亚投行机制对文化产业发展的关注与投资;二是可以设立专门的文化产业发展基金;三是重点发展"一带一路"格局下不同层面的产业投资基金与股权投资基金。

5.战略产业链整合维度。产业链整合是针对文化产业的发展特质而确立的。我们知道,文化产业的核心是创意,所以它的产业链构成比较复杂,从创意、设计、生产制造,再到流动销售、消费,产业链较长。因此,如何发挥我们在文化产业发展过程中的先发优势,在"一带一路"的框架下,在全球整合配置产业资源,按照产业分工与整合的内在规律,合理布置产业布局与产业链布位,不断在高端、战略产业链整合中占有主动权,是有效利用战略产业链整合策略,整合产业资源,拉长产业链,做大产业规模的关键。

6. 战略效应维度。文化资源、文化传统的雄厚与悠久,以及文化影响力的不断提升,是我们实施"一带一路"格局中文化产业战略并产生战略效应的基本前提。在这里,影响力的形成不是抽象的,它是共识形成的基础及产业影响力不断作用的结果。所以,战略效应主要包括以下几个大的方面:一是基于共识的战略认同;二是基于广泛合作交流的国际形象的树立及国际影响的产生;三是基于文化竞争力基础之上的话语权与影响力;四是通过共建共享机制,彰显尊重历史文明,积极应对全球化挑战的文化自信与勇气。(西沐)(中国艺术产业研究院 2015.4.3)

蔡建国:华侨华人与"一带一路"战略

利用海外侨务资源,支援"一带一路"建设。发挥海外华侨华人资金、技术和社会影响优势,对于互联互通建设大有裨益;同时,加大对周边及丝路沿线国家涉侨工作的支持力度,推动丝路建设中华侨华人作用的研究,多做、善做华侨华人工作,通过华侨华人的力量,提高"一带一路"建设的效率和质量

以习近平同志为总书记的党中央积极应对全球形势深刻变化、统筹国内国际两个大局,2013 年起先后提出"丝绸之路经济带"和"21 世纪海上丝绸之路",即"一带一路"战略构想,其内涵就是秉承亲诚惠容、睦邻富邻的外交理念,通过和周边及丝路沿线国家实现政治互信、文化交融、政策沟通、道路互联、贸易自由、货币流通、民心相连,深化区域合作,实现共赢的利益共同体。"一带一路"从根本上服务于国家经济社会发展和外交战略布局,其意义十分重大。

"天然桥梁和纽带"

华侨华人群体具有联结祖(籍)国与所在国的桥梁和纽带的特殊性,应成为"一带一路"建设中不可忽视的重要中介力量。其特殊性表现在如下诸点。

1. 人数众多、组织健全。据不完全统计,全世界 6000 多万华侨华人中,有逾 4000 多万人分布在"一带一路"沿线各国,主要覆盖区亚洲是华侨华人传统聚居区,特别是在东南亚地区全球华侨华人最为集中,约有 3000 万人。以日韩为例,在日韩的华侨华人规模虽不足 200 万人,但是在日华侨华人已盘根错节地根植于日本社会的经济、科技、教育、传媒等各个领域,具有人数众多、层次较高、组织健全等特点和优势。

2. 经济实力雄厚。据估算,"一带一路"主要覆盖区亚洲华商经济实力占世界华商经济的 2/3 以上,世界华商 500 强中约 1/3 分布在东盟各国,在许多国家中华商成为当地经济的重要支柱。另据日本帝国银行 2010 年 7 月发布的调查结果显示,在日中国企业已多达 611 家,约 300 多位华侨华人活跃在日本企业的高级管理

层,分布在索尼、森集团、三井、丰田等大型企业中。

3.华侨华人的"天然"优势。华侨华人既了解中国,也熟悉所在国的政治、经济、法律和社会状况;既熟练掌握中国及所在国的语言系统,又了解两国文化环境和民众心理差异,是连接中国与所在国的"天然桥梁和纽带",为提供语言翻译、法律服务、传播中国文化、向世界说明中国、推动民间交流、化解偏见、误会乃至抵制敌意的媒体宣传、促进两国民众间的互信等方面,可发挥不可替代的作用。

4.华侨华人事业的发展壮大与"一带一路"建设互为依托、相向而行。首先,"一带一路"建设要想达到理想的互联互通,需加强丝路沿线各国与中国在人文、体制等诸多方面的沟通交流,广大华侨华人是理想的"纽带";其次,"一带一路"建设能强化中国与周边及沿线各国的战略互惠关系,为华侨华人的生存、发展及社会地位的获得提供保障;此外,华商可借"一带一路"建设之势,参与到基础设施互联互通的众多项目运作中,分享经济效益的同时助推"一带一路"战略的推进和实施。

吸引更多华侨华人献智献力

当前,"一带一路"建设正逐步进入务实合作阶段,沿线已有近60个国家明确表示支持和积极参与建设。围绕如何更好地发挥华侨华人的积极作用,笔者有以下几个建议。

1.利用海外侨务资源,支援"一带一路"建设。发挥海外华侨华人资金、技术和社会影响优势,对于互联互通建设大有裨益;同时,加大对周边及丝路沿线国家涉侨工作的支持力度,推动丝路建设中华侨华人作用的研究,多做、善做华侨华人工作,通过华侨华人的力量,提高"一带一路"建设的效率和质量。

2.完善相关贸易政策,营造良好的制度环境,鼓励和促进华商融入"一带一路"建设。另外,要维护侨胞在国内外的权益,要鼓励侨胞将自身事业发展同参与"一带一路"建设有效结合起来。

3.充分发挥好港澳台侨务资源。港澳台地区是中国的重要组成部分,又是海上丝绸沿线的战略支点。港澳台大量侨胞与祖国在血缘与感情上不可切割。香港作为国际化的金融中心、贸易中心、航运中心、信息中心,作为沟通海外与内地的"桥梁、窗口"作用也是难以取代的。

4.发挥好上海等发达地区的先发优势。"一带一路"对于沿海城市发挥地缘条件具有重要意义,特别是为上海"四个中心"建设创造了难得的机遇。上海在外侨胞和归侨总数达210万人,约占上海常住人口的8.8%,他们中不乏已融入所在国主流社会的高端人才,可以发挥独特的优势。

5.发挥好福建、广东、浙江、上海等侨乡的作用。进一步优化"一带一路"战略规划,鼓励侨乡更多地参与到"一带一路"建设中来,吸引更多华侨华人力量为"一带一路"战略的实现献智献力。

6.加大力度支持沿线国家孔子学院和华文教育事业的发展。推进"一带一路"战略,需要既熟悉当地文化又会讲中文的双语人才,孔子学院和华文教育在此方面可承担重要作用;凝聚侨心、汇聚侨力、发挥侨智、涵养侨务资源,推动和加快世界文化"引进来"和中华文化"走出去",并更好地"走进去",也需要孔子学院和华文教育来推动。

7.加强对外宣传工作。"一带一路"战略的实施,还需要合理有效的沟通交流和舆论宣传。一方面,增强华侨华人对"一带一路"战略的了解,动员其更多地参与进来;另一方面,以侨为桥不仅可以沟通中国与世界,也让海外华侨华人成为推动侨务公共外交、人文交流最积极的参与者,让遍布全球的2万多所华文学校、2万多个华人社团及1000多家华文媒体成为传播中华文化的重要平台。(蔡建国全国政协外事委员会委员、上海市人民政府参事、同济大学教授)(《文汇报》2015.3.12)

梁海明:"一带一路"需要文化包容

自从推动"一带一路"战略愿景与行动的文件发布后,有关该战略的信息时时见诸中外媒体,成为世界各国热议的话题。毋庸置疑,该政策可助推中国与沿线国家加强经贸合作、促进人文交流,建立"命运共同体",携手发展共进。

不过,我们也必须清醒看到,由于"一带一路"沿线国家上有四种文明、上百种语言并存,文化巨大差异下往往容易产生误解和摩擦。近期已有不少国家公开质疑中国此举是"朝贡制度"的翻版,是建立新的霸权主义,甚至是"围堵"他国。

因此,中国的国民、企业"走出去"过程中,必须特别注意自己的举措和言论,以避免沿线国家对中国产生疑惑,否则容易为中国企业"走出去"增加障碍,影响"一带一路"的战略部署。对此,中国民众应该在以下三个方面,注重提升自身大国国民的风范,进一步向沿线国家释放善意、消除误解,展现中国人谋求和平发展的诚意,从而扩大中国与各国之间人文交流的深度、广度。

首先,中国国民应避免表现出文化、经济上的优越感,以防上演"一带一路版"的香港自由行风波。

其实,无论是国与国之间,还是一国内部,炫耀优越感大都有害无益。以美国为例,美国常以经济上的、文化上的优越感,从高高在上的角度对众多国家的制度、经济和文化等领域指手画脚,常遭他国民众的诟病、反感和抵制。再以德国为例,当年柏林围墙倒下后,原西德大举经济援助东德,西德的民众、媒体因此产生强烈的优越感,不但以"恩主"的心态与原东德民众交往,更对前往柏林旅游的原东德游客,打出"柏林不爱你"标语及出言侮辱甚至是投掷物品攻击游客,当时引发了不小的风波,不少东德民众至今心灵伤痕仍未抚平。

随着中国国力的大幅提升，部分国人信心也开始膨胀，对于前往港澳地区旅游、购物这种互利互惠的举措，他们也出现了"恩人"心态。这不仅引发茶杯里的风波，并遭到国际媒体大幅渲染后，对国人形象更有所损害。

当今"一带一路"沿线国家，其中不少国家在科技、文化和经济等领域较中国落后，且部分还需要中国经济援助。对此中国国民、媒体须以美国、德国和香港的教训为鉴，收起优越感，摒弃高高在上的心态，应以平等的、友善的、互助的、合作的姿态与沿线各国民众交往、交流，以及对沿线国家抱持"文化包容"（Cultural Tolerance），展现容忍、谅解的气度。这不但可对外展现中国的大国国民风范，更可为中国企业、国民"走出去"，营建一个更加和睦共处的营商环境。

其次，中国国民要有胸怀天下的使命感，才能真正获得"一带一路"沿线国家的真正支持与合作。

不少国人认为，作为"一带一路"战略的发起国，中国理应通过这一战略获取他国资源、能源，为中国的利益服务。这种的想法和做法，曾经的世界第一大国西班牙、英国都曾有之，美国现有之。如果中国的国民继续模仿之，不但不能扬长避短，走出一条有别于西方霸主的和平发展、携手共进之路，也会令原本对中国有期望、渴求改变当前国际秩序的国家失望，更容易令沿线国家对该战略的动机产生质疑。

在"一带一路"的合作议题上，如果国人表现短视，言必谈中国自身的利益，言必争中国所能获取的利益，而对他国的利益、他国的关切冷漠置之、兴趣缺缺或者没有实际贡献，久而久之，沿线国家会视中国这种举措为狭隘、自私的，它们未来与中国的合作也会逐渐丧失耐心、信心，"一带一路"这个"合唱团"，不免会沦为中国的独角戏。

"一带一路"的理念和定位，不但是探索国与国合作的新模式，也是探索全球治理、塑造另一国际秩序的新模式。因此，中国国民更须有心怀天下、同舟共济的胸襟，在寻求国家利益的同时，兼顾沿线国家共同利益，以"是中国人，也是地球人"的气度和包容，更多参与全球性的议题，并为此作出应有的、力所能及的贡献。国人更应照顾和重视各国合理的、正当的、实际的需求和利益，只有如此才能"达则兼济天下"，最终和各国实现共赢，也为中国未来成为国际社会的领导者拿到一张令别国心悦诚服的"入门票"。

最后，国人要以身作则，发挥"规范性力量"（Normative Power），传播中国的道德规范和价值准则，以此进一步赢取沿线国家的认同、信任和尊重。

英国、美国的崛起，分别以"自由贸易"、"民主人权"作为价值体现，中国的"一带一路"战略，将会带给世界什么价值规范？不少国人认为，和平发展、互利共赢、开放包容、互学互鉴是中国带给世界和平与发展的核心价值观。

那么,该如何把中国的价值规范完整体现在世界各国民众面前? 对此,欧盟的经验可资借鉴。

欧盟的核心价值规范可归纳为:和平、自由、民主、法治和尊重人权,欧盟各成员国通过各自官方机构的对外活动,运用"五扩散"(无意识扩散、信息扩散、程序扩散、转移扩散和公开扩散)的方式,有意识地积极在国际舞台上推行自己的价值观和展示自己的规范力量,此举不但获得了世界范围内的广泛认同,令世界各国看到不同于美国的另一种价值取向,也为欧盟在国际事务中发挥更大的影响力奠定了基础。

因此,要向世界展现"一带一路"的价值规范,除了国人须进一步在人类和平与安全、国与国之间平等与团结、经贸上的自由与公平以及人类权益的捍卫等方面,展现出胸怀天下的雅量、气度和以身作则之外,中国的媒体、智库和大学研究机构,也应在对外交流、合作中,通过"五扩散"发挥"规范性力量",以此推广该战略的核心价值观。

由于"一带一路"沿线国家,民族不同、信仰不同,要求不同,经济发展阶段不同,中国要与沿线诸国互利互惠、共同发展和实现共赢,充满挑战,也藏有变数。作为这一战略的发起国和主导国,中国及其国民应尽力展现大国国民的风范,营建和睦共处的营商环境,赢取沿线国家的认同、信任、支持与合作,助力该战略的成功实施。(梁海明,作者系香港经济学者、盘古智库学术委员)(英国《金融时报》中文网2015.4.13)

赵磊:"一带一路"应文化与经贸并重

中国国家主席习近平在周六举行的 2015 博鳌亚洲论坛作主题演讲。在谈及"一带一路"战略时,他表示,这个战略不是中国一家的独奏,而是沿线国家的合唱;"一带一路"建设不是要替代现有地区合作机制和倡议,而是要在已有基础上,推动沿线国家实现发展战略相互对接、优势互补。

本届博鳌论坛恰逢亚洲基础设施投资银行(简称"亚投行")创始会员国申请截止日——3 月 31 日前夕,同时国内外各方也在翘盼"一带一路"实施方案的公布。这是习近平第三次出席博鳌,他通过"主场外交"告诉与会者,"一带一路"建设的愿景和行动文件已经制定,一批基础设施项目已在稳步推进。这是继 2013 年首提"一带一路"概念和亚投行后,中国再次展现主动设置"中国议题"的姿态。

就在论坛开幕式结束后几个小时内,中国国家发展改革委、外交部、商务部联合发布了《推动共建丝绸之路经济带和 21 世纪海上丝绸之路的愿景与行动》,明确"一带一路"基础设施互通优先。这一文件虽然与此前预期的实施细则还有些差距,但它的公布也算是推动该战略向前迈了一步。

目前已经有60多个沿线国家和国际组织对参与"一带一路"建设表达了积极态度,但这一战略的推进还需要"两条腿走路",仅凭中国自己的热情是不够的,还要充分尊重别国意愿。可以预见,别国对这一战略在认识和接受上会有一个过程,而且它们的执行力也未必赶得上中国。在这种情况下,中国应该尊重别国选择,不要给"一带一路"和亚投行赋予太多的政治含义。

目前业内对"一带一路"的质疑声依然存在。诸如它面临众多挑战,包括新疆问题、恐怖主义和极端势力、南海争端、阿富汗问题、中亚国家内部政治动荡等。还如中美俄三大国在政治、经济等领域存在一定分歧以及缺乏基本共识,中国影响力提升将客观削弱美俄的影响力。但实际上,就在周六举行的开幕式上,俄罗斯第一副总理代表普京宣布,俄罗斯将加入中国倡导的亚投行。

"一带一路"要真正落地,中国企业、地方政府是关键力量,要注重"五有",即有内容、有品质、有品牌、有人气、有人才。

有内容,即是要思考什么样的中国对丝路国家有吸引力。一是产品,二是思想。历史上的丝绸之路的吸引力在于,它既包括中国产品,更包括中国理念及中华文明。今天,有很多省份一想到丝绸之路,还在丝绸、茶业、瓷器等"老三样"上做文章。显然,这样的思路需要更新,要超越"有什么卖什么"的阶段,要超越出售"历史古老、独一无二"稀缺资源的模式,取而代之的是"对方需要什么,我们就卖什么",既卖中国产品,也卖中国价值、中国文化,通过消费中国产品上升到对中国的欣赏和认同。做到这一点,关键是要了解中国的合作伙伴,要以"庖丁解牛"的态度去分析每一个国家。中国人往往把22个阿拉伯国家看作一个整体,把5个中亚国家看作一个整体,把10个东盟国家看作一个整体,据此制定整齐划一的政策。但"一带一路"要真正具有生命力,就要十分细致地去了解每一个国家、每一个群体对中国的具体期望、需求。战略的避讳是笼统和肤浅。

有品质,即是要用真正的精品展现中国魅力。今天,很多省份在忙着争抢历史上谁是丝绸之路的真正起点,有的自称丝绸之路的桥头堡,有的自称丝绸之路的新起点,有的自称丝绸之路的黄金段,还有的自称丝绸之路的排头兵……

首先,要慎用"桥头堡""排头兵""先锋队""主力军"等词汇定位。如"桥头堡"(bridgehead)是军事术语,它的本意是防御性的,即"说什么我也不能让你进来",这个词汇翻译成外文,不具开放性、包容性,而且容易让人产生误解。其次,在全球化、互联网经济时代,关键不是叫什么,而是要有品质、有亮点,即本省份有哪些"不可替代"的错位竞争优势。例如,以广东阳江为例,作为中国的刀剪之乡,它可打造"中国版的双立人",与德国开展刀剪产业合作;它有宋代沉船"南海一号",可在文化上深度挖掘"海上敦煌";它也可在青山绿水、蓝海鱼鲜、咸水温泉、风筝之乡的基础上,做好休闲游、健康游。中国的丝路城市要做精致资源,而不是大开大合。

有品牌,即是要做百年老店,要展现"时间就是金钱"。为什么中国作为一个制造业大国,国人却要跑到日本去买马桶盖?一是我们的很多产品缺乏品质,假冒伪劣产品太多;二是中国的产品没有品牌,没有在消费者心目中建立忠诚感和美誉度。中国企业不仅要"走出去",更要"走进去",要赢得国际社会对中国企业的尊重与信赖。德国奔驰诞生于1886年,宣传语是"我们不需要去编造一个动听的故事,从1886年我们就书写了历史"。可见"百年老店"的最大财富是时间积淀和信任积聚。因此,致力于"一带一路"的中国企业要有国际视野,要有品牌意识,要做有文化的中国企业,要做有社会责任的中国企业。

有人气,即是中国丝路城市要展示人情与乡愁。中国城镇化会经历三个阶段,第一个阶段是土地面积增大的城镇化(解决土地问题),第二个阶段是人口数量增多的城镇化(解决户籍问题),第三个阶段是幸福指数增强的城镇化(解决归属与认同问题)。在这个过程中,中国要避免丝路城市开发出现规划失误等问题。有外国人说,中国有5000年历史,但怎么置身在中国的城市中,让人感觉不到5000年的历史要素,包括人的素质。久而久之,很多外国人以失望的心态离开中国城市,甚至居住在大城市的中国人的内心深处也常常感受到冷漠和孤寂,城市没有人情就很难有人气。此外,要加强丝路国家与中国的人文交流,由此夯实民意和社会基础。要吸引更多丝路国家的年轻人来华留学,创造机会让他们深入中国社会。要注重留学政策与就业政策的协调,将工学、农学及医疗等学科划定为主要留学领域,创造归国留学生与当地中资企业接触与合作的机会。

有人才,即丝路建设最缺乏的不是资金和项目,而是人才和思想。推动"一带一路"落地,特别要在智力支持上下功夫。从某种程度上看,海南的发展离不开中国(海南)改革发展研究院,上海的发展离不开上海国际问题研究院,这些省份的淡定与远见是因为他们有源源不断的智力支持。建议整合全国人才资源在南方省份建立海上丝路研究院,在西北省份建立陆上丝路研究院,同时配套建立智库产业园区,发挥对所需人才的孵化作用。当然高端人才的总量是有限的,因此要在共享人才上展开合作,而不是互挖墙角。此外,丝路基金、金砖国家银行、亚投行等多边平台的上马,意味着需要大量熟悉国际组织规则、适应国际竞争需要、了解多边惯例的国际型人才。

总之,中国崛起不仅仅是一个经济事件,更应该是一个文化事件。古丝绸之路的魅力在于,它不仅是一条经贸通道,更是一条文明互鉴之路。今天中国的丝绸之路,对于全体中国人而言,不仅要带来产业升级、市场扩容,更要推动思路升级。有思路才有丝路。(赵磊,作者系中央党校国际战略研究所教授)(英国《金融时报》中文网2015.3.29)

贾秀东:"一带一路"最大特点是包容

3月28日,习近平主席在博鳌亚洲论坛开幕式主旨演讲中高屋建瓴地阐释了"一带一路"战略,并宣布"一带一路"建设的愿景与行动文件已经制定。随后,中国三部委对外公布了这份众所期待的文件,回答了"带"有多宽、"路"有多长的问题。

纵观"一带一路"倡议的提出和推进,这是一个宏大战略和系统工程,是中国特色大国外交的组成部分,是中国包容性外交的具体体现。包容性是"一带一路"战略的最大特点。

倡议目的突出包容性。建设"一带一路"旨在实现包容性发展,共同打造开放、包容、均衡、普惠的区域经济合作架构,既让国内沿线民众共享公平参与的机会,又使沿线国家和地区共享发展成果。中方欢迎各国搭乘中国经济发展的快车,主张共享机遇,共享繁荣,实现合作共赢。互联互通有助于防止某一个国家在发展中"掉队"。

总体思路彰显包容性。首先,推进"一带一路",注重与各国发展战略和区域合作规划的相互对接。"一带一路"倡议并非要单方面把中国的战略和国力辐射和投送出去,强行让其他国家和地区适应中国的发展需要,而是要与其他国家和地区的发展战略对接,与其发展愿望契合。其次,推进"一带一路",秉持共商、共建和共享原则。

实施方案强调包容性。其一,合作机制上,注重与现有双边和地区合作机制相辅相成,而不是要挑战或替代现有双边和地区合作机制和倡议。中方主张,建立完善双边联合工作机制,同时强化多边合作机制作用。其二,合作重点上,政策沟通、设施联通、贸易畅通、资金融通、民心相通等"五通"本身就体现了包容性。沿线各国资源禀赋各异,经济互补性较强,彼此合作的潜力和空间需要依靠强化包容性来释放。其三,合作方式上,看重多样化,没有规定严格统一的参与规则,不刻意追求一致性,可高度灵活,富有弹性,是多元开放的合作进程。确定具体合作项目时注意能够照顾双多边利益,强调各方认可,条件成熟一个抓紧启动实施一个。

参与主体体现包容性。推进"一带一路"建设,摒弃以意识形态划界的"冷战思维",不搞国家亲疏远近的"圈子文化"。不同制度、宗教、文明的国家均可共同参与。"一带一路"相关的国家基于但不限于古代丝绸之路的范围,各国和国际、地区组织均可参与,让共建成果惠及更广泛的区域。

推进"一带一路"建设,符合中国的和平发展战略,体现了"亲诚惠容"的周边外交战略,是中国提倡构建新型国际关系的伟大实践。由于这样那样的原因,特别是欧亚大陆历来被视为一个地缘战略大棋盘,"一带一路"倡议提出之初,难免会有一些质疑声音。但中国坚持合作共赢战略和包容性外交的态度是真诚的,不寻求排他性利益和势力范围,不会主动挑起冲突。

"一带一路"上会有各种各样的挑战和风险,中方不会因噎废食。假以时日,"一带一路"战略就会得到越来越多的理解和支持,因为包容性外交才是最有生命力的外交,包容性将使"一带一路"战略成为可持续战略。(贾秀东,作者系中国国际问题研究院特聘研究员)(《人民日报海外版》2015.3.30)

王义桅:"一带一路"是欧洲文明复兴的机遇

2015年是中欧建交40周年,欧盟外交和安全政策高级代表莫盖里尼来华参加中欧战略对话,并与中方共同庆祝这一历史时刻。"一带一路"是中欧战略对话的重要内容,为欧盟与中国的对话与合作提供有利的契机,共同塑造全球化未来。概括起来,"一带一路"给欧洲带来八大机遇。

一是欧洲经济振兴的机遇。欧洲经济尚未完全走出欧债危机的影响,又遭受乌克兰危机的打击,欧央行不得不推出欧版量化宽松政策,导致欧元不断贬值。为提振欧洲经济,提升欧洲经济竞争力,欧委会提出3510亿欧元的战略基础设施投资计划——容克计划,完全可以和"一带一路"对接,推动欧亚互联互通建设,帮助欧洲经济复苏。

二是欧亚大市场建设和文明复兴的机遇。历史上,亚欧大陆一直是世界文明中心。欧洲的海洋文明扩张直至二战结束,美国成为海上霸主,欧洲海外殖民地纷纷独立,欧洲被迫回归大陆,通过一体化达到联合自强的目标。然而,欧债危机、乌克兰危机严重冲击欧洲大市场建设成果,欧洲人日渐认识到,只有涵盖俄罗斯的欧亚大市场建设才能平衡好安全与发展的问题,以欧亚文明复兴带动欧洲振兴,是历史的选择。

三是欧洲地区融合的机遇。长期以来,欧盟政治在"东部伙伴计划"与"地中海伙伴计划"孰重孰轻上纠结,实施效果也各有各的问题,现在的乌克兰危机又在撕裂欧洲。看来,加强欧洲地区融合眼光不能局限在欧洲,即便欧洲内部也要创新思路。"一带一路"的实施,使得中东欧成为中国在欧洲的新门户,尤其是波兰、希腊、巴尔干,匈塞铁路、比雷埃夫斯港成为"16 + 1"合作的拳头产品,连接陆上与海上丝绸之路的桥梁。"一带一路"倡导的包容性发展,促使中国沿边十几个省份,建立起与欧洲各地区的紧密经贸、投资联系,是欧洲地区融合的机遇。

四是欧俄和解的机遇。北约明确将"Keep Russia out"(赶出俄罗斯)作为战略目标,今天的乌克兰危机就是这种战略的恶果。事实上,欧俄和解是欧洲稳定的基石。"一带一路"超越古代丝绸之路,特别注重将俄罗斯的远东大开发项目等包容进来,取道莫斯科,与欧亚经济联盟、独联体集体安全组织、上海合作组织等地区架构兼容,目的在于"Keep Russia in"(吸纳俄罗斯)。邻居是无法选择的,将欧亚经济联盟与欧盟对接是化解乌克兰危机,求得欧洲长治久安的明智之举。

五是欧盟更便捷参与亚太事务的机遇。美国提出"重返亚太"战略后,欧盟表示出明显的战略焦虑,担心被边缘化,于是加速推进与亚洲国家的 FTA 战略,然而进展不尽如人意。"一带一路"让欧洲从陆上、海上同时与亚洲铆合在一起,增加了欧洲参与亚太事务的便利性,也将增加欧盟抓住亚太发展机遇的能力,拓展欧盟在亚太地区的影响力。

六是欧盟全球影响力提升的机遇。"一带一路"沿线国家,不少是欧洲的前殖民地,故此强调与欧盟的大周边战略对接。这样,汲取欧洲在全球治理、地区治理方面的经验、做法十分必要——"一带一路"是绿色、环保、可持续的,是按照市场化运作和国际规范进行的,这些都是欧洲规范性力量所强调的,本身就体现了欧洲的软实力。中欧合作开发、经营第三方市场,比如西亚、非洲、印度洋、中亚等地,在"一带一路"框架下有了更多的成功机遇。欧洲的经验、标准、历史文化影响力,十分为中国所看重。"一带一路"秉承和弘扬团结互信、平等互利、包容互鉴、合作共赢的丝路精神,与欧盟的理念相通,与欧盟的规范性力量产生共鸣,共同提升中欧全球影响力。

七是中欧全面战略伙伴关系进一步充实的机遇。在《中欧合作 2020 战略规划》基础上,中欧正在谈判双边投资协定(BIT),甚至考虑在此基础上研究中欧 FTA 可行性。"一带一路"计划为此带来更大动力,推动中欧"四大伙伴"——和平伙伴、增长伙伴、改革伙伴、文明伙伴关系的发展。渝新欧、郑新欧、义新欧等 13 条欧亚快线铁路网越来越将中欧铆在一起发展。围绕建设 21 世纪海上丝绸之路,海洋合作将成为中欧合作新亮点。围绕建设信息丝绸之路,互联网领域的合作也会成为中欧合作的新亮点,完全可以发展为中欧新的机制对话。

八是跨大西洋关系平衡发展的机遇。二战后欧盟倚重跨大西洋关系,然而总是难以摆脱欧洲与美国竞争与合作中的不对称地位,"以一个声音说话"始终是可望而不可即的尴尬。"一带一路"强调开放、包容,不排斥域外国家,不谋求势力范围,不搞军事扩张,主张包容美国,这就超越了 TTIP 的双边排他性。美国除了 TTIP 外还有 TPP,欧洲就只有 TTIP,在未来跨大西洋关系中更处于劣势。如今,"一带一路"增加了欧洲向东看的选择,改变欧洲相对于美国的被动地位,平衡发展跨大西洋关系。

从中国出发,欧洲是"一带一路"的终点站,对"一带一路"应该非常积极才是。然而,欧盟总是慢半拍,对中国的"一带一路"战略,欧洲公众认知不够。为此应加强对欧洲议会、欧洲社会的"一带一路"公共外交,不仅消除其误解,更帮助欧洲国家认识到,"一带一路"包括铁路、公路等基础设施,还有油气管道、电网、互联网、航线等等,是多元网络,是中国对接欧洲,连接欧亚大市场的重要计划,帮助欧洲与中国携手重新塑造世界。(王义桅,作者系中国人民大学欧盟研究中心主任、重阳金融研究院高级研究员)(人民网 2015.5.5)

汝信:期待"一带一路"搭建文明互通新桥梁

作为长期致力于世界文明研究的一名"老兵",我感到深受鼓舞,满心期待。

目前来看,这一战略正在由构想进入实施,沿线国家也表现出了极大热情。而在"一带一路"整体设计中对文化交流、文明互通做更为充分、更加切实的考虑,将使这一战略效果更加显著,意义更为深远。

中华文明曾经以博大绚丽之姿影响世界。历经曲折之后,今天的中国以世界第二大经济体的姿态逐步回到世界舞台中心,而文化影响力却成为中国国际形象中的一块短板。尤其在今天激荡复杂的国际关系格局中,出现了各种针对中国的误解与歪曲。对丝绸之路的研究足以证明,"文明冲突论"等对中国文明的指责是站不住脚的。不同文明之间虽存在差异,但并不必然导致对抗和冲突。相反,不同文明的和平共存、相互尊重、取长补短,才是世界文明发展的正道。过去是这样,今后仍是这样。因此,我们在开拓"一带一路"的互联互通新格局之时,应该统筹考虑,把中华文明与和谐追求纳入这一战略的顶层设计与实施方案。

同时,我们还应加强对沿线国家历史文化的研究。目前,这还是一个较为薄弱的环节。我长期在社科院工作,20 世纪 80 年代曾在联合国教科文组织牵头下开展过两次大规模的"丝绸之路"国际学术研讨会,很好地促进了丝路研究与交流。"一带一路"战略提出后,我们世界文明比较研究中心于 2014 年 11 月主办了"建设新丝绸之路——中阿经济文化交流学术研讨会",与各国专家共同解读"新丝绸之路"的历史、现实和未来。今后,我们还将就此开展更加深入的研究。(汝信,作者系中国社会科学院原副院长)(国务院新闻办公室网站 2015.3.11)

单霁翔:加强"一带一路"文化遗产保护

中国国家主席习近平提出共同建设丝绸之路经济带和 21 世纪海上丝绸之路的构想,跨越时空、融通古今、连接中外,顺应和平、发展、合作、共赢的世界潮流,承载着丝绸之路沿线各国发展繁荣的梦想,赋予古老丝绸之路以崭新的时代内涵,为我国"一带一路"沿线文化遗产保护工作带来了新的机遇,同时也提出了更高要求。

我国政府长期以来高度重视丝绸之路沿线文化遗产的保护工作。目前我国境内丝绸之路沿线文化遗产主要包括陕西、河南、甘肃、青海、宁夏和新疆等省、自治区的众多大遗址,如汉长安城未央宫遗址、汉魏洛阳城遗址、高昌故城、麦积山石窟等。其中敦煌莫高窟和"长安—天山"廊道路网先后被联合国教科文组织列入《世界遗产名录》。多年来,随着大遗址和国家考古遗址公园建设项目的推进,上述遗址均得到了不同程度的保护和展示。2006 年和 2012 年,国家文物局两次将海上丝绸之路列入中国世界文化遗产预备名单,泉州、宁波、北海、福州、漳州、南京、扬州、广州和蓬莱等 9 个城市的 50 多个遗产点名列其中。

"一带一路"的提出让有关地方看到了发展旅游的契机,纷纷制定相关规划设想,将文化遗产的旅游开发作为其中核心要素。然而,也有些地方不顾客观规律进行过度开发。实践证明,在旅游开发过程中,必须尊重文化遗产保护的客观规律,妥善处理文化遗产保护和旅游开发的关系,防止为追求局部经济效益,实施过度的旅游开发,给文化遗产带来不利影响。

为了进一步加强"一带一路"文化遗产的保护,我建议"一带一路"沿线地方各级政府高度重视"一带一路"沿线文化遗产保护管理工作,建立"一带一路"沿线文化遗产保护管理长效机制,成立文化遗产保护管理领导小组,加强发展改革、财政、国土、旅游、建设、文化和文物等部门间的协调,完善重大事项沟通、协商制度,切实做好"一带一路"建设中的文化遗产保护管理工作。在"一带一路"沿线文化遗产保护和旅游发展方面大力推广"敦煌莫高窟经验"。其次,加大"一带一路"沿线文化遗产保护的经费投入,将文化遗产保护纳入相关地方政府考核内容,将文化遗产保护经费列入本级财政预算,切实保障"一带一路"沿线文化遗产的日常维护经费和文化遗产保护的抢救性投入,重点加强低级别文物保护单位的保护经费投入。同时确保各文物旅游景区经营性收入中有适当比例用于文化遗产保护。(单霁翔,作者系故宫博物院院长)(国务院新闻办公室网站 2015.3.11)

陈维亚:"一带一路"在文化上也要有所作为

全国政协委员、著名导演陈维亚表示,自古以来,丝绸之路就对中西方文化的交融发展起着非常重要的作用,中国文明从古代丝绸之路走向西方。我国提出的"一带一路"战略将打通中国与欧亚大陆经济文化的新通道,意义深远。

"我们发现,'一带一路'战略更多涉及的是经济方面,实际上经济与文化密不可分,如果我们的新丝路有文化的浸润,必将对我国经济发展产生更直接的促进作用,影响也更为广泛。"陈维亚说。

为此,他建议将文化内容纳入新丝路战略。我国可充分挖掘历史上的丝路文化,开掘现代文明对丝绸之路的影响,请艺术家们创作有特色的文化艺术作品。同时,与"一带一路"沿线国家广泛开展文化交流合作,传播中华民族的优秀文化。

全国政协委员、中国文化遗产研究院研究员张廷皓也建议,互办文物展览、举办高规格的学术研讨会、开展文化节庆活动。"要让沿线国家和人民与我们共享当代中国的发展成果,了解中国和平发展的意愿。"他说。(陈维亚,作者系全国政协

委员、著名导演）（国务院新闻办公室网站 2015.3.11）

方汉文："一带一路"是中国与世界文明的融新之道

2014 年 11 月 27 日，方汉文教授受邀在中央民族大学世界民族学人类学研究中心作了学术报告，主题为"一带一路：中国文明战略的历史与未来"。该中心为国家民委人文社科重点研究基地，此次讲演是该中心"世界民族学与人类学系列讲座"的第 41 次讲演。讲演中，他主要通过运用"文化融新"和"一带一路"这两个概念来讨论我国当前的文明战略问题。近期，在中国文化书院参加相关活动期间，他还先后两次接受《瞭望》杂志的采访，对党的十八大以来的国际国内学术研究动向，特别是高校学术研究的新问题与新思路提出了自己的看法。

（注：中国文化书院于 1984 年 10 月成立于北京，是由梁漱溟、冯友兰、张岱年、季羡林、朱伯崑、汤一介、李中华、魏常海、王守常等 10 多位著名学者共同发起，联合了北京大学、中国社会科学院、中国人民大学、北京师范大学、清华大学等单位及我国台、港地区和海外的数十位著名教授、学者共同创建的一个民间的学术研究和教学团体。）

中国文明与文化研究走向世界是大数据时代的趋势

苏周刊：您前段时间在北京的中国文化书院等机构参加了好几个学术活动，能简要介绍一下相关情况吗？

方汉文：实际上今年我是两次到访中国文化书院，第一次是 10 月份我们苏州大学比较文学研究中心与北京师范大学出版社联合召开了《世界文学史教程》新书首发暨世界文学史新建构学术讨论会，会后受邀首次访问中国文化书院，纪念汤一介先生。这里是今年 5 月 4 日习近平主席看望汤先生的地方。第二次是 11 月下旬专程接受中国文化书院之邀讲学，我还准备了题字来怀念与感谢前辈学者。两次都在中国文化书院接受了《瞭望》记者的采访。

11 月 27 日，我在中央民族大学世界民族学人类学研究中心进行讲演。很多国际著名学者与政治家、理论家曾在这个中心发表讲演，我以北京大学特聘教授与苏州大学教授的身份受到中心副主任张海洋教授与袁剑博士的邀请登上该中心的讲坛，深感荣幸。中央民族大学来自各国的学者与学生相当多，在该校参加学术活动扩大了我的见闻，同时更加感到向国内国际学术大家与大师及重点大学与科研中心学习交流的重要性。

苏周刊：关于当前国际国内学术研究动向，特别是高校学术研究的新问题与新思路，您有什么样的见解？

方汉文：我对党的十八大以来中国社会科学繁荣昌盛的局面倍感鼓舞，所以也希望将主要研究心得向大家汇报。我以为主要可以归之为三个字"大深根"。

所谓"大"主要是大数据与大思路,特别是习近平主席包括在文艺工作座谈会上的讲话等多次讲话,都指出了大数据时代的大思路的人文社科研究方向。我今年出版了三部书,从中可以看出我近年学术研究的大思路。第一部是我主编的《世界文学史教程》(北师大出版社,上下册,2014)这是我所主持的国家社科基金重点课题与教育部课题的成果。第二部是我的专著《比较文明学》(五卷本,中华书局,2014),第三部是我主编的《比较文学教程》(华东师范大学出版社,2014)。中国经济高速发展,中国文明与文化研究走向世界,这是大数据时代的趋势,"文章合为时而著",我是身体力行的,只是能力有限,犹感不足。

"深"是深厚民族文明传统与深刻理论思维。我的研究主要是理论研究、基础研究与学科研究。前哲说过:如欲亡一国之民,必先亡一国之学术;如兴一国之民,必先兴一国之学术。中国复兴进程中,中国学术传统的接续与振兴尤其重要。要振兴我们的传统,就要进行深刻的反思,如康德所说要"敢于思考"。中国走向世界就是要与世界不同文明之间进行互融互动,我用拉丁文的"融新"来表达它,也就是前哲所说的"周虽旧邦,其命维新",而且是"苟日新,日日新,又日新"。

"根"是指植根于中国传统学术,回答国家发展的根本问题。我在相关讲演与论著中强调:中国传统学术以人文主义精神立于世界。世界古今思想学术中,各国基本上是以宗教为中心的,无论是基督教、犹太教、伊斯兰教、印度教的文化都是宗教文化,只有中国是人文主义儒学为主线,所以中国才有儒释道合流。这是人文主义与宗教文明之间的重要区别,传统决定了未来,中国人文传统才可能有"和而不同",才不会有"文明冲突",才会有文明融新。有了文明融新,才能解决根本的战略认识,这是根本问题。

比较文明学与比较文化学是同一学科的两种不同名称

苏周刊:您于2003年出版的《比较文化学》曾被批准为教育部研究生教学用书。您所著的《比较文化学新编》又于今年被列为教育部十二五规划教材。而您的《比较文明史》、《比较文明学》等著作也在学界引起广泛关注。对于比较文化学和比较文明学等对于很多人来说还不太熟悉的学科,您能概要介绍一下吗?

方汉文:首先解释一下几本书中"文明"与"文化"的概念,如果概念不厘清,就会引发相当多的疑问。

文化与文明是两个相关联但又有不同的概念。我在多部著作中提出一种基本的区分:文化是人类活动的实践方式,英文中文化一词 culture 的前缀 cul 就是古代的犁,这是农业文明起源的证明,是农业耕作。在现代话语中,文化用以表达具体行为,如武术文化、中医文化、饮食文化等。而文明则是整体性的精神范畴,一般不用来说明具体的物质或行为,如我们说茶文化酒文化而不说茶文明与酒文明。

西方文字中的文明一词 civilization,它的出现早于文化 culture 这个词。在拉丁文中,与文明相关的词谱系相当广,主要有 civilis(意为公民的、人类社会的)、civis(意为市民或公民)、civitas(意为城市自治)、civilitas(意为公民身份,特指罗马共和国所颁定的公民)。如果对这些拉丁语词进行语源学的分析,可以清楚地看出从古希腊城邦时代的公民直到罗马共和国、甚至罗马以后时代的公民、市民身份演变的过程,可以看出西欧中世纪城市自治的历史。也有西方学者认为,从历史环境分析,文明的意义中包含了古代希腊罗马的城邦化社会与蛮族的区别,这两者代表了不同的生活方式与风格,在古希腊罗马人看来,这种区分是文明与野蛮的不同,野蛮民族是外在于城邦居民社会的,是非社会化的。当然,汉语中的文明就更能说明问题,所谓"心生而言立,言立而文明"就是指人类心智的进步。所以我主张这样区分两个词。

比较文明学与比较文化学则是同一学科的两种不同的名称。世界上对此有两种学科观念,一种是西方学者中有人主张将比较文明学与比较文化学区分开来,另一种则是东方学者较多持有的观念,主要是日本学者主张两学科合一。我主张两学科结合为一,但是有区别,理论部分重比较文明学,实践部分重比较文化学。所以我的书实际上是将两者合一的。我认为称比较文明学更有代表性。

21 世纪是比较文明研究的世纪

苏周刊:您早期主要从事比较文学研究,是从什么时候开始将研究领域拓展到比较文明学与比较文化学的研究的?

方汉文:我从 20 世纪末期开始从事比较文明学与比较文化学的研究,至今著述达到 31 本书 700 多万字,主编著作达千万字。世界上以《比较文明学》与《比较文化学》为名的书只有我写的,从 2003 年出版《比较文化学》到今年的《比较文明学》有 9 本相关专著,这是世界各国都没有的,以后短时期也不可能超过我们。这是我们中国学者对世界的贡献。西方学者与日本学者相当多的名家是我的朋友,他们从事这一学科的研究早于我,但是他们没有出过这一方面的专著。所以曾任国际比较文明学学会主席的伊东俊太郎对我的《比较文明学》一书评价相当高。

苏周刊:您在《比较文明史》一书中提出了"当代世界的学术中枢:比较文明史"的观点,在《比较文明学》中也强调"21 世纪是比较文明研究的世纪"。为什么说比较文明学与比较文明史的研究具有如此重要的学术地位?

方汉文:很简单,因为国际社会从联合国到世界各国从 20 世纪末开始将"文明"作为主要研究对象,联合国教科文组织发表"文化与文明的多样化""多元文明"等相关宣言。也有反面的推动因素,如众所周知的美国哈佛大学亨廷顿的《文明冲突与世界秩序的重建》、福山的《历史的终结与最后之人》都是以"文明"为研究主题的,其核心是文明冲突论,理论基础则是西方中心主义和一体化思想。这迫使我来研究比较文明学回答他们所提出的历史挑战与问题。

特别要指出的是,习近平主席历来重视文明比较的研究,他访问印度和秘鲁等国家时发表的讲话都强调文明研究的重要性。国家对文明战略的要求是我研究的主要动力,这也可以说是解决"根本"问题的一个方面。

"一带一路"是一种整体与体系化的文明战略

苏周刊:您在中央民族大学民族学人类学研究中心所作的讲演中说到:"一带一路"是中国传统文明与世界文明"融新"的历史与未来之"道"。这要怎么理解?

方汉文:"一带一路"是"丝绸之路经济带"与"21世纪海上丝绸之路"的统称,这种提法作为国家文明战略已经在习近平主席的有关讲话中强调,其意义绝不仅仅是经济通商的活动。我认为,将传统的"丝绸之路"与"21世纪海上丝绸之路"结合为一本身就是一种创新,仅从这一提法区别于传统的多种说法,它的价值取向已经体现在以下方面。

首先,将中国陆地与海洋、西部与南部、经济合作与文明交流传统两大路线与地域政治经济体结合为一的观念,形成了一种整体与体系化的文明战略。这是2000多年历史的丝绸之路与5000多年的中外文明交流历史的高度概括,也是一种研究与实践方式的大转型。其次也可以看出,这是将历史文明、文化遗产与现实经济融为一体的一种指向,走出西方的"世界经济体"现代化模式,开辟了21世纪以"文明融新"为主体的、以中国复兴与金砖国家经济为代表的新时代的理论。这是20世纪70年代亚洲四小龙经济奇迹之后的新理论体系建构,指导21世纪多元文明创新,意义非常重大。

苏周刊:您一再提到"文明融新",它的内涵是什么?

方汉文:文明融新(英文为 syncretism,拉丁文是 cyncretism)产生于公元前2世纪的"希腊化"。亚历山大东征使得希腊文明与犹太文明相融合,在罗马产生了新宗教基督教,既有传统的犹太教又接受希腊人文主义,是新宗教,所以称为融新。我以此来表达不同文明融合后产生新的思想文明。中国典籍中也有不同文明互融互动的说法。

"一带一路"是中国与世界文明的融新之道

苏周刊:在您看来,"一带一路"的历史作用与价值何在?

方汉文:"一带一路"具有深厚的历史渊源,是文明融新的实施方式与实践。丝绸之路主要是从中国汉代开始的,从中国经过中亚、伊朗(古称安息)、印度、希腊、罗马的大型交通的总称,它的具体道路不止一条,而且从商业贸易开始发展为全面的经济文化交流,为我们国家的外交与经济发展起了重要作用。通过派张骞出使西域,联系西域民族共同御敌,汉武帝得以击败匈奴,实现了西域与中国文明的融新。"海上丝绸之路"的名称正式启用较晚,日本学者三杉隆敏《探索海上的丝绸之路》(1967年)首次使用这一称呼。中国的海上丝绸之路分为黄海渤海线、东海线和南海线三条。从秦汉起到明代,海上丝绸之路为中国经海路通过亚丁湾、大秦通达非洲,更是一种中国与异己文明的融新。

与西方公元前 5 世纪的希腊波斯战争及更早的特洛伊征服的模式不同,中国的"一带一路"建构不同文明之间"融新"。丝路开通推动了科技与制造业的交流传播,中国四大发明与冶金化学等科技进入西方,推进科技进步,预示了资本主义在欧洲兴起。

苏周刊:"一带一路"对于促进中外文明交流交融的现实意义是什么?前景如何?

方汉文:"一带一路"作为国家文明战略代表了新的理论形态,这就是以传统文明与不同文明互相融合创新的新时代主流。我认为 21 世纪中国复兴与金砖国家经济发展需要世界性的文明融新,文明融新是不同文明之间通过融合,继承传统,产生新的文明,也就是我们之前所说的"其命维新"。这是当代国家重要的发展战略。中国学者应当承担起研究"大深根"问题的责任。

文明融新将会使中国走向世界,当代世界的主流不是"文明冲突",这是时代的新课题。文明融新是中国冲破所谓的"遏制",坚持中国优秀文明传统,创造新文明的主体发展道路。

《比较文明学》一书的中心观念就是文明融新,我最近在澳门大学《南国学术》等境内外刊物发表多篇论著来论述这个问题。

文章替国家效力,书画为人民服务

苏周刊:您在国内外多所大学任教,走过世界各地的很多地方。而从 1999 年到苏州大学工作至今,您在苏州工作生活已经有 15 年的时间,培养了不少学生。您喜爱苏州这个城市吗?

方汉文:我出生和第一份工作都在西安,求学在北京,来苏州大学的 15 年超过了我在其他地方工作学习的时间。我熟悉的国外城市是美国的新奥尔良与纽约,曾在新奥尔良的图兰大学任教几年,也在纽约受聘于多所大学任教并在多所大学讲演和办过书画展,我喜欢美东与纽约的大学。但我是中国学者,祖国之子,我最喜欢北京和苏州这两个城市,我经常陪外地朋友到苏州园林看字画碑林,我自我定位是老苏州了。

我在苏州长期担任硕士生、博士生导师,培养的博士生在北京、陕西、安徽、江苏、浙江等地的大学中当教授、博士生导师的比较多,还有不少大学的院长、系主任都出于我门下。这可能是一个特点。我对学生要求严格,重视道德文章,培养方法也独特。学生在校发表论文多,获得国家社科基金课题的多,前年还有一届有两位毕业生同时得到国家社科基金课题的。我的体会是:授之以鱼不如授之以渔;传之以业不如传之以道。因为得"道"才有忠诚民族为国为民服务的雄心壮志,这是千古不变的道理,天不变,道亦不变。古往今来,概莫能外。

苏周刊:您刚刚提到您曾在纽约的大学办过书画展,您的办公室里也挂着自己的书法作品,书画是您在教学科研活动之外的兴趣爱好吗?

方汉文:我喜爱中国书画,特别是书法与中国画。我家是教师之家,祖父创办了故乡的第一所高级小学,我父亲当时还在师范上学就兼任了小学校长。家里有书法传承,祖父与父亲都写颜体,我自幼年楷书写颜体,草书写董其昌的行草。这几年发表的书法与中国画中有不少这样的作品,比如我今年在《江南大学学报》发表的书法与为习近平主席词配画,就是草书和中国青绿山水画。

绘画则是在我下乡插队期间的一个意外收获。下乡后我调到县文化馆写作组,当时文化馆分两组,一组是普及样板戏的,我在这个戏称“作协”的组。另一个组是画画的,我们戏称“美协”,主要是为县上画宣传画。这个组中有西安美院毕业的刘文西的学生张维忠、石鲁的关山门弟子侯声凯(他在县剧团画布景)以及画家章邯等。我们当时所在的咸阳永寿是个11万人口的小县,“文化大革命”中聚集了这些青年人。那时我给画家们写字和扛画板,给他们的画上补景补人物,他们是我绘画的启蒙老师。我感谢生活给了我别人所没有的机会。我向他们致敬。

现在我经常给苏州和全国各地的教授学者以及旅游地机构写字画画。今年,从广东东苑、梅县,安徽马鞍山李白纪念馆、扬州瘦西湖到北京大学等地,写了相当多的字,画了不少画。我还发表了多篇画论,研究文人画与文人书法。我写字画画不收任何报酬。现在文化市场开放了,我参加多地的义卖赈灾,救济贫困学生和残疾人活动,还向北京基金会捐献自己的字画。我书写过这样一副对联:文章替国家效力,书画为人民服务。

此外,我还喜欢游历历史名城,热爱体育活动,总之爱好比较广泛。

我的格言是:不追逐名利,但热爱生活。坚持学术立身,抨击道德败坏。做好自己的工作,支持严惩腐败恶俗。我相信孔子的话:君子坦荡荡,小人常戚戚。

人物简介

方汉文,男,祖籍安徽省蒙城县,1950年12月出生于陕西省西安市。1990年毕业于北京师范大学中文系,获文学博士学位。1993年-1996年,在美国图兰大学英文系比较文学专业做博士后研究,获博士后证书认定。现为苏州大学比较文学研究中心主任、文学院学术委员会主任、教授、博士生导师,北京大学东方文学研究中心特聘专职研究员,兼任江苏省比较文学学会副会长,图兰大学、香港大学、韩国全北大学、台湾东吴大学客座教授。主要从事比较文学与世界文学、比较文明与比较文化研究,代表性著作有《比较文化学》、《比较文明史》、《世界比较诗学史》、《陶泥文明》、《西方文化概论》、《东方文化史》、《比较文明学》(五卷本)等。(陶冠群)(《苏州日报》2014.12.19)

郭建兰："一带一路"创造文化产业新机遇

文化是民族的精神命脉和创造源泉,丝路文化引领空间、时间的变化,创新发展成为文化的热点话题。中国文化产业领域十大策划领军人物、中国文化管理协会演艺工作委员会副会长、陕西星光无限文化传媒有限公司董事长郭建兰,及时把握"一带一路"机遇,引领文化产业走在时代前沿。

随着文化的改革与发展,传统发展模式急需改变,基于这种需求,郭建兰创立了"丝路票友会",并描绘了它的发展蓝图——"丝路票友会"把过去剧院、院坛的会员、票友以散客为观演群体聚集起来的一种创新商业模式。把这群对生活充满热情、有文化素养、有梦想、有生活追求的人,通过丝绸之路的穿接,组建一个快速的平台。郭建兰计划2015年在河南、西安、四川、重庆、甘肃进行试点,2016年覆盖全国,让"丝路票友会"成为国立演出行业新的文化景观和文化现象。

"一带一路"为旅游业发展提供了不竭的动力,也为"丝路票友会"带来了前所未有的发展机遇,吸引更多的企业资源投入到丝路建设中去。郭建兰认为,"丝路票友会"就如丝路一样,像一条彩色的丝带,把这些有文化梦想的人联系在一起,共同创新发展。

古丝绸之路曾经是中国走向世界的重要通道,如今,"一带一路"战略将东亚、中亚等国家联系在一起,这一战略构想蕴含了大量的文化商机。丝绸之路经济带沿线国家有很多文化遗存,通过演艺人员不断的挖掘创作,一定能够创造出越来越多的旅游、演艺产品,为旅游业带来前所未有的发展机遇。据了解,"丝绸之路形象大使评选活动"旨在通过比赛,让社会各界以及参与者明白丝绸之路真正的文化内涵。郭建兰说,希望更多的青年选手参与其中,评选出更好的丝路文化传播大使,将丝绸之路文化旅游产业推向一个新高潮。

无论是国内还是国外,传统产业的发展都进入了瓶颈期,转型升级迫在眉睫。当人们的物质生活极大丰富之后,人们对文化的需求越来越强烈,发达国家的文化产业消费总量在70%左右,中国的文化消费占比还不到10%,所以文化产业有很大的市场潜力。郭建兰表示,丝绸之路经济带建设一定要文化先行,只有心通了,做事才能众志成城。文化从业者一定要聚焦"一带一路",吸引更多的企业资源投入到丝绸之路经济带建设中来。同时,他建议,丝路上的企业家应该用更多的注意力和财力,为社会提供更多的就业机会。

文化产业是国家的灵魂,民族复兴必须文化先行。改革开放以来,中国的经济发展取得了巨大成就,文化的缺失、信仰的缺失、民族自豪感的缺失,导致中国需要重塑文化内涵。西安是丝绸之路的起点,一定要重视这个发展机遇,三秦父老共同行动起来,在这个文化大潮里不要被淘汰,不要被拍到沙滩上。

人物简介

郭建兰,男,1970年7月出生于陕西韩城市。著名社会活动家、策划家、作家、研究员。中国文化产业领域十大策划领军人物、中国文化管理协会演艺工作委员会副会长、陕西星光无限文化传媒有限公司董事长。(《中国联合商报》2015.3.24)

张学栋:"一带一路"——文化创意产业大跨越的新机遇

近日,中国文化交流网执行总编徐蕴峰在北京与中国行政管理学会副秘书长、九三学社中央委员、图·像思维(易·像学说)提出者张学栋先生进行了对话,针对"一带一路"——文化创意产业大跨越的新机遇话题作了交流。兹录之,以飨读者。

一、"一带一路":挖掘文化创意元素的超级"大宝库"

徐蕴峰:记得2013年9月,习近平主席在哈萨克斯坦纳扎尔巴耶夫大学发表重要演讲,首次提出了加强政策沟通、道路联通、贸易畅通、货币流通、民心相通,共同建设"丝绸之路经济带"的战略倡议。同年10月3日,习近平主席又在印度尼西亚国会发表重要演讲时明确提出,中国致力于加强同东盟国家的互联互通建设,愿同东盟国家发展好海洋合作伙伴关系,共同建设"21世纪海上丝绸之路"。由此我们知道了"一带一路"是指"丝绸之路经济带"和"21世纪海上丝绸之路",它充分依靠中国与有关国家既有的双多边机制,借助既有的、行之有效的区域合作平台。我们感到,"一带一路"的确是一个超级"大平台"。

习近平主席在2015年博鳌亚洲论坛主旨演讲中指出"一带一路"建设秉持的是共商、共建、共享原则,不是封闭的,而是开放包容的;不是中国一家的独奏,而是沿线国家的合唱。"一带一路"建设不是要替代现有地区合作机制和倡议,而是要在已有基础上,推动沿线国家实现发展战略相互对接、优势互补。"一带一路"建设不是空洞的口号,而是看得见、摸得着的实际举措,将给沿线国家和地区带来实实在在的利益。在有关各方共同努力下,"一带一路"建设的愿景与行动文件已经制定,亚洲基础设施投资银行筹建工作迈出实质性步伐,丝路基金已经顺利启动,一批基础设施互联互通项目已经在稳步推进。这些早期收获向我们展现了"一带一路"的广阔前景。我们感到,与古代的丝绸之路相比,"一带一路"的确是一个挖掘文化创意元素的超级"大舞台"。

张学栋:从超级"大平台"、"大舞台"到超级"大宝库"。"一带一路"一经提出,就特别感到非同凡响。我们注意到,当时习近平主席就曾指出:以亚洲国家为重点方向,率先实现亚洲互联互通。因为"一带一路"源于亚洲、依托亚洲、所以首先造福亚洲。通过互联互通为亚洲邻国提供更多公共产品,欢迎大家一起搭乘中国发展的列车。又提出以经济走廊为依托,建立亚洲互联互通的基本框架。"一带一路"兼顾了各国需求,统筹了陆海两大方向,涵盖面宽、包容性强,辐射作用大。特别是指出,"一带一路"以人文交流为纽带,夯实亚洲互联互通的社会根基。用创新的合作模式,以点带面,从线到片,逐步形成区域大合作。其实,只要定住心、仔细品,在"一带一路"的每一点、每一处、每一步,都是文化创意元素的"聚宝盆",整个"一带一路"就是发现和挖掘文化创意元素的超级"大宝库"。习近平出席在中阿合作论坛第六届部长级会议上,曾经表示,"一带一路"会继承古丝绸之路开放传统,吸纳东亚国家开放的区域主义,秉持开放包容精神,不会搞封闭、固定、排外的机制。"一带一路"不是从零开始,而是现有合作的延续和升级。有关各方可以将现有的、计划中的合作项目串接起来,形成一揽子合作,争取产生"一加一大于二"的整合效应,在我看,"互联网"+"一带一路"+"人脑的创造力"所爆发出的创意正能量,必将会产生意想不到的乘数效应。

徐蕴峰:如果说历史上的丝绸之路主要是商品互通有无,那么,"一带一路"交流合作范畴要大得多,优先领域和早期收获项目可以是基础设施互联互通,也可以是贸易投资便利化和产业合作,当然也少不了人文交流和人员往来。各类合作项目和合作方式,都旨在将政治互信、地缘毗邻、经济互补的优势转化为务实合作、持续增长的优势,最终目标是物畅其流、政通人和,互利互惠、共同发展。

张学栋:我们看到,在共建"一带一路"过程中,中国有正确的义利观,道义为先、义利并举,向发展中国家和友好邻国提供力所能及的帮助,真心实意帮助发展中国家加快发展。中国不断增大对周边的投入,积极推进周边互联互通,探索搭建地区基础设施投融资平台。中国不仅要打造中国经济的升级版,也要通过"一带一路"等途径打造中国对外开放的升级版,不断拓展同世界各国特别是周边国家的互利合作。因为"一带一路"不是中国一家的事,而是各国共同的事业;不是中国一家的利益独享地带,而是各国的利益共享地带。"一带一路"建设,包括前期研究都是开放的,共同谱写丝绸之路的新篇章,共同建设利益和命运共同体,共同创造美好幸福未来的"一带一路"理念、构想令人振奋。"一带一路"必将风光无限、创意无限。

二、"一带一路":以跨学科、跨领域、跨语言、跨文化的新思维,对自身重新定位

徐蕴峰:2015年地方和全国"两会"之后,"一带一路"成了热词,对"一带一路"的研究也进入聚焦期。民生证券日前发布研究报告称,目前各地方"一带一路"拟建、在建基础设施规模已经达到1.04万亿元,跨国投资规模约524亿美元,预计影响2015年新增投资4000亿元左右,拉动GDP增长0.25个百分点。他们认为,"一带一路"战略将涵盖26个国家和地区的44亿人口,将产生21万亿美元的经济效应。这个世界上最长的经济走廊,最大的市场,将产生最大的投资机会。

从公开的新闻资料统计看,各省 2015 年政府工作报告上关于"一带一路"基建投资项目总规模已经达到 1.04 万亿,主要包括重庆、四川、宁夏、江苏、海南、云南、陕西、广西、浙江等省区市。从项目分布看,主要还是以"铁公机"(铁路、公路、机场)为主,占到全部投资的 68.8%。

张学栋:是的,经济发展是基础,必须有共同受益的机制,才能真正"聚气生力"。"一带一路"应该是我国 20 年至 30 年,甚至更长时期我们国家对外开放的一个大战略,通过"21 世纪海上丝绸之路"差不多 53 个国家,加上丝绸之路经济带的 12 个国家,那么接近 65 个国家、93 个城市和港口,涵括了世界上 44 亿人口,差不多占世界 GDP 的 70%。如此一来,东盟、非盟、阿盟、欧盟"四盟"整体贯联起来了,真是我国前所未有过的最大的开放格局,也是我国国内和国际的一个重大战略。我想,在"一带一路"的新起点上进行"创意",对政府、企业和我们每个人,都应该以跨学科、跨领域、跨语言、跨文化的新思维,对自身重新定位。因为"大战略必须新思维、大构架必须善设计、大格局必须大创意,大创意必须深挖掘"。

徐蕴峰:去年,诺贝尔经济学奖得主斯蒂格利茨预言"中国世纪从 2015 年开始",称"中国以经济总量第一的姿态进入 2015 年"。电影《分歧者:异类觉醒》把未来世界依据人的特性被分为五大族群:无私、和平、诚实、无畏与智慧。美国《华尔街日报》说,世界各国也能依据类似办法分类,如新加坡可算作"智慧",经济复苏的美国则接近"无畏",但其他三类要换成悲惨(阿根廷、委内瑞拉、俄罗斯)、抱负(印度、墨西哥、秘鲁)以及紧张(日本、欧盟),只有一个国家是最难分类的——中国。为什么?

张学栋:说明用现有的理论和范式,已经解释不了中国的实践和创新。在以大数据为背景的伟大的"互联网"创意时代,提出"一带一路"新构想,就是适应时代发展的大战略和新思维。

三、"一带一路"各地发展最佳定位点即文化创意的着力点

徐蕴峰:我们看到,各省都在行动中。广西壮族自治区表示,将积极参与"一带一路"、中国—东盟自贸区升级版建设。充分利用泛北部湾、大湄公河次区域等合作平台,争取亚洲基础设施投资银行和丝路基金等投资,加快南宁—新加坡经济走廊建设,推进与周边国家互联互通。

山东省提出,将主动融入"一带一路"、京津冀协同发展、长江经济带三大战略,促进与周边省市共同发展。并且加强与"一带一路"沿线国家和地区基础设施互联互通建设合作。

湖南省表示,要发挥"一带一部"区位优势,大力推进水、路、空、铁四网联动,积极对接长三角、珠三角、北部湾、港澳台,建设高铁沿线地区经济增长带,发展临港、临空经济,主动服务"一带一路"战略,加强与京津冀地区的经济联系,融入长

江经济带建设。

新疆维吾尔自治区主席雪克来提·扎克尔说,新疆地处亚欧大陆地理中心,是我国向西开放的桥头堡,是丝绸之路经济带上的重要节点、核心地区,周边同8个国家接壤,有17个国家一类口岸以及喀什、霍尔果斯2个国家级经济技术开发区。新疆也在积极跟踪国家"一带一路"重点互联互通和基础设施建设项目,参与非洲、周边国家高速公路、铁路、港口等基础设施以及农业综合开发项目建设。

张学栋:"一带一路"是指"丝绸之路经济带"和"21世纪海上丝绸之路","一带一路"不是一个实体和机制,而是合作发展的理念和倡议,是充分依靠中国与有关国家既有的双多边机制,借助既有的、行之有效的区域合作平台。"一带一路"借用古代"丝绸之路"的历史符号,高举和平发展的旗帜,积极主动地发展与沿线国家的经济合作伙伴关系,共同打造政治互信、经济融合、文化包容的利益共同体、命运共同体和责任共同体。

新疆、陕西、甘肃、宁夏、青海、重庆、云南、四川、山西、浙江、江苏、山东、湖北、福建、河南、贵州、西藏、广东、广西、海南等省区已经将丝绸之路经济带战略作为重点工作列入了政府工作报告中。这些省区市经济规模之和,约占全国比重达三分之二。陕西认为,"西安将争当建设丝绸之路经济带的排头兵"、"把陕西打造成新的丝绸之路经济带的桥头堡"。河南提出,"虽然中国古代丝绸之路的起点位于西安和洛阳,但新丝绸之路经济带的起点,放在郑州最为合适"。其后,四川、内蒙古等地也相继表示,自己是丝绸之路经济带或草原丝绸之路经济带的起点。

几乎同时,对于海上丝绸之路,广东省提出,要"发挥海上丝绸之路的排头兵的作用"。汕头、广州、江门、东莞、惠州、深圳等地随后相继表态,要打造"海丝"枢纽。福建省的福州、厦门、漳州、泉州都希望是"海丝起点"。江苏连云港市提出,"作为亚欧大陆桥和海上丝绸之路的起点,要把连云港打造成丝绸之路经济带的东方桥头堡"。江西省认为"海上丝绸之路又被誉为海上陶瓷之路,景德镇的陶瓷是海上丝绸之路最大宗的商品"。

各地在围绕"一带一路"研究自身定位时,大部分使用了枢纽、节点、支点、门户、通道、黄金段、核心区等词汇。此外,"东部陆海丝绸之路经济带"、"草原丝绸之路经济带"和"空中丝绸之路"等概念也应运而生,成为了黑龙江、内蒙古等地着力打造的重点。

徐蕴峰"徐":我们注意到,陕西打文化、旅游、自贸区牌的举动令人瞩目。召开"丝绸之路国际旅游博览会"、首发"长安号"丝绸之旅旅游专列和七处丝绸之路景点入选《世界遗产名录》。西安加快建设"丝绸之路经济带"自由贸易园区(西安)核心区,西北地区第一个综合保税区——西安综合保税区和西安国际港务区内成为了陕西"一带一路"的"新起点"。

"丝绸之路经济带黄金段"甘肃全力部署兰州新区、敦煌国际文化旅游名城、中国丝绸之路博览会三大战略,着力推进兰新高铁等综合交通枢纽建设,以沿线节点城市为支撑,打造兰州等"丝绸之路经济带"重要的交通枢纽和陆路进出口货物集散中心。

"丝绸之路经济带战略支点"宁夏已经架设了"空中丝绸之路"和"互联网丝绸之路",打造面向中东和穆斯林地区的门户枢纽,建设面向阿拉伯国家的跨境电子商务平台。

"丝绸之路经济带核心区"新疆举办亚欧博览会、霍尔果斯县级市挂牌成立、兰新高铁全线贯通、乌鲁木齐新机场加快建设、"丝路产业"推动、高水平工业园区、高新技术产业园区和物流中心建设、新疆推进丝绸之路经济带核心区建设工作领导小组成立等,让新疆人对建设交通枢纽中心、商贸物流中心、金融服务中心、文化科技中心、医疗服务中心信心满满。

张学栋:习近平主席指出,推进"丝绸之路经济带"建设,抓紧制定战略规划,加强基础设施互联互通建设。建设"21世纪海上丝绸之路",加强海上通道互联互通建设,拉紧相互利益纽带。经济学家林毅夫认为,"一带一路"战略的重心是促进互联互通的基础设施建设,"一带一路"文化创意元素,只有在互联互通方面深入挖掘,才能源源不断,风光无限。中国提出"一带一路"并非自己独享,而是全球恢复增长的交响曲中的和谐乐章。

在全球化背景下,经济一体化是利益共同体的基本前提。与近60个国家、40多亿人口建立广泛的沟通和协作机制,不仅有助于中国获得外部资源,同时也可以帮助中国商品、资本和适用性技术真正走出去。更重要的是,"一带一路"会一石激起千层浪,全面提升文化创意的理念和层次,用全新思维挖掘创意元素,形成创意成果,"一带一路"上人的精神需求,40多亿人口中蕴含着多大的智慧和创造活力,多么需要在交融中升华啊,"一带一路"是古代智慧加现代思维,一定要虚实相生,不仅物理上、网络里互联互通,更重要的是文化和精神层次的互联互通,一句话,各地发展最佳定位点即文化创意的着力点。

四、"一带一路"新构想,点开了人们无尽的"财富"想象

徐蕴峰:"一带一路"将东亚、东南亚、南亚、中亚、欧洲南部以及非洲东部的广大地区联系在一起,覆盖40多个国家。位于丝绸之路经济带上的35个合作区,分别位于哈萨克斯坦、吉尔吉斯斯坦、乌兹别克斯坦、俄罗斯、白俄罗斯、匈牙利、罗马尼亚和塞尔维亚等国。而对于"21世纪海上丝绸之路",经贸合作区遍布沿线,"东南亚,老挝、缅甸、柬埔寨、越南、泰国、马来西亚、印尼有,巴基斯坦、印度和斯里兰卡也有。非洲,在埃及、埃塞俄比亚、赞比亚、尼日利亚、坦桑尼亚、莫桑比克也有。他们是"一带一路"重要承接点,已经有大量的中国企业在海外的经济存在做支撑。从单个企业到经贸合作区,越来越多的中国企业选择"走出去"。创意挖掘的落脚点无处不在。

张学栋:我们发现,"一带一路"的理念,好就好在打破原有点状、块状的区域发展模式。无论是早期的经济特区、还是去年成立的自贸区,都是以单一区域为发展突破口。"一带一路"彻底改变之前点状、块状的发展格局,横向看,贯穿中国东部、中部和西部,纵向看,连接主要沿海港口城市,并且不断向中亚、东盟延伸。这将改变中国区域发展版图,更多强调省区之间的互联互通,产业承接与转移,有利于我国加快我国经济转型升级。

"一带一路"新思维激起了人们的财富想象。它"比马歇尔计划古老得多,又年轻得多"。它"传承着具有2000多年历史的古丝绸之路精神"。外交部王毅部长说,它不是美国二战后用资金援助欧洲复兴的"马歇尔计划"。它"诞生于全球化时代,它是开放合作的产物,而不是地缘政治的工具,更不能用过时的冷战思维去看待"。正如国家发改委学术委张燕生秘书长所言,"新常态的中国用资本输出的方式进入到亚太和欧洲,构建贯穿欧亚大陆的全方位开放的新格局"。它是"立足周边,辐射一带一路,面向全球,高标准的自由贸易区网络",它"是中国经济新35年提出来的一个能够影响全局,能够影响中国经济、沿线国家的经济和全球经济的一个大的战略思路"。

"我们将从中国视野转变到全球视野来配置我们的资本,来配置我们的市场,来配置我们的服务,来配置我们所有的生产要素。"张燕生认为,通过"一带一路",中国将把将近6万亿对外金融资产一步一步地由外汇储备资产转化为自然人、企业和政府的对外投资。

徐蕴峰:一般而言,从"皮毛之路""玉石之路"到"丝绸之路",再到当前的"一带一路",能成功的一个基本前提就是,这是一条"路"。如果说商品是"路"得以开辟和存在的可能,"路"则是商品在不同空间挪移的基本保障。李克强总理的工作报告体现着把海陆结合起来的新思维——"把'一带一路'建设和区域开发开放结合起来,加强新亚欧大陆桥、陆海口岸支点建设"。思路已经清晰,就看如何利用自己优势,找到自己的定位,拓展新的发展空间了。

张学栋:我们看到,30多年的改革开放,取得了举世瞩目的成就。思考中国改革开放的经验,经历了通过发展经济特区、先行先试、突破了理念上的禁锢;通过沿海14个城市的对外开放,扩大了开放的领域,形成了开放拉动的经济增长格局;通过延伸到长江沿线的开放,形成了全国范围内的开放局面。按梯度、分层次的开放节奏取得了丰富的经验及经济发展的实际效果。基本驱动是先开放合资、后扩大出口,通过对内深化改革激发增长活力。通过加入WTO,深度融入世界经济体系,拓展了外向型经济的发展空间,其结果是工业化、城镇化快速发展,内需外需一起拉动,形成了我国经济 30 多年的高增长局面。今天,如何在新的视角下,研究吸收过去有效的改革开放经验,开拓新发展思路,的确需要全新的理念推动,政策制定如此,文化创意研究更要"顺藤摸瓜"、乘势而为。

五、"一带一路"伟大实践,必将诞生中国文化创意产业的世界级品牌、世界级大师

徐蕴峰:如果说丝绸之路经济带核心理念是加强同中亚和东南亚国家的经贸合作,那么,同中亚及东南亚各国共同的发展经历,文化相通,就是合作的坚固基础。因此,通过互联互通,实现优势互补,通过共同发展,最后共同受益是关键。正像习近平主席强调的,"中国希望同中亚国家不断增进互信,巩固友好,加强合作,用创新的合作模式共同建设丝绸之路经济带"。"一带一路"的确创造出巨大的新机缘遇。

张学栋:只有以跨学科、跨领域、跨语言、跨文化的新思维,敞开胸怀、把握先机,才能充分挖掘"一带一路"上创意元素。"一带一路"必将开启人们的无尽智慧,通过"大数据"聚起"大智慧"。我们期待"一带一路"从构想到现实的进程中,诞生中国文化创意产业的世界级品牌、世界级大师……让古老的东方智慧,在"一带一路"上焕发出勃然生机。

人物简介

张学栋,中国行政管理学会副秘书长、九三学社中央委员、北京大学政治发展与政府管理研究所兼职研究员、发表研究报告、论文 40 多篇、论著近十部。长期从事人与自然、社会和谐共融关系的研究,著有《图·像思维 – 对自然·人·社会和谐共融观的整体感悟》、因提出"图·像思维理论(易·像学说)",曾获国际设计与流程学会(SDPS)院士、国际跨领域高级研究院(THE ATLAS)首批院士称号。(中国日报网 2015.3.30)

范玉刚:以文化交融促进"一带一路"建设

所谓"一带一路"是指丝绸之路经济带、21 世纪海上丝绸之路,即新丝绸之路经济带,它是在古代陆路和海上丝绸之路的概念基础上形成的一个新的经济发展区域。它东边牵着亚太经济圈,西边系着发达的欧洲经济圈,被认为是"世界上最长、最具有发展潜力的经济大走廊"。陆上丝绸之路经济带东端连着充满活力的亚太地区,中间串着资源丰富的中亚地区,西边通往欧洲发达经济体,而 21 世纪海上丝绸之路则将中国和东南亚国家临海港口城市串起来,通过海上互联互通、港口城市合作机制以及海洋经济合作等途径,最终形成海上丝绸之路经济带,不仅造福中国与东盟,而且辐射南亚和中东地区。

倡议并推进"一带一路"建设是中央根据全球形势深刻变化,统筹国内国际两个大局作出的重大战略决策,旨在通过各种合作机制,发挥市场在资源配置中的决定性作用,调动社会民间资本,以互联互通即政策沟通、道路联通、贸易畅通、货币流通、民心相通,来提高区域经贸和文化交流水平,最大程度上惠及广大民众。

从国内来看,实现中国经济的均衡可持续发展,关键看西部地区的发展。新丝绸之路经济带,有源自中国发展西部地区、实现东西部地区战略布局平衡的迫切需求,是按照以外促内的倒逼思路对原有战略的深化,以形成促进中国东部再改革的新格局。从国际来看,它符合中国开展离岸一体化合作的战略构想。

2013 年 9 月,中国国家主席习近平在哈萨克斯坦纳扎尔巴耶夫大学作重要演讲,提出共同建设丝绸之路经济带。2013 年 10 月,习近平在印度尼西亚国会发表重要演讲时强调中国愿同东盟国家共建 21 世纪海上丝绸之路。2013 年 11 月召开的十八届三中全会提出,加快同周边国家和区域基础设施互联互通建设,推进丝绸之路经济带、海上丝绸之路建设,形成全方位开放新格局。2014 年索契冬奥会期间,习近平主席和普京总统就俄罗斯跨欧亚铁路与丝绸之路经济带和海上丝绸之路的对接问题达成了战略共识。

丝绸之路古已有之,新丝绸之路经济带战略与古丝绸之路精神一脉相承,"和平合作、开放包容、互学互鉴、互利共赢"是其精神。作为一种创新的区域合作模式,新丝绸之路经济带有着全新的合作理念,在各国认同这一理念和规则的前提下,以平等、互利、共赢方式扩大经济交流,减少不利因素的干扰,共同应对国际市场变化。

习近平主席提出的共建"一路一带"的倡议,有助于实现中国与周边和亚欧国家发展战略的对接,在全球化和互联网时代,它将有效连接亚欧市场,将沿线国家的土地、资源、劳动力、技术等生产要素更好地纳入贸易路线为主干的国际生产网络中,有望在亚太和欧洲两大生产与市场体系之外,形成新的全球性增长极,并促进沿途各国人民的共同发展和繁荣。

新丝绸之路经济带将注重依靠区域主体自身的文明特点、发展特征、资源与制度禀赋的优势以形成发展合力,不单是通过一套无差异或标准化的市场准入、税制、劳动力与货币规则来挖掘各自的竞争力,而是实践一种"合作导向的一体化"。作为一种创新的地缘经济合作方式,新丝绸之路经济带首先是互惠的利益共同体,不断扩大各国的经济贸易联系,特别是地处内陆的中亚国家,可把地缘上的劣势转变为区位优势,在新经济带建设中扮演重要角色;其次是多赢的发展共同体,各国都可以从中受益。本文来源:瞭望观察网

新丝绸之路经济带的构想是建立在文明融合而非文明冲突的立场上,可为世界主要文化的传承者提供对话与交流创新平台。新构想不仅强调政治协调、经济交流、促进安全、制度建设,更突出民心相通,这种交流交融为区域经济一体化建设

奠定了坚实的民意基础与社会基础。就文化而言,新丝绸之路经济带建设的着眼点是各相关国及背后多元文明的群体性复兴,以文化的交流交融为经济建设搭桥铺路。这要求各相关国要不断加大文化的对外开放水平,通过文化的传承和创造性转换,使古老文明在现代社会焕发新的活力。

"一带一路"建设,不是某个国家的单赢,而是所有参与国的多赢与繁荣,带来的将是世界最大的欧亚大陆的一体化和经济文化的全面复兴。这是"中国梦",更是"世界梦"、"人类梦"。(范玉刚,作者系中央党校文史部副教授、文学博士)(《瞭望》2014.8.27)

新华网:"一带一路"建设为中亚留学生创造更多机会

"我打算考研,希望能继续留在兰州交大读研究生。"兰州交通大学土库曼斯坦籍留学生洛山心存期许。

在深思熟虑后,洛山做出了这样的决定。

"中国正在进行'一带一路'建设,为我们既懂俄语又懂专业的中亚学生创造了很多就业机会,甚至有人提前'预订'我们。"但洛山不想早早就业。就读于建筑与城市规划学院的他认为,自己本科学的还远远不够,希望通过攻读研究生提高专业水平,"将来就业起点会更高,能够参与到更重大的项目中。"

谈及未来就业,洛山毫不犹豫地说,"要么留在中国,要么回国工作,但不管怎样,自己肯定还会保持与中国非常亲密的联系。"洛山解释,一方面是对中国的深厚感情,另一方面则是受到中国政策的鼓舞,即正在进行的"一带一路"建设。

兰州交通大学常务副校长李引珍介绍说,正如洛山所说,当前"一带一路"建设已经让在中国留学的中亚学生感受到了就业良机。"'一带一路'需要像他们这样既懂汉语、俄语又懂专业的人才参与到经贸合作、交通建设等领域。他们未来也将成为丝绸之路经济带上的'使者'。"

兰州交通大学国际教育学院院长张国锦告诉记者,"借着'一带一路'的东风,我们培养出的中亚学生比往年更加抢手。"

记者了解到,该院今年共有17名来自土库曼斯坦、哈萨克斯坦和吉尔吉斯斯坦的中亚学生毕业。虽还未到毕业季,但绝大部分毕业生已找到了工作。"有4名学生签到了中石油土库曼斯坦分公司,有两名学生与土库曼斯坦当地企业签约,其他留学生也是各有归属。"张国锦说。

"这些学生的月收入普遍高于当地一般收入水平。"张国锦说,对他们来说,能够学好语言,学好专业,就意味着会有较高的收入。

据了解,2008年至今,兰州交通大学招收了约1000名留学生,其中中亚国家留学生占60%左右。"仅拿土库曼斯坦籍留学生来说,我们自2013年以来就培养了

38 名,他们都在政府部门、跨国公司等工作,用人单位每年都会赶在就业季前上门招聘。"张国锦说。

张国锦说,"一带一路"建设为中国与中亚国家创造了合作机会,也需要人才去落实。"这能达到多方互利共赢目的,留学生得到了施展才华的机会,又能在中国与中亚的合作中起到积极的纽带与推动作用,更能促进民心相通。"(张文静 郭刚)(新华网 2015.5.5)

延伸阅读

京华网:2015 国际文化产业发展形势与趋势研讨会召开

4 月 28 日,由北京市社会科学院传媒研究所、北京市文化创意产业研究中心、北京新元文智咨询服务有限公司共同举办的"2015 首届国际文化产业发展形势与趋势研讨会"在北京市社会科学院礼堂举行隆重举办

北京市社会科学院党组书记、院长谭维克研究员在会上以"我国文化产业发展必须处理好四大关系"为题发表了热情洋溢的致辞,北京市社会科学院传媒所所长、北京市文化创意产业研究中心主任郭万超研究员主持会议。研讨会以"迈向新时代的文化产业国际战略"为主题,就 2014 年度国际文化产业发展战略政策与现状趋势,展开主题演讲和学术讨论相结合的交流。来自政府、学界、产业界、中央及北京市媒体等共计 100 多人参加会议。

在研讨会上,谭维克院长提出,随着大力发展文化产业上升为国家战略,文化产业迎来了难得的历史机遇。我国发展文化产业必须处理好四大关系:一是"四个全面"和文化发展的关系,二是社会效益和经济效益的关系,三是大企业发展和中小微企业发展的关系,四是引进来和走出去的关系。

中国社会科学院文化研究中心的张晓明副主任在发言中提出,中国文化企业走向世界必须具备国际视野,要打造在世界舞台占据主导地位的文化产品,以国际化角度跟进最新动态,与我国的现实情况进行联动性分析和研究。

郭万超所长发表了主题为"互联网文化产业发展新态势"的演讲,以李克强总理提出的"互联网＋"为引言,介绍了互联网对文化产业颠覆性影响,互联网发展的四大新态势:移动互联网的兴盛、众筹模式的推广、微市场的崛起和知识产权凸显。

新元文智咨询服务有限公司刘德良董事长以"国际视野下的中国文化产业"为题发表演讲。刘德良提出中国将成为继美国后第二个世界利益型国家,并进一步分析了我国给全球经济态势带来的影响,提出了"中国主场"的概念。

新元文智咨询服务有限公司研究主管沈楠以"国际文化产业发展趋势"为题,

从宏观角度分享了各国文化产业的战略政策及现状数据,并分析了 2014 年度国际权威研究机构发布的重要成果。

新元文智成立于 2009 年,专注于文化产业,致力于为政府决策管理机构提供行业研究、政策研究、产业规划、专业课题研究等智库服务;为文化企业提供专项产业研究咨询、业务发展战略咨询、园区规划咨询、财务顾问等专业化服务。

2014 年 8 月,新元文智在相关部门和学术机构的支持下,组建了专业化的国际研究团队,开发了一套国际文化产业资讯监测体系并逐步开展了相关研究工作。(京华网 2015.5.4)

中新社:50 位中亚侨领聚首西安"一带一路"引热议

由中国国务院侨办主办的"第 37 期华侨华人社团负责人研习班"5 月 5 日在西安开班,来自哈萨克斯坦、吉尔吉斯斯坦、土库曼斯坦等中亚国家的 50 位侨领聚首于此,共同就海外侨团的发展、"一带一路"建设等方面的内容展开交流与研习。

本次"研习班"以"和谐侨社,共谋发展"为主题,采取专题授课和实践考察相结合方式进行,意在向参加此次活动的侨领普及侨法与侨务方面的知识,及"一带一路"战略的实施情况,同时介绍陕西经济发展情况。

中国官方数据显示,目前海外华侨华人总数约为 6000 万人,分布于世界 198个国家和地区,已成为其居住国多元文化社会的重要组成部分,同时具有融通中外的独特优势。中国国务院侨务办公室主任裘援平曾表示,"一带一路"是侨胞发展新机遇。其间,有无限的商业和事业发展空间。

任教于吉尔吉斯斯坦比什凯克人文大学的尤苏波夫认为,在建设"一带一路"的进程中,应当重视文化的交流。他告诉中新社记者,目前当地华裔新生代对中国传统文化了解相当有限的主因,在于吉尔吉斯斯坦对于华文教学相对不规范与师资力量匮乏,难以形成完善的华文教育体系。而另一方面,当地华裔新生代对学习汉语却有很强烈的愿望,很多人甚至高中毕业后即来到中国留学。

来自莫斯科的东干族商人杨希诺夫认为,"一带一路"为中国与周边邻国提供共同发展经济、文化的平台,作为新亚欧大陆桥的重要组成,俄罗斯是丝绸之路经济带中亚通往欧洲的重要纽带,此间华商应搭"一带一路"的顺风车与中国企业进行更为深层次的交流与合作。

这次研习班为期 8 天,将聘请西安交大、陕西师范大学、西北大学的专家教授授课。学员们还将参观西安的文化古迹,研讨交流华夏文明等相关话题。(张一辰)(中新社西安 2015.5.5)

《人民日报》:伊斯兰堡 共建"一带一路"路更宽情更浓

站在巴基斯坦国家纪念碑观景台,眺望首都伊斯兰堡,整个城市绿树成荫,生机盎然。与两年前相比,伊斯兰堡的主干道修整一新,基础设施有所改善,连接伊斯兰堡和临近城市拉瓦尔品第的快速公交系统也几近完工。川流不息的车流、拔地而起的新建筑,让人感受到这片土地发展的脉动。

巴基斯坦计划发展部部长阿桑·伊克巴尔在接受本报记者采访时表示,巴基斯坦是"一带一路"沿线的重要国家,"一带一路"建设将中国与周边国家更紧密地连接起来,同时缩短了陆地及海上的交通里程,为货物运输提供了更多便利,为增进中国与其他国家的经贸往来奠定了基础,将有效改善伊斯兰堡等城市的基础设施,促进巴国内各地的交通建设,也将为经济发展带来更多契机。

在伊斯兰堡商业中心,有一家名为"丝绸之路"的商务咨询公司办事处。公司创立者哈希博告诉记者,他从1985年开始频繁往返于中国和巴基斯坦,亲眼见证了中国的经济腾飞,感受到了中国政府睦邻友好、互利共赢的发展理念。中国提出"一带一路"倡议后,商业嗅觉敏锐的哈希博于2014年12月毅然从供职多年的银行辞职,开设了这家咨询公司,为在巴的中国公司提供咨询服务。泡上一壶上好的碧螺春,哈希博对记者说:"'一带一路'将为两国民众带来实实在在的好处。我之所以开设这家公司,并取名'丝绸之路',就是希望融入'一带一路'的建设浪潮中,从中分享发展成果。"

哈希博的公司是在"一带一路"背景下,巴中两国加强商贸往来的一个缩影。伊斯兰堡工商会前主席巴萨尔·达乌德在接受本报记者采访时表示,巴中之间的政治关系一直十分亲密,"一带一路"建设的推进,将更好地发掘巴中之间的经济合作潜力,强化两国的贸易往来,改善巴基斯坦的基础设施,吸引更多中国投资,为年轻人创造更多的就业机会。此外,巴基斯坦也可以凭借中国技术,缓解国内的能源危机,全面扩大巴中之间的合作领域。

"一带一路"建设也让两国民众的心更加贴近。巴基斯坦国立现代语言大学是一所有着万名学生的高等学府,伊斯兰堡孔子学院就设在这里。走进教学主楼,路过一间间教室,巴基斯坦学生正在跟随讲台上的汉语老师认真学习中文,琅琅书声不绝于耳。除了汉语教学,孔子学院还长期举办茶艺表演、中国电影周、新春联欢会等活动,丰富多彩的形式,时刻向外界传递着中国文化的独特魅力。

马丁是孔子学院汉语高级班的学生,学习汉语之余,他还别出心裁地开办了一家汉语幼儿园,教6名巴基斯坦儿童学汉语。马丁告诉记者,随着"一带一路"建设的推进,越来越多中国公司来到巴基斯坦,极大地激发了当地年轻人学习汉语的热情。"伊斯兰堡很多学校都开设汉语课程,掌握好中文,能获得更大发展平台"。

伊斯兰堡孔子学院中方院长张道建从事对外汉语教学多年,对"一带一路"背景下巴基斯坦汉语热的飙升感受尤深。他告诉记者,汉语学得好的巴基斯坦人找工作容易,经常被当作"香饽饽"招进中国公司。

巴基斯坦外交部发言人塔斯尼姆·阿斯拉姆在接受本报记者采访时表示,"一带一路"建设的推进将让巴基斯坦分享更多的经济利益,也能为比例庞大的年轻人带来更多就业机会,从而为区域国家的经济发展创造条件,并加强中亚及南亚与外界的联系。正在建设中的巴中经济走廊是"一带一路"的重要组成部分,不仅有利于巴基斯坦和中国,也将辐射和惠及周边区域。

巴基斯坦参议院国防委员会主席、巴中学会主席穆沙希德·侯赛因对本报记者说,亚洲国家之间的联系不断增强,"一带一路"倡议的提出正逢其时,它的顺利推进关乎沿线国家民众的福祉,将进一步加强中国与邻国之间的良性互动,推动伊斯兰堡和巴国内其他城市的全面发展,营造和谐的社会氛围,也将进一步深化巴中关系,巩固两国友谊。(《人民日报》2015.4.20)

刘结成:2015年文化创意产业园区发展七大新趋势

中国经济网编者按:2014年,中国文化创意产业发展进入新的阶段,东方意象文创机构总裁、北京大学文化产业研究院副研究员刘结成将这个新时代称为3.0时代。与此相对应,文化创意产业园区也进入了3.0时代。在"新常态"的形势下,3.0时代的文化创意产业和文化创意产业园区都形成了一些新的特征。根据对全国部分文化创意产业园区的走访、与园区管理者的交流,以及观察和研究,刘结成认为,2015年,我国文化创意产业园区将在规模化、品牌化、专业化、服务化等特征的基础上,出现一些新的趋势,主要体现在七个方面。

一、更加"泛在化"

在"新常态"下,转型升级进入攻坚期,旅游业、工业、农业、商业,尤其是地产业的发展都将面临巨大的挑战。在这种情形下,以文化创意为核心推动力,或者是借文化创意之名,进行融合式发展成为很多企业的选择。

二、虚拟园区开始快速发展

在移动互联概念的热炒下,怎样结合线下的实体园区,做好线上的虚拟园区运营,形成线下线上相互补充、互相促进之势,成为很多园区思考的问题。同时,一些门户网站也在思考推出虚拟园区板块,为园区和园区企业服务。

三、国际化探索涌现

2014年,随着国家对对外文化交流和贸易的重视,我国的一些文化企业开始在美国、韩国等地建设文化创意产业园区,并取得了一定的效果。2015年,在国家的重视和这些企业的带动下,将会有更多的企业和园区探讨在海外建立文化创意产业园区,成为中国对外文化交流和贸易的平台。

四、与金融合作更加深入

2014 年,文化创意产业成为资本追逐的热点,尤其值得注意的是很多实业资本也关注并投资文化创意产业。在目前的文化创意产业园中,60% 左右都配备有园区孵化器。2015 年,文化创意产业园与金融的结合将更加紧密,开发更多、更新的金融产品,主要体现在三个方面:第一,银行和金融机构与园区之间将通过授信、融资等方面提供的支持,促进园区自身的规模化、品牌化、平台化发展和建设;第二,给园区企业提供更多的金融服务支持,如知识产权融资服务,结算、网络银行、自助银行、帐户管理、POS 消费等;第三,给文化创意的创新、创业者提供个人金融服务支持。通过这种深度的、全面的金融合作,可以更好地改善文化创意产业园区的发展环境。

五、融合化发展加速

融合化发展是文创 3.0 时代的主要特征,2015 年这种融合趋势还会得到加速。对于文化创意产业园区的融合来说,新的趋势将出现在以下三个方面。

1、与城市发展相融合。文化创意产业园区发展一般经历:从文化产业开发区,发展到文化创意产业园区,然后是城市文化创意街区,最终发展到城市文化和创意城市融合。目前我国的文化创意产业园区基本走过了文化产业开发区阶段,经过近几年来文化创意产业园区的发展,面对当前的经济和社会发展形势,各个城市都亟需建立符合自己城市文化特色的文创街区,这既是文化创意产业从业者的要求,也是城市市民生活的需求。因此 2015 年,一些文化创意产业发展要素条件比较成熟的城市,将开始着手打造城市文化创意街区,使之城市市民的休闲娱乐中心,游客的地方文化体验中心,城市产业升级的创意驱动中心。

2、与商场融合。目前国内知名的文化创意产业园区很多都是利用老建筑、老厂房改造而成,这些园区投入小,见效快,既能满足文化创意类企业对环境、空间的要求,又与他们的支付能力相匹配,还与园区管理企业的运营能力相适应。2015 年,随着移动互联的发展,面对以淘宝为代表的电商的冲击,传统的商场必将面临更大的生存压力。因此一些商场开始思考与文化创意产业相结合,利用原有商场的建筑、区位、商业等优势,建立特色商业文化产业园区。

3、与农业融合。随着城镇化的发展,加上近几年农业逐步得到资本的青睐,一些有条件的城市开始思考怎样利用城市周边的土地,建设创意农业园区,把生产、生活、生态发展有机融合,打造集休闲、娱乐、观光、旅游、体验为一体的新型农业文化综合区,使城镇化的同时相关产业也发展起来。

六、众筹园区出现

2014 年众筹成为国内非常火热的概念,仅 2014 年上半年,国内众筹领域发生融资事件 1423 起,募集总金额达到 18791.07 万元。作为互联网金融的一种新方式,类似"团购模式"募集资金的众筹模式迎来了快速发展期。2015 年,随着国家对创新创业的鼓励和扶持,面对互联网时代大众创业、万众创新的形势,如何构建面向人人的"众创空间"等创业服务平台,激发亿万群众创造活力,将是 2015 年社会思考的热点,在这种背景下,众筹园区将成为一种载体和形势出现。

七、围绕文化创意产业生态体系建设

经过近十年来的发展,面对新进入者的挑战和更加激烈的市场竞争,一些成熟的文化创意产业园区面临着管理和运营升级的难题和挑战。在目前的环境和条件下,这些园区的最好出路在于:根据各个园区自身特点和自身资源情况,建设符合园区定位的产业生态,形成良好的产业发展环境和氛围。

不管以上的趋势是单个出现,还是组合出现在某个园区,我们的文化创意产业园区发展方向在于:建立创新的环境和氛围,产生新的思想和产品,培育创新企业,用感性的园区,塑造情感的商业,回归温暖的人文主义。这一点我想是不会变的,因为我们都相信美好。(中国经济网 2015.2.4)

魏鹏举:"一带一路"背景下特色文化产业的投融资路径

2013 年 9 月,习近平总书记提出了共建"一带一路"的战略构想。去年年中,文化部、财政部联合发布了《关于推动特色文化产业发展的指导意见》,也提到了丝绸之路文化产业带。从现代文化传播的角度来看,往往经济高地就是文化高地。实际上古时候丝绸之路之所以成了中国文化向外传播的渠道,是因为那时中国是世界的经济高地。美国只有几百年历史,但不能否认全球人现在都受到了美国文化的影响。丝绸之路经济带毫无疑问是文化带,但基础是经济带,资本的战略作用是关键。

对于特色文化产业发展的主要特征,笔者归纳了四点。一是在地性,现在所说的丝绸之路文化产业带,总的来说依附在一个特定区域中,以文化旅游业态为主。二是分散性。三是原生性,由于手工生产所蕴含的文化深厚,因此最接近文化的本性。四是小众性,它是在特定范围内的。小众性存在明显的文化折扣,如在陕西大家都觉得很好的东西,但跨越了语言和文化区域后,另外一些人在接受度上就会打折扣。从文化产业的发展角度说要打破这种折扣,同时要保留特色,这是矛盾的地方。

目前,我国的特色文化产业在发展过程中存在一些问题。一是业态简单,同质化问题严重。缺乏足够的创造性、好的商业模式和更大的国际视野。二是高度区隔,碎片化问题突出。三是进退失据,原生保护和市场开发失衡。要保护原生态的模式就要避免市场化的推广,但不搞市场经济,原生态文化被破坏得更厉害。四是产业化弱。特色文化产业也就意味着很难做成规模,而我们又觉得只有手工做的东西,才有膜拜价值。所以这是产业化发展的一个悖论。五是资本短缺,企业缺少资本化的思维和融资途径。

关于投融资路径问题,首先是有政府性基金的示范引导。政府引导是因为特色文化产业有巨大的外部效益化价值,不仅对产业有意义,对文化的传承、保护和发展也有意义,还有巨大的艺术价值,对区域经济的转型升级、带动发展有很大作用。李克强总理的政府工作报告提出"互联网+",其实还可以有"文化+"。"文化+"意味着文化可以与很多产业结合发展,可以带动很多产业附加价值的提升。这需要政府资金的引导,笔者认为,由政府来主导建设一个产业化基金意义非常大。

二要发挥银行保险等的传统金融优势,助力特色文化产业基础设施建设。文化产业发展必须做好基础设施。尽管笔者不同意搞文化地产,但把文化地产妖魔化也不对。现在中国的地产业已到去泡沫化的时期,银行可以发挥重要的作用。

三是政府要筑基,积极开展特色文化产业链投融资。文化产业最大的价值是它可以带起很长的产业链,就像科技研发一样,关键在于研发成功后形成IP,后面的产业链非常丰富。所以在研发时,创新这方面需要政府更多的投入,但是在产业链的投融资方面,要让更多社会资本参与进来,只要形成产业链的融资体系,笔者相信社会资本会更主动地进来。

四要积极发展文化产权交易,开展特色文化资源的平台型投融资。丝绸之路特色文化资源非常丰富,这些资源有些东西可以变成文化产权,可以注册公共知识产权变成特色文化产权,这些产权应放在产权交易所对接,同时也是寻求资本合作。陕西的文化产权交易所如果能做成丝路文化产权交易平台更有意义,也突破了以前做艺术品的局限。

五要推动文化金融创新,尝试开展基于特色文化资源收益的资产证券化。这也是国家在金融体系建设方面重点支持的方向,现在国内、国际都有这方面的尝试,但是特别有效的尝试现在不是很多。

最后,积极拓展适合特色文化产业消费的互联网金融。分散的海量创意和海量的小众需求,在传统产业发展机制下是没有商业价值的,因为传统商业模式是工业化的大规模生产和批量化的大规模销售。但在互联网环境中,分散的海量创意与海量的小众需求可以实现无成本的无缝对接,通过大数据的应用,金融信用也随之形成,可以推动文化众筹走向文化众创。(魏鹏举,作者系中央财经大学文化经

济研究院院长)(《中国文化报》2015.4.11)

广西新闻网:助力"一带一路"建设 广西积极打造教育丝绸之路

来广西学习的东盟国家留学生,从 2003 年的 1434 人增加到 2013 年的 8332 人,广西成为全国东南亚国家留学生最多的省份之一;广西有 5 个面向东盟的国家级培训中心和两个培训基地,从多个领域为东盟培训各类专业技术人才……近 10 年来,广西与东盟国家的教育合作越来越密切,一条"教育丝绸之路"正逐渐形成。

1 现象

广西成东盟学生留学首选地之一

转眼间,越南留学生阮氏秋草来南宁学习已经快两年。2013 年,阮氏秋草在越南一所医科大学读完本科后,来到广西中医药大学继续学习中医。近两年的留学生活,让阮氏秋草成了半个"南宁通"。

其实早在 2004 年,阮氏秋草的哥哥就来到广西留学,先拿到中医学士学位,去年 10 月又拿到针灸推拿硕士学位,然后回越南工作。阮氏秋草说,哥哥计划等到广西中医药大学有博士点时,继续来广西攻读博士学位。

记者从自治区教育厅获悉,越来越多像阮氏秋草一样的东盟国家学生,选择来广西留学。最近十多年来,来广西学习的东盟国家留学生增长了 5 倍。全区招收有东盟学生的高校达 28 所,来桂留学的东盟国家留学生占广西外国留学生总数 80% 以上。广西已成为东盟国家留学生出国留学的首选地之一,也成为我国东南亚国家留学生最多的省份之一。

经批准,目前广西具有招收中国政府奖学金留学生资格的大学已从 2004 年的 2 所增加至 6 所。同时,自治区财政拨出专款设立老挝留学生奖学金、柬埔寨留学生奖学金和自治区政府东盟国家留学生奖学金。奖学金总额从 2007 年的每年 400 多万元增加到 2015 年的 2000 万元。

2 作用

东盟留学生成广西与东盟沟通桥梁

随着广西的东盟留学生越来越多,这些留学生也成为连接广西与东盟国家的纽带。他们在改善和发展本国与中国的友好关系上,不同程度发挥了作用。

5 月 24 日~30 日,越南籍华裔杨迪生将受邀到北京,参加由国务院侨务办公室主办的"第十届世界华裔杰出青年华夏行"活动。杨迪生目前是越南华文西贡解放日报主任记者。从事媒体工作 17 年来,他致力于推动中越民间友好往来,曾获得越南胡志明市华人杰出青年称号。同时,他已连续 11 年参加中国-东盟博览会报道,获得中国－东盟博览会十年贡献奖。这些成就的取得,他认为得益于当年选择到广西留学。

2003 年,越南要选出一些重点栽培人才到中国深造一年,杨迪生是当年胡志明市唯一入选的人。他告诉记者,因祖籍是广东顺德,最初他报了广州暨南大学。后来考虑到广西与越南接壤,今后双边贸易会有很大发展,最后他重新报了广西大学新闻系。那时,越南人到中国留学,首选是广州、上海、北京等地,因此他选择到广西留学时,很多朋友、同事还很惊讶。现在回头看,他感觉自己当年的选择没有错。随着南宁成为中国－东盟博览会永久举办地,越南与广西的交流越来越多。由于他在广西认识很多同学、朋友,所以他每次到广西出差,工作都很顺利。

据了解,广西民族大学越南籍留学生杜氏碧云毕业回国后,曾在越南驻华大使馆工作,老挝留学生贝利在老挝驻南宁总领馆工作。广西师范大学一名印尼留学生,毕业后一直从事中国与印尼的教育文化交流工作,成为印尼高校的"中国通"和中国高校的"印尼通",穿梭于中国和印尼多所大学之间,为中国与印尼教育合作与交流做了大量工作。

3 举措

广西优质教育资源输向东盟国家

不仅东盟留学生越来越青睐广西,近年来,广西与东盟国家的教育培训合作也越来越多,广西正在将教育优秀资源向东盟国家辐射。

以广西农业职业技术学院(以下简称农职院)为例,2012 年国家农业部在该院设立"中国－东盟农业培训中心",是我国设立的 3 个农业培训中心之一。至今该院已为越南、老挝、缅甸等东盟国家的各级农业、科技等部门,举了 68 期各类农业技术及管理培训班,培训学员 1300 人次。

来自老挝万象市巴额县他桑村的坦沙尼,2011 年到农职院参加了蔬菜种植与经营培训班。老挝有长达半年的雨季,这导致当地蔬菜在露天环境下产量有限。回到村里后,他率先建起大棚,种植有机蔬菜,并带动他桑村的村民一起进行大棚种植,令贫困的他桑村摇身一变,成了当地有名的有机蔬菜供应地。

哈密瓜在老挝有一个特别的名字,被称为"中国甜瓜"。农职院党委书记俞健告诉记者,这是因为哈密瓜本来是北方的水果,20 世纪才培育出我国南方种。老挝比中国南方更热,所以当地种不出哈密瓜。2012 年 9 月,我国农业部以农职院在老挝建设的"中老合作农业试验基地"为基础,成立了"中国－老挝合作农作物优良品种试验站"。随后,哈密瓜在老挝试种成功。不久前老挝刚举办了第二届哈密瓜节。通过品种试验站,多个适合老挝种植的优良品种在老挝落地生根。

据悉,目前广西有 5 个面向东盟的国家级培训中心和两个培训基地,从多个领域为东盟培训各类专业技术人才。广西民族大学自2009年以来,已与越南中央和地方组织部门合作举办了36期越南党政干部培训班,培训人数达787人。广西师范大学和广西民族大学为越南、老挝、柬埔寨、泰国、印尼等国家培训教育官员、中小学校长和汉语教师1000多人。

4 说法

广西在"一带一路"建设中有传统优势

"一带一路建设,经贸无疑是重头戏,但文化应该是先遣队,而教育是文化最重要的区块。"广西民族大学东盟学院陈丙先博士认为,广西在"一带一路"建设中有自己的传统优势。广西与东南亚地区地域相连,民族渊源很深,并且广西与东盟国家交流时间比较长,走在全国前列,培养了很多东盟留学生,这是广西在"一带一路"建设中的优势。

据广西民族大学东盟学院副院长周喜梅介绍,该校东盟学院重在推动公共外交,通过各种论坛、教育交流、留学生往来,促进中国和东盟的人员互动。

据了解,广西民族大学东盟学院和广西大学中国-东盟研究院,目前承接了不少东盟方面的课题研究。这些研究,将有利于促进广西与东盟国家的交流合作。(蒋晓梅)(广西新闻网2015.4.28)

《云南日报》:云南推进"丝路书香"项目建设

在国家实施"丝路书香工程"建设中,云南省大力鼓励出版、发行企业积极申报项目,加快推进精品图书、汉语教材出版发行,搭建丝路国家图书版权贸易平台,努力形成与丝路国家新闻出版资源互联、互通、共享格局。

"一带一路"是国家的总体战略规划,"丝路书香工程"作为新闻出版业唯一进入国家"一带一路"战略的重大项目,日前正式获得中宣部批准立项,由国家新闻出版广电总局全面组织实施。云南大学出版社的缅甸、伊朗汉语教材出版推广项目,由于及早谋划,被纳入"丝路书香工程",成为汉语教材推广类首批项目。

云南省与缅甸、老挝、越南3国接壤,拥有面向西南开放的独特区位优势,是国家"一带一路"建设中的重要省份。依据区位优势,近年来云南省新闻出版和发行行业在"走出去"中取得了实绩——在丝路沿线的8个国家分别建立了8个华文书店和中国文化贸易中心;云南大学出版社、云南老挝数字电视有限公司、新知集团等分别被国家有关部委评为国家文化出口重点企业、重点项目,获得近亿元的资金扶持。今年开始,国家财政每年将拿出8000余万元扶持云南新闻出版项目,帮助云南省新闻出版、发行企业加快"走出去"步伐。云南省新闻出版广电行业近期正积极谋划云南"丝路书香"线路图,加紧规划、申报详细项目,力争让更多优秀出版物进入并占领国际市场,在海外进一步彰显云南形象。

据悉,为加强国际传播能力和对外话语体系建设、推动中华文化走向世界,云南省新闻出版广电局将以庆祝中缅建交 65 周年为契机,于 8 月举办 2015 年缅甸中国书展暨中缅互译出版论坛。活动主要内容有书展开幕式、图书捐赠、互译出版论坛、《中国文化读本》和《缅甸文化读本》互译签约、签署出版合作备忘录等。书展将向云南各出版社征集 1000 种以上优秀作品、对外推广及翻译方面有重要成就的出版物,并组织云南省新闻出版发行人员及互译出版专家 30 多人赴缅甸参加活动,搭建交流平台,推动中缅、滇缅互译出版合作,加大云南优秀出版物输出力度。(李成生)(《云南日报》2015.4.27)

海外汉字教学需要改革

海外非汉字文化圈汉字教学最大的难关就是汉字——难教、难学、难记、难写，教学效率低下。汉字难现象早已引起汉语教学界的严重关切，并且在理论和实践两个方面不断努力探索破解之道，在教学策略、教学技巧和教材编写方面提出很多新颖的观点与做法。可是比较一下中国小学生的汉字教学与海外汉字的教学，不难发现二者其实并无不同。正如万业馨教授所说："多年来，对外汉字教学几乎一直沿袭母语教学的上述做法。……与扫盲并无本质区别"。这一状况对海外汉字教学尤为不利。毫无疑问，海外汉字教学必须改革。通过改革寻找适合海外教学特点的汉字教学方法（涵盖教学路子、教学方法和教学技巧三个层次），把造成汉字难教难学的客观和主观因素的影响降到最低。唯有如此，才能破解汉字难的困局。

问题在哪里？

海外非汉字文化圈汉字教学最大的难关就是汉字—难教、难学、难记、难写，教学效率低下。柯彼德教授描述说：学好日常交际所实用的字至少需要花费一、二年的时间，而且要天天艰苦、不许放松地训练才有效。

汉字难现象早已引起汉语教学界的严重关切，并且在理论和实践两个方面不断努力探索破解之道，在教学策略、教学技巧和教材编写方面提出很多新颖的观点与做法。现在可以看到的汉字教学方法与技巧堪称名目繁多，包括先语后文、语文穿插、语文并进、读写分流、集中识字、字源教学、理据教学、部件教学、趣味认字、拼音领先、单设汉字课，分类识字，系联法，比较法，多媒体教学，整字教学等等。

可是比较一下中国小学生的汉字教学与海外汉字的教学，不难发现二者其实并无不同。据耿永坤介绍，中国小学所使用的汉字教学法有以下20种：1.集中识字，2.分散识字，3.注音识字，提前读写，4.生活教育分类识字，5.快速循环识字，6.字族文识字，7.汉字标音识字，8.字理识字，9.部件识字，10.成群分级识字，11.韵语识字，12.奇特联想识字，13.字根识字，14.听读识字，15.双拼计算机辅助识字，16.多媒体电脑辅助识字，17.猜认识字，18.字谜识字，19.趣味识字，20.立体识字。

很明显，对外汉字课堂教学法与这20种方法基本上是一致的。不是说这些方法不好或者没有用，问题在于"没有考虑到母语教育和外语教育的不同。"柯彼德1993年就曾对此提出过批评，但此后这种情况并没有多大改变。正如万业馨教授所说："多年来，对外汉字教学几乎一直沿袭母语教学的上述做法。……与扫盲并无本质区别"。这一状况对海外汉字教学尤为不利。正如陆俭明教授所说"更严重的后果是吓跑学生,一旦进入汉字教学,往往出现'低谷'现象,最后几乎 70 - 80% 的人由于汉字难学而不再继续学习汉语"

毫无疑问,海外汉字教学必须改革。通过改革寻找适合海外教学特点的汉字教学方法(涵盖教学路子、教学方法和教学技巧三个层次),把造成汉字难教难学的客观和主观因素的影响降到最低。唯有如此,才能破解汉字难的困局。(黄金城,上海外国语大学教师,世界汉语教学学会终身会员)(世界汉语教学学会 2014. 1.17)

外国学生的汉字学习与认知有哪些特点?

若要改革海外汉字教学,清晰地了解外国学生汉字认知有哪些特点是必要的前提条件。下面我们通过比较来发现中外学生汉字学习与认识的差异,并且对某些教学方法略加评议。

耿永坤写过一篇短文,其中有一段讨论"小学识字教育和对外汉字教育的不同"(耿永坤,2008:46)非常值得一读。崔永华(2008:18 - 19)分析了中国儿童学习汉字的特征,也很有意义。据我们的观察,以下几个情况特别值得重视。

第一、年龄不同,造成学习的规律不同

中国小学生与外国学生的心理与智力发育水平相差很大。儿童元认知能力尚未发展起来,主要靠机械性记忆。成年学生善用元认知策略,机械性记忆难以接受,主要依靠理解性记忆。从这一点看,近年来许多人大力倡议汉字的"字源字理教学"在一定程度上上是有积极意义的。

曾经看到一个外国大学生把"爸爸"写成 。这样的错误不会出现在中国儿童身上。这个例子对我们很有启发:这位学生显然在自觉运用仿造的策略,虽然用得并不准确。

第二、母语不同,造成学习的性质不同

中国儿童在学习某个汉字之前,对这个字的音义已经完全掌握。唯一要做的就是记住对应汉字的字形,发展的是读写技能,即单技能模式。而对外国学生来说,汉字音和汉字义刚刚接触,二者之间的联系建立不久,而且还要受母语对应词的影响。听说和读写这两种不同的机能必须同步发展,可称为双技能模式。因此,他们学习汉字,其负担与难度自然远远超过中国儿童。

不少学者和老师对汉字教学"语文分流,先语后文"这样的策略性安排。法国雷恩第二大学安雄教授就采取"先语后文"。他说:"在上汉字课时,由于学生们已经掌握了相关生字的不少知识(字音、字义或构词功能),因此他们能更好地集中精力去记忆字形。"(安雄,2010:599)这个做法相当聪明,因为它试图让外国学生从双技能模式向单技能模式转移,不过这种转移并不可能真正实现。先语后文只是把困难往后推迟了点,并且在一定程度上降低汉字学习的难度。

那么,"后文"又是什么情况呢?安雄的做法是"部件教学"。他"受到当代中国小学语文课集中识字方法的影响""首先要学习四大基础,即汉语拼音、独体字、笔画笔顺、以及最常用的偏旁部首"(安雄,同上)。显然与中国传统汉字教学并无二致。

可以这么说,"语文分流,先语后文"在教学法的 approach 层面上确实不同于传统汉字教学法,但是在 technique 层面上与传统教学法没有区别。

第三、接触时间不同,造成对汉字基本特性的认知不同

中国孩子一般在入学前很早就开始接触汉字,虽然数量不大,但汉字的基本特性却早已潜移默化。他们都知道汉字不同于一般的图画,因此他们不说"画字"而说"写字"。虽然他们有时写字确实像在画画,但这不过是批评其用笔不当而已。外国学生完全不同:他们对汉字没有任何认识。在他们看来汉字就像图画,写汉字就像画图,"写字毫无章法,没有顺序,画画,画一些线条。"(王碧霞等,1994:24)。

我们曾经拿楔形字、玛雅文字和埃及古文字样品图片给中国学生看,他们都一致认为"是图画"。向他们说明"这是古代原始文字"后,他们的看法改变了,认为"用画画的方式写字""非常神奇"。这种情况是不是跟外国人看汉字如出一辙呢?当然,汉字的图画性已经大大消减,可是外国人初次接触汉字,凭其已有知识和智慧把汉字看成图画,应该说是非常合乎情理的。

第四、生活环境不同,造成对汉字的认知基础不同

中国孩子抬头举目,无不汉字。汉字的"字感"自然很容易生成。徐彩华(2010:119-120)发现,中国小学一年级学生就具有不同水平的汉字分解能力。这种能力表现出来就是一种字感。初学汉语汉字的外国学生不可能有这样的能力或字感。

第五、学习环境不同,造成教学要求不同

中国孩子每天都有语文课,老师可以要求孩子反复抄写练习每一个生字。试想,在海外教汉字课能这样要求学生吗?(黄金城)(世界汉语教学学会 2014.2.14)

关于汉字的字感教学

周健教授认为语言能力的关键与核心是语感(2004)。这个观点特别重要。对汉字教学来说,汉字能力的核心就是"字感",即内化的汉字知识与能力。我们认为,海外汉字教学改革的关键就在于树立字感教学的理念。

字感的形成是一个复杂的心理过程。字感教学的目的就是帮助学生尽快地实现这个过程。为此就必须充分尊重他们的思维方式、充分利用学生现有知识。

现在通行的汉字教学几乎都从"结合认字,学写笔划"开始。比较多见的是从汉字"一"学写"横",从"十"学写"竖"等。这些汉字知识跟学生现有的知识并不一致,

甚至打架。以"横"为例,在学生看来就是一条横线,然而汉字笔形(尤其通常所教的楷体字)并非如此;为什么一定要"从左到右",英文字母 B,P,R,S 中不是有"从右到左"的部分吗?为什么"一"横躺,而不竖立,像阿拉伯数字"1"呢?换句话说,这样教汉字,等于要把学生的思维习惯和认知基础加以改造,而不是利用。

我们知道,外国学生接触汉字之初,都会把汉字当作图画。这完全符合他们的认知水平。既然如此,我们就应该把汉字当作图画来教。这里有两层意思:把整字拆解开,得到一个一个笔画,要像分析几何图形一样探求其形体特征和书写规则;而对字的整体结构,则要分析图画的构图设计一样探求汉字各部分组合的道理,也就是寻找造字的理据。

下面介绍《汉字 ABC》设计的一些练习题型。

1. 把"学写笔画"变为"辨认笔画"。如在"香(港)、上(海),(岭)南、朱(家角)"

等字中找出"横"划,并且把涂上色彩使之凸现出来。

2. 把"教部件"变为"找部件"。如在"亭、台、楼、阁、堂、廊、轩"等汉字中找出部件"木、口、丁、门、土、车、广"。

3. 把"教变形规则"变为"发现变形规则"。如列出"金、手、水、言"等 10 个字作偏旁时的变形(如:金—>铜、铁、铅、银、纳)。题目"上面的 10 个部件都只出现在字的左边。这些部件的共同之处在于这个变体部件的最后一个笔画。请你观察一下,这个笔画是什么?"

4. 把"强记部首的意义"变为"发现部首的价值"。如"很多父母给孩子取名字,喜欢用带部首'玉'的字。如'瑞,珏,珍,玲,琪'等字。这是为什么?"(参考第十一课对"玉"的介绍)

5. 把"订正错别字"变为"发现错字"。如"下面的字我们都不认识。但根据笔形规则可以判断它们都写的不对。请说明为什么?"错字例包括:"中"写成在一个圆中插上一根棍子;"皿"和"官"的下部写成横置的大写字母 B。

至于笔向,通行的教法是让学生强记规则。《汉字 ABC》设计了一个"试一试"的环节。要求学生想象自己右手用刀在硬板上刻写汉字,比较"从上到下""从左到右"跟"从下到上""从右到左"行笔哪个更容易更省力。

不难发现,以上所介绍的练习题,都要求学生充分利用自己具备的知识和能力,尤其是对图形的敏锐感觉。这样的学习,不但有趣,而且十分有利于字感的

形成。

我们认为,改革汉字教学就应该这样从字感教学入手。(黄金城)(世界汉语教学学会 2014.3.17)

谈谈字域概念

外国学生学写汉字时出现的偏误层出不穷,究其原因,很重要的一条就是没有"方块字"的概念。"吃"写成"口乞"(右半边的形体和位置高低也有问题),"茶"写成上中下三大部分,看起来像是直排的三个字,而且大小还不相同。这些情形想必汉语老师一定不会陌生。

不树立"汉字是方块字"的观念,写字自然就没有规矩。但是怎么才能接触汉字不久的学生们能掌握这个规矩呢? 在《汉字 ABC》中,介绍了一个新的概念"字域"。

任何文字的字形外围都要受到一个并不显现的范围的限制,叫做"字域"。没有这个字域,字就会七零八落、支离破碎。以英文字母为例,它的字域可以想象成一个圆形,圆心是字域的焦点。字帖上下两边的横线是字域的上下边界,圆的直径就是字域的左右边界。下左图是英文大写字母的字域图:

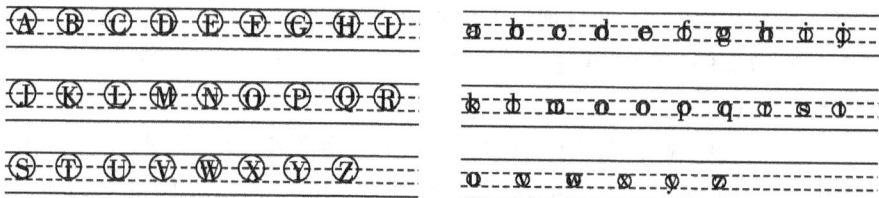

英文小写字母的字域是个小的圆形,嵌在字帖第二行。部分字母在圆形外面有延长线或点,但第一和第四横线限制了延长的空间(见上右图)。不注意字域,就会写得乱七八糟,甚至错误百出。

汉字的字域是个正方形,所以汉字被叫做"方块字",字域的焦点在方框的中心。"方块"不仅是字的整体外观,也表现在字的各个部分的配置要做到均衡对称,工整平和。学生练习汉字描红,就是在一个个方形的"米字格"或"田字格"中写入汉字。

拿汉字和英文字母作比较,认识两种文字的不同书写习惯,学生就觉得"字域"概念很容易了解,也容易掌握。字写端正了,字的偏误也就大大减少了。

《汉字 ABC》设计了几种不同的习题,让学生体会字域、并且巩固字域这个概念。

1. 运用字域方框,从广告中找出里面有几个汉字。(图1)

2. 利用字域方框,找出一个美术字的标准字形,并图上彩色。(图2)

图1   图2

3. 跟标准字形比较,说明汉字写错的原因。

标准字形	错字	标准字形	错字
①林木	木林	②月坡	肚皮
③汉	氵又	④兴趣	兴走取

4. 甲骨文的字域并不稳定,后来汉字的字域逐步定型为方框形。要求学生仔细观察甲骨文"虎""犬""象""马""兔""豕"的字形,然后指出字的方向变化,以此体会方框字域的形成过程。(黄金城)(世界汉语教学学会 2014.4.15)

再谈"汉字教学笔画始"

在前面"关于汉字的字感教学"中,提到长期以来汉字教学从学习笔画开始的做法不妥。个别老师对这个观点存有疑惑:中国儿童和外国学生都是从一字不识开始学习汉字的,为什么已经沿用千年之久的汉字教学法就不能用于对外汉字教学呢?为此我们决定再写一篇文章,把这个问题具体地解释一下。

现今通行的面向外国学生的汉字教学策略与方法与中国小学生的学习并没有什么根本的区别。我们曾经拿小学语文课本和汉语教材作过比较。其中包括:

(1)中国小学教材一种:《语文》(小学一年级第一学期)(人民教育出版社);

(2)对外成人教材两种:《当代中文》汉字本(1)和《成功之路》(入门篇);

(3)对外中小学教材两种:《快乐汉语》,《汉语乐园》(1A)。

结果发现它们十分相似的,都从基本笔画开始,而且除《快乐汉语》外,都先学写数字。这一套教法乃是用于中国孩子的——凡学一字,必定口诵手写"点,横,竖,撇,捺"。老师强行灌输,学生死记硬背。由于中国特定的文化背景和社会环境,这种方法沿用千百年至今依旧可以大行其道。照样用在背景和环境全然不同的外国学生身上,难怪把学生都给吓跑了。

把笔画作为对外汉字教学的起点,存在着三个主要缺陷。

第一、从智能结构看

根据加德纳(2004,p8 - 9)提出"多元智能"理论,"识字"只需要语言智能和空间智能,而"写字"则需要再加上第三个智能,即肢体运动智能。对于初次接触汉字的外国学生来说,语言智能根本无法利用,只能依靠空间智能来感知汉字。这就是他们把汉字看成图画的原因。最简单的图画是平面几何图形,平面几何图形只有直线、曲线、长度、方向与角度等概念。课堂上所教的笔画显然大大超越这些概念,所以没有哪位老师会把汉字当作平面图形来教。虽然少数教材设计了"字形辨异"的习题,具有图形分析的性质。可惜没有提到教学法高度加以开发利用。其结果必然是笔画教学封闭了学生可以利用的认知渠道,汉字教学成了一种被动接受的过程。学习效率怎么能提高? 字形错误怎么能减少?

第二、从认知过程看

假设给人看徐悲鸿的"奔马图",他第一眼注意到的是"马"还是"马蹄"或"马鬃"? 答案毫无疑问是前者。这反映出一个道理——通常情况下人对图形的感知过程是先整体后局部。同样道理,外国初学者"通常从图形上认读汉字,摄取汉字的形体图像,疏于记忆……很难分辨汉字的部件和笔画,因此写起来常常丢三落四"(卞觉非,1999)。进一步,他们对汉字的认知过程自然也就会"整字认知早于局部认知""完形认知早于部件(笔画)认知"(张薇,2011:32 - 35)。"汉字教学笔画始"恰好违背这个认知发展规律,所以不是一个好方法。

第三、从学习心理看

教笔画就必然要涉及笔画规则,这个规则十分复杂。包括笔画要素:笔形,笔向,笔长(长,短),笔姿(平,斜),笔势(起笔、运笔和收笔的用笔方法);笔画组合(笔顺,配位,固定的笔画组合 - 部件)。这么复杂的内容,中国人自己尚且觉得很难,何况外国人呢?

试想一个把汉字视同图画、对汉字充满神秘感的外国人,突然学习如此复杂的汉字笔画规则,中间的认知落差何其之大,困难何其之大。"汉字难"的最主要症结就在于这个认知鸿沟。外国学生常常表现出来的畏难情绪、厌学情绪正是由此而来。

要克服"汉字难",就一定要填平这个鸿沟,也就是学汉字不能直接从笔画开始。首先要让外国学生充分利用现有的知识与智慧,初步了解汉字性质与特点,扭转对汉字的误解,破除神秘感和畏难心理,为日后系统学习汉字打下必要的基础。为达此目标,需要设立一个汉字教学"预备期"。预备期教学的成功,是汉字教学成功的前提和关键。(黄金城)(世界汉语教学学会 2014.5.22)

谈谈汉字笔画(一)

在系统的汉字教学中笔画占有特殊的地位。然而汉字有哪些笔画、怎么称呼却分歧很大。虽然国家有关部门曾经发布过《印刷通用汉字字形表》《现代汉语通用字笔顺规范》等文件,却并没有能够改变这种局面。诚如徐莉莉(2005)所说的那样:"现行汉字有多少种笔画形状?这是现代汉字学要回答的最基本的问题。"她还指出几点:笔画形状的总数不统一;笔画名称不统一;笔画形状的概括归类尚待进一步完善;笔画变形的系统有待进一步规范。

解决笔画分类,必须明确分类标准。施正宇(1998)认为笔画分类主要有三种情况,但是没有具体说明分类标准;张威(1997)认为有"笔形,笔向,笔势"三个标准,王攀(2011:292)认为有四种标准:字体统一标准,笔画定义标准,笔画走向标准,约定俗成标准。甚至还包括对汉字简化的追求等(费锦昌1997)。王宁(2001:65)主张,"笔形划分可粗可细,如果为了检索、排序、教学或信息处理则宜粗,如果为了教授书法或描述写法则宜细"。由于标准混杂,不同的课本、不同的老师对笔画的表述不同,特别是"并入"的规定("提"并入"横"等),让学生无所适从。

现代汉字学存在的问题不可避免地会在在对外汉字教学领域里表现出来。让我们看看几种有代表性的对外汉语教材的情况。

第一类——汉语专业教材

书名	作者	基本笔画	派生笔画
现代汉语概论	陈阿宝等	6种:横,竖,撇,点,捺,提	25种
现代汉语概论(留学生版)	刘焱等	5种:横(包括"提"),竖(包括"竖钩"),撇,点,(包括"捺"),折	未提及
作为第二语言的汉语概说	施春宏	5种:①单一笔形4种:横(包括"提"),竖(包括"竖钩"),撇,点;②复合笔形1种:"折"	仅列出"折"的派生笔形24种

第二类——汉语课本

书名	编者	基本笔画	派生笔画
跟我学汉语	陈绂,朱志平	5种:横,竖,撇,点,折	总计笔画20多种
新实用汉语	刘珣	6种:横,竖,撇,点,捺,提	复合笔画12种
当代中文	吴中伟	5种:横,竖,撇,点,捺	合计笔画近30种

上面两份材料显示了对外汉字教学领域笔画分类与归类的复杂情形。不过,在我们看来,以下事实对汉字教学尤为不利。

第一、笔画教学只讲显性规则,不讲隐性规则。

显性规则说明"什么是对的",隐性规则说明"什么是不正确的"。历来人们只关心显性,即"应该怎么写"。但教学实践反复证明,隐性规则即"不能怎么写",对外国学生来说也非常重要,因为它不仅涉及书写的正确,也涉及"字感"的养成。只讲显性规则的规则不是完整的规则。

比如,讲笔画时一般只介绍"横,竖,撇,捺"之类。但是同样重要的是,应该告诉学生汉字没有"圆"和三角形之类的笔画。否则学生常常会把"中"画成一个圆插上一根棍,或者把"云"的第三笔画成一个三角形。又比如,宋体字"横"的尾端有小三角,楷体字"竖"也并不是头尾一样粗细。这些都是毛笔书写的结果,中国人习以为常。注重图形的外国学生难免会觉得奇怪。只有部分有经验的老师会及时向学生解释。实际上,这些问题都能够而且应该通过隐性规则加以说明。

第二、对笔画的描述不适合外国人的认知方式。

拿现代汉字的笔画跟一千多年前的"永字八法"比较,主要是多了一个"折"笔。这说明笔画概念是建立在毛笔楷书基础上的。外国学生很少有机会学写毛笔。他们没法体会其中的奥秘,只能跟着老师依样画葫芦,非常的被动、枯燥。众所周知,初次接触汉字的外国人常常把汉字看成图画。我们主张笔画规则应该有利于引导学生对汉字作图形分析,因为这符合他们的认知方式。

第三、现有的笔画种类数量庞大,容易引起学生的畏难情绪,老师也难以把握。

据王攀(2011)对国内高校使用的 10 种现代汉语教材的统计,共得笔画达 51 种之多。这种情况对外汉字教学带来的影响是非常负面的。

首先,笔画大类的划分没有必要。张静贤先生于 1987 年提出区别汉字基本笔形(笔画)和复合笔形,王汉卫根据笔画个体使用频率的不平均性和笔画系统的生成性提出三分法,即"基础笔画、教学笔画和对外汉语教学用字笔画"。这些做法在现代汉字学理论上固然有其价值,但是对外汉字教学完全没有必要搞得如此复杂。因为汉语教学复杂化的结果必然是"吓跑学生:一旦进入汉字教学,往往出现'低谷'现象,最后几乎 70 – 80% 的人由于汉字难学而不再继续学习汉语"(陆俭明 2013)。连学生都没了,还谈何教学?

其次,派生笔画(派生笔形)的划分更是繁复。少的也有十几种,多则达三十余种。课堂教学中有关派生笔画的内容常常会把学生搞得晕头转向。遇到复杂的派生笔形时,不少老师自己也会糊涂。实际上对外汉字教学大可简化。比如"凸"的第四笔,不必说成"横折折折",只需说成"横,竖,横,竖"就行了,学生会觉得容易得多。当然,只讲基本笔画、不讲派生笔画的做法会影响到笔画数的计算,进而影响到辞书编写。这就需要通盘考虑、认真处理,好在这里没有特别大的困难。

这里特别要提一下"折"笔。上面说过,"永字八法"没有"折"笔,这个笔画出现得比较晚。现在很多汉字教材都有"折"笔。有的算为基本笔画的一种,有的以派生笔画出现。易洪川《折笔的研究与教学》展示了有关折笔的种种复杂情形。其实"折"并不是一种笔形,它只是一个运笔转向的动作,对于"折",不仅外国学生难以掌握,就是中国学者自身,也往往认识不一。比如"乃"字的第一画,《现代汉语通用字笔顺规范》作"折"笔。陈阿宝则称作"横折折折钩"。周健主张"不如改叫横撇横撇钩",他的意见很合理。我们认为,对外汉字教学根本不必设立"折"笔。(黄金城)(世界汉语教学学会 2014.6.18)

谈谈汉字笔画(二)

在上一篇文章中,我们指出了现行笔画的概念与教学均不适合于汉语教学。因此,我们认为有必要提出重新设置笔画。在这篇文章里,我们要讨论 两个与重新设置相关的重要问题。

第一、汉字教学的目标

汉字教学有三个不同层次的目标:A 辨识汉字(包括输入拼音选用出现的汉字);B 书写汉字;C 练习书法。C 应该是"书法"选修课的任务,普通的汉字课只需考虑前面两项。

小学语文课曾长期要求学生"读写同步"(A 的重要性 = B)。后来人们意识到无论从教育理论还是教学实践来看这个要求都是不合理的。所以现在的做法是"读写分流,多认少写"(A 的重要性 > B)。比如,2012 小学语文课程新标准(修订版)要求第一学段(1 – 2 年级)的学生认识常用汉字 1600(– 1800)个左右,其中 800(– 1000)个左右会写。从 A = B 变为 A > B 是个很大的进步。它为学生尽早实现独立阅读创造了十分有利的条件。

对外汉字教学也有差不多的经历。现在"多认少写"已成为一种共识。不过,我们觉得按照目前的做法,认字和写字之间的"剪刀差"还太小。这个看法是从海外汉字教学的实践得出的。

美国长堤加州州立大学亚洲与亚美研究系教授、系主任谢天蔚博士,今年在美国《世界日报》上连续刊发了四篇文章,谈美国汉语教学问题,非常值得一读。文章特别提到初学中文就学写汉字是"低效"的学习方法(柯彼德教授看法与此类似。见柯彼德 1993);电脑打拼音出汉字,既学拼音,又学汉字,对提高语言能力、辨识汉字非常有帮助;"既然学生对写汉字有兴趣,但实际使用不多,打字更加实用,因此建议学口语、打拼音,再开一门简单的书法课,学学写汉字。"

谢天蔚教授的观点完全符合社会发展的趋势。在信息化、网络化和全球一体化的时代,培养和提高海外学生的汉语口语能力和阅读能力日益表现出重要的现实意义,但是他们几乎没有书写汉字的实际需要和机会。因此汉字教学应该把着力点放在辨识汉字上,而非书写。即使让学生学写汉字,也没有必要像刘永山先生那样提出"书法美"的要求。郭圣林先生就认为刘的"出发点过于理想化"

重新设置汉字笔画是为海外非汉字文化圈的汉字基础教学服务的,目的是帮助学生尽快掌握辨识汉字的能力。

第二、重新设置笔画的基本原则

原则1.根据海外学生认知特点,采取他们最容易接受的方式—几何图形分析。

"外国人看汉字,好像一幅难以分析的画"。用白乐桑教授的话说就是"在西方人眼中,更多的时候汉字是与美和神秘、而不是与难学联系在一起"。汉字的产生和构造确实跟图画有密切的关系。不过汉字并非随意的涂画——作为记录语言的符号系统,它是一个包含丰富信息的图形体系,其构造有内在的逻辑性和规则。知道这些,就容易理解汉字。因此,对汉字的整体结构,要像探索图画的构图设计一样探求汉字的各个部分组合的道理,也就是寻找造字的理据;把整字拆开,对一个一个的笔画,要像分析几何图形一样去探求其形体特征。

按照几何图形来设置笔画,可以避免不确定性,做到理据明确。与依据书写习惯的做法相比,不仅在理论上更合理,教学上也更符合学生的认知方式,因为他们对几何图形一点也不陌生,这样就可以降低教学难度,提高教学效率,当然,还可以直接带来一个至关重要的好处——减少学生的流失。

原则2.尽量吸取传统文字学和现行笔画观念的合理成分。这样做有利于学生今后深入系统学习汉字知识和汉字书法。

原则3.设置笔画类别宜少不宜多,以降低学习难度。(黄金城)(世界汉语教学学会2014.7.21)

谈谈汉字笔画(三)

前面说过,无论国内小学语文课还是对外汉字教学,做法都一样,即"汉字教学笔画始"。

这个做法是汉字教学(国)内(国)外不分的典型例证。对外汉字教学需要重新设置笔画。重设的原则也已经作了说明。根据这些原则,我们设置了三类九种笔画。:

第一类:线性笔画。包括"横""竖""斜""弯"四种笔画。

第二类:尖形笔画。包括"撇""提""钩""捺"四种笔画。

第三类:点形(水滴形)笔画。只有"点"一种笔画。

"九笔画"与传统笔画的数量基本持平(通常设六到八种,丁西林设九种),所使用的名称术语也大多与跟传统的相同,但是内涵却很不一样。为了避免引起误解和混淆,在完整介绍新设置的九笔画之前,先在本文做一些必要的说明,作为铺垫。

1. 笔画的定义

我们所说的笔画是对汉字结构作图形分解、归并的结果,它是汉字最小的形体单位。

2. 重新设置笔画的目的是帮助学生辨识汉字以尽早形成书面阅读能力,而宋体字是最常见的印刷字体,因此分析的字体为宋体字而不是通常教学使用的正楷字(参考王汉卫,2013)。周健教授告诉笔者,他主张教汉字识与写的教材采用细黑体,因为"接近硬笔书写字体,更便于简化分析笔画(比如点和捺、撇可以合并)","如果只辨识,可能还是需要用到宋体,毕竟大多数印刷文字是宋体字。"他的意见很有道理。

3. 笔向规定

线形笔画从左到右、从上到下(直下,左下,右下)

尖形笔画从起点向上(上,或左上或右上),向下(右下或左下)

点形笔画:向下(左下或右下)

介绍汉字经历过的刀笔和毛笔两个阶段(王力,1957:39),能够帮助学生理解笔向规定:线形笔画可以模拟右手用刀刻写(硬笔硬纸),体会为何逆向行笔不易;尖形笔画可借助毛笔(或画笔,即软笔软纸)体会重按轻提,向外形成尖形的过程(即"出锋"。这是称为尖形笔画的原因);点形笔画也可借助毛笔或画笔体会向下用力才可形成水滴形。

4. 本文的三类笔画关系

独用:与其他笔画无交点

不独用:与其他笔画有交点

合用:与其他笔画组合,达到延长的效果

合用的图形特征是,撇和捺借助长笔画(横,竖,斜)延长出锋前的部分。两个笔画在出锋处衔接,过渡自然,浑然一体。"钩"画与此很不一样,它依附在其他笔画末端转向出锋,两个笔画之间的交界十分显眼。合用笔画用全称,"又"的第二画"斜撇","川"的第三画"竖撇"。在不引起误解的情况下,也可用简称,即"斜撇""竖撇"均称"撇"。

5. 关于小尖角

许多情况下,笔画的端点会带有小尖角。这是印刷体宋体字特有的。比较以下字体。

宋体:三,川,又,口,几,河,买,义

楷体:三,川,又,口,几,河,买,义

6.跟传统的笔画源自书写习惯不同,九笔画源自图形分析。由此造成了下面的一些特点。

第一、改变了笔画的定义,没有必要再区分"基本笔画"和"派生笔画"

第二、笔画设置的依据是几何图形和坐标。运用这些手段讲笔画,非常清晰易辨,不会因人而异。长期纠结不定的规范和统一的问题可以得到解决。

第三、提出"长笔画""短笔画""合用－延长""依附性"等概念,规定"笔向",提示不存在"圆形,三角形,圆点"。这些内容在过去的对外汉字教学中往往不重视,或者根本不提及,但是实际上对学生辨识汉字非常有帮助。

第四.取消"折"笔,因为这不是一个特定的图形(费锦昌"遇到转弯就加一个折");同时把传统放在派生笔画里的"斜"和"弯"(如"斜弯钩"之类)独立出来,设为一种笔画,因为它们都对应一个特定的图形。取消了折笔,传统的复杂笔画的称说就可以简化,如:"口"就是"竖横竖横","乙"就是"横斜弯横钩"。(黄金城)(世界汉语教学学会2014.8.25)

海外汉字教学需要改革(9)——结束语

拿重新设置的九笔画跟传统的笔画相比,表面看来没有多大差别——新笔画的名称都来自传统笔画(包括基本笔画和派生笔画),新老笔画的数量也大致持平。但是细究内涵,其实全然不同,这是由于九笔画源自图形分析造成的。

第一、改变了笔画的定义,没有必要再区分"基本笔画"和"派生笔画"。

第二、笔画设置的依据是几何图形和坐标。运用这些手段讲笔画,非常清晰易辨,不会因人而异。长期纠结不定的规范和统一的问题可以得到解决。

第三、提出"长笔画""短笔画""合用－延长""依附性"等概念,规定"笔向",提示不存在"圆形,三角形,圆点"。这些内容在过去的对外汉字教学中往往不重视,或者根本不提及,但是实际上对学生辨识汉字非常有帮助。

第四、取消"折"笔,因为这不是一个特定的图形;同时把传统放在派生笔画里的"斜"和"弯"(如"斜弯钩"之类)独立出来,设为一种笔画,因为它们都对应一个特定的图形。

取消了折笔,传统的复杂笔画的称说就可以简化,如"口"就是"竖横竖横","乙"就是"横斜弯横钩"。

由于从外国学生认知特点出发,依据图形分析设置笔画,笔画理据显得简单明确无争议,学生很容易理解、掌握,因此可以降低汉字教和学的难度。我们曾经在几个不同的班里试讲过有关内容,结果非常令人振奋。我们的做法是,首先介绍汉字形体包括三种图形,即线形、尖形和点形,然后学生就可以自行推断出笔画的种类。比如"线形",学生就会说出"平、直、斜""圆形、小圆点、弧线",还有"波浪形"

"三角形"和"多边形"等。只要向学生说明汉字没有"圆"和"圆点",其他很多图形也都可以分解,那么便只剩下"横、竖、斜、弯"等四种笔画。配上字例,一边讲一边让学生辨认和区别图形。在这个过程中,学生们的智慧和已有的知识都得到充分的发挥,他们对笔画的理解和记忆非常轻松,而且趣味盎然。尖形和点形笔画的教学过程大致与此相同。这与之前学生跟在老师后面,全然被动地照样画葫芦的场景完全不可同日而语。

事实证明,新设置的九笔画概念易教、易学、易记、易用。改用九笔画,可能会产生两个疑问。

第一、如果学生学写汉字,就要学习传统的笔画规则。这样不是会加重负担添麻烦吗?

这是一个误会。九笔画把复杂笔画简化之后,笔画的称说方式有所改变,老师可能会不习惯。不过字形并不改变,所以并不会妨碍学生学写汉字。

第二、采用新笔画,既改变了笔画的种类与名称,又改变了笔画数的计算,会不会影响学生查检汉字呢?

就我们所知,普通的海外学生并没有使用笔画(笔画序或笔画数)查汉字的习惯和实际需要,实际上也没有这样的能力。至于那些汉语水平比较高、确实需要使用笔画查检汉语工具书的中文系汉语专业的学生,通过相关课程的学习,很容易就可以掌握传统的笔画概念。

海外汉字教学必须改革创新,必须改变内外不分的现状,必须找到适合对海外学生进行教学的理论与方法,才有可能突破汉字难的困局,从整体上改进汉语教学。在学会秘书处的关心和热情支持下,从去年开始,我们在本栏目连续刊发了十篇文章,即《谈海外汉字教学分"两步走"》和《海外汉字教学需要改革》(1-9)。写作这些文章的目的,就是为破局而作的一个初步尝试。希望能得到对外汉语教学界的各位学者老师的关注和指教,更期盼海外汉字教学彻底脱掉"瓶颈"的帽子,有力地推动汉语国际传播走上更高的台阶。(黄金城)(世界汉语教学学会2014.9.28)

延伸阅读

掌握汉语汉字特点创新教学法 让"瓶颈"变"引擎"

"中华文化,人类奇葩;孔子思想,仁爱伟大;变易思维,难可易化;试看汉语,走遍天下。"这是本人在海外讲学归来的飞机上即兴写下的。

那么,如何让汉语易学呢?这就要掌握汉语和汉字的特点,同时进行教学法的创新。汉语和汉字具有哪些特点呢?

首先,汉语语音具有简洁美。汉语基本音节为 416 个,而英语为 476 个。基本音节决定发音动作,因此英语的发音动作比汉语多 14% 以上。由于汉语有声调,因此汉语的全部音节多达 1336 个。英语无声调,要靠音节的不断重现来表达一定的内容。在概率上,英语比汉语音节的重现率要多 180% 以上。这就是汉语比英语简洁的根本原因。

其次,汉语还有韵律美、声调美和节奏美。其韵律美为我们进行歌诀创作提供了条件。声调美则体现在汉语"平、起、洼、落"的四声调上,仔细研究,唱歌时汉字的声调变化始终没有超出四声,因此听汉语有如听唱歌的感觉。节奏美不但体现在平时说话中,更体现在诗歌、快板书等许多艺术形式上。掌握了汉语的这些特点,就可将许多教学内容编成歌诀或快板书等形式。这可达事半功倍的效果。

"汉字难学"一直是对外汉语教学的"瓶颈"。但是,如果抓住汉字的特点并进行方法创新,就能使"瓶颈"变成"引擎"。那么,汉字有哪些特点呢?

首先是"母体字"少且"繁育力"极强。汉字的"母体字"不到一百个,而这些"母体字"可生出成千上万个汉字。一个"母体字"可带出几个、十几个、几十个甚至几百个汉字。比如"一"就可带出"二、工、土、干、午、牛、三、王、主、玉、丰"等 200 多个汉字。根据汉字的这一特点,就可创造"一字带一串、一串带一片、一片带一群"的识字方法。同时用动手拼玩汉字的笔画和部件的形式可"让死字变活,令识字快乐"。

其次是汉字的"结交力"极强。不但绝大多数汉字可独立成词,而且有限的汉字还可组成大量词汇和句子。如用"一二三十千,人个大太天,口中日白百,王主玉国班"等 20 几个字就可组成"中国,大王,太太;一日,二人,三千;白玉,主人,百天;一个,人口,十班。"和"一个人,一个中国人,一个中国大人,一个中国太太"等 100 多个词和 50 多句话。显然,随着掌握汉字的增多,组词连句的空间也会越大。

同时,汉字还具有超强的概括能力。这在中国成语中体现得尤为明显。请看"一刻千金、今非昔比、比比皆是、事半功倍、背道而驰、持之以恒、横冲直撞、壮志凌云、芸芸众生、生搬硬套"。这一串十个成语四十个汉字,体现了多么丰富的内容!

汉字的字形还具有较强的便识性。同时,汉字是"三维"的,英文是"一维"的,因此英文比汉字要多占用约 70% 的版面。这就决定汉字极有利于速读。中国古代就有一目十行的读书法。因此,在识字的基础上,可创造"闪电读词、闪电读句"等训练法,为速读打下基础。

汉字还有开发智力的功能。儿童通过动手拼玩汉字的笔画和部件,不但会刺激左右大脑细胞的发育,而且通过观察和分析汉字字形的变化又可提高他们的智力。由于字形变化是有规律的,因此按汉字字形变化的规律识字,又可形成按规律学习的习惯。这对一生都是有意义的。(作者为北京创造学会汉语教学创新工作

委员会首席专家）（人民日报海外版 2009.12.26）

汉语教师陈淑红改革教学方法 边拼边玩识汉字

不久前在旧金山召开的第四届全美中文大会，可以说是美国历史上规模最大、规格最高的一次中文大会。在美国亚洲协会、美国大学委员会、中国国家汉办主办下，中国国务委员刘延东、教育部长袁贵仁和美国副国务卿麦克黑尔等两国政要出席了开幕式。北京创造学会汉语教学创新工作委员会主任委员、中国"拼玩识字"发明人陈淑红和首席专家、中国"变易速算体系"创始人宇文永权也应邀参加大会，其发明成果受到与会者关注。

将"变易速算"与汉语教学相结合，是两位发明人在海外讲学实践中创造的一种新的模式：通过速算激发学习者的兴趣，再用汉字表达计算原理，进而调动其学汉语的积极性。当会议承办者之一、旧金山"中文教学推广中心"的工作人员得知创立这一模式的发明人就在眼前时，迫不及待地请他们介绍具体内容。听到介绍，连连大声惊呼："你们不但发明了神奇的识字法，而且与更神奇的速算法相结合，这样的组合太可怕了！"

"他们不是地球人"

来自得克萨斯州的一位汉语教师在展厅内偶遇两位发明人，她为这边拼边玩学汉字的奇妙发明所折服，主动要求带他们到各展台交流。每当发明人的介绍引起人们的惊呼时，她总是幽默地说一句："他们不是地球人。"当发明人强调自己也是普通人，只是因为掌握了科学思维方法才发明了这些成果时，她又笑着补充说："就是因为你们的思维与地球人不一样吗！"她一再表示，希望陈老师和宇文老师能去她所在的得克萨斯州讲学，使那里更多的人掌握汉字，学习中文。

大学生也爱"玩字"

全美中文大会刚刚结束，陈老师和宇文老师就应邀来到具有 130 多年历史的南加利福尼亚大学（USC）讲学。几位中文教师及其学生前来听课。短短一堂课，学生竟一下子玩会了几十个汉字，并马上可以运用其进行组词和造句。大学生们第一次见到这么好玩的识字教具，玩起来就收不住了。见大家乐此不疲，陈老师问："还想玩吗？"一个大学生高兴地说："继续！很好玩！"于是，陈老师又领大家兴致勃勃地玩了起来，进而又多掌握了一部分汉字。

这神奇的学中文工具深深吸引住了美国大学生，给他们留下了良好而有趣的印象，使他们感到，由于有了这么神奇的教具，学习中文并不难。（刘菲）（《人民日报海外版》2011.5.23）

越南胡志明市各所大学的汉字教学浅论

一、背景

汉字是汉语的书写符号系统,是中华文化传承与发展的载体,而越南与中国是山连山、水连水。中越两国建立邦交数十载。长期以来,中国和越南两国之间有着悠久、深厚的历史和文化渊源,因此,在政治、经济、历史、文化等方面均存在着诸多相同之处。越南北部更曾在中国汉朝、唐朝与明朝时,纳入中国行政管辖,由中国直接统治。汉语以及汉文化在越南有着深深的影响。汉字曾几何时是越南的官方文字,随着历史的变迁,现在越南使用的官方语言是越南语,文字为越文。尽管如此,汉语在越南的影响并没减少,尤其是在华人集中最多的城市——胡志明市。胡志明市是全国最大、最发达的城市。目前,在胡志明市居住的华人占全国54.5%,有开设教汉语课的学校也为全国最多的。此外,国家改革开放,大陆、港台澳、星马等各国纷纷来胡志明市投资、设厂、建立公司。因此,学汉语的人不断增加,各外语中心也随即成立以满足广大民众学汉语的需求。汉字是汉语的书写形式,在汉语教学当中占有重要的地位。学习汉语应该包括听、说、读、写四个技能,但现在各所学校对教汉字还不是很重视,所以导致很多人会说会听,当执起笔来写,就提笔忘字,或者写错字。再说,汉字是方块字,越文是拉丁文字,学习者学起来比较吃力、比较困难,一部分学生学不好汉字,不但会影响学生听说读写技能的提高,而且会影响他们学习汉语的兴趣和信心,有的甚至会知难而退、放弃学习。再加上在越南没有专门研究汉字教学方法的参考资料,老师只是凭自身经验来传授,所达到的效果也有限。在汉语教学中,教师往往只教给学生最基本的语言文字知识,重视语言系统结构的学习和掌握,而忽略了文化的教学,导致学生虽然会说一口标准的汉语,但是对中国文化的了解一无所知,这也会妨碍学生的交际。众人所知,前人造字,每一个汉字都是与传统意识、思维方式有关,都是在生活、劳动中创造出来的。因此,每一个汉字的背后都蕴藏着文化信息。如何把"文化"引进汉字课?要通过什么方式或途径,使汉字教学能体现出更多的文化色彩?使学生更容易吸收和感兴趣呢?从哪个角度入手,才能让教师教汉字不再感到困难呢?这是本文的核心。

二、研究目的

本文研究对象是越南教师教汉字的有关问题,从而剖析越中两国之间源远流长的文化交流,利用文化来应用到教学法上。使越南教师对汉字教学有全面、深入的了解、掌握,并在教学方面起一定的作用。

一般教师由于汉字难教难学、花时间、课时不够等原因而忽略了教书写汉字这环节。学生看到一个个的汉字,就像一幅幅的图画一样。学生学汉字只好死记硬背、反复抄写一个汉字来帮助记忆,但过一段时间又忘记了那个字的正确写法。从而学生会产生汉字难学难记的心理,渐渐学生对汉字的兴趣也会减退。本文试图综合教汉字的各种方式,在利用中越两国文化有所类同的有利条件,运用到教汉字中。希望从不同方式入手,减轻学生学汉字畏难的心理,激发学生对汉字的兴趣。

三、研究的理论价值与应用价值

(一)研究的理论价值

从汉字结构、性质来看学生学习汉字,认字过程需要三项基本能力,即音韵处理(phonological process)、字形处理(orthographic process)、语意处理(semantic process)。因为一个汉字能读准字音、辨清字形、了解字义并建立形音义之间的联系,才算是认字。其中研究发现,部件、部首、声旁等字形处理能力,能有效地预测认字,在联想学习中,字形的作用远远大于字音的作用。而万云英、杨期正(1962)认为初学汉字的学习者,在识字心理过程,可分为三个阶段。

第一阶段——泛化阶段,对字形结构个组成部分和形、音、义建立模糊关系。主要是由于人的大脑皮层对字形缺乏精细的分析综合能力而造成,表现为对汉字感知不完整和不精细,有时用错偏旁部首和混淆、增减基本笔画等错误。

第二阶段——初步分化阶段,对汉字的基本部分和整体以达到初步分化水平,但概括不全,某些细微部分尚有遗漏或添补,这时有意识记忆起了主导作用。

第三阶段——分化阶段,能辨析字形、字之间的异同,并且能初步认识一般的构字规则,了解偏旁部首的含义。对字形的记忆以达到精确、完整和熟练水平。有意识记忆开始占主导地位。

从上述研究理论获知,文字是怎样从视觉形象(字形)获取意义,从而采取适合的教学方法。

(二)课题的应用价值

为越南教师进行汉字教学提供有利的参考资料;为减轻学生学汉字的畏难心理;向学生提供学汉字的一些有益方法。

四、对外汉字教学研究状况

现在对外汉语教学对汉字字形的研究也很多,发表论文也多不胜数。但多数利用传统的汉字理论方法,或参照西方语言学理论,从笔画、部件、部件结构或形声字的特点等进行分析。从不同角度归纳出一系列对外汉字教学法。

(一)"分散识字教学"

分散识字是一种以"字不离词、词不离句、句不离文"为突出特征的识字方法。是按"随文识字、随字识词"的方式进行。这种教学法十分注重教学艺术与教学方法的研究,并及时总结经验。例如,首先教好拼音,教拼音的时间不宜过长,要求不要过高,只须突出工具性。然后教独体字,同时教笔画,笔顺。再教音序法查字典、部首法查字典等。有了基础,就会激发学生随文识字的兴趣、提高效率等等。该识字法重点强调:不教汉字及其识字规律来减轻学业负担。

葛勇认为,在第二语言教学过程中,首先让学生掌握独体字,然后逐步再掌握合体字,并且会运用。在掌握合体字之前,必须先要让学生掌握好独体字和比较常用的偏旁部首,还要掌握好字形,让学生学会笔画名称,笔顺规则和构字方法。张朋朋(1997)也指出,汉语识字教学跟写字教学是可以分开的。初级阶段,书写教学可以独立进行,按照汉字形体结构的特点,现独体字,后合体字,由简单到复杂,由易到难,循序地、有规律地进行。

(二)"集中识字法"

集中识字法是以识字为重点的一种教学法。采取"先识字、后读书"的方式来克服"边读书边识字"的现象。具体教法如下:先学好拼音、基本字、笔画、笔顺、偏旁部首;再用基本字带字分批识字;每学一批字,读几篇课文,既能巩固字词,又能进入初步阅读;识字时,采用识字带词、扩词、造句训练,促进读写技能的提高。基本字是指字形近似的一组字(包括形声字)中共同含有能够独立成字的构字部件。基本字带字是通过基本字加偏旁部首的办法来归类识字,并引导学生利用熟字记忆生字,同时启发学生对汉字的形义关系、形音关系、义音关系的初步了解,基本字带字的积极意义在于,宜用一组字的相同部分组成字串,比较其不同的偏旁部首,从而有利于识记生字,减少错别字,提高狮子效率。对于那些基本字带的是不易解决的字,则采取其他辅助方法,例如对比(力——刀、田——甲——由)、看图识字(日、月、水)等方法解决。

(三)"部件教学"

部件教学法是通过对汉字部件结构的分析进行识字的一种方法。这种方法建立在对汉字结构的科学分析的基础上。因此,了解如何运用部件分析汉字结构,就成为掌握该识字法的关键。其最大价值是抓住了汉字形体结构本身,从汉字自身特点出发,把蕴藏其中的形音义信息联系起来,将单个汉字通过一定的部件联系起来,系统学习汉字。部件教学法的根本目标是帮助学习者建立坚牢而清晰的部件意识。李明认为部件教学法适合非汉字文化圈的学习者学习汉字。

部件教学法的方法论是按照现代系统方法的原理,分析汉字的形体组构必须选择层次结构方法,即"以形为主、兼顾音义"地解析所有常用汉字,以便从中确定汉字字形的基本字素及其组构规律。部件识字通过中华人民共和国国家标准(GB2312-80)中的3755个一级字全系统分析,确定汉字的层次结构分为"整字、部件、笔画"三级,其中部件是汉字结构的核心、构字的基本单位。可见,运用系统方法,通过分析汉字字形组构规律,构造出来的一整套汉字字形结构分析理论。

五、胡志明市汉字教学状况

(一)汉字教学情况

汉字教学的目的是要学生通过了解汉字的结构原理,掌握汉字的构造特点,从而提高学生认读与书写能力。目前在胡志明市的九所大学,基本上都是以北京语言大学的对外汉语本科系列教材为主要教材,开设综合课、听力课、阅读课等。汉字教学只是设在综合课里,并没有多少所大学单独开设汉字课。(其中胡志明市国立大学所属人文与社会科学大学在三年级有开设《汉字与词汇学》,共两个学分)。汉字教学不能亦步亦趋的从属汉语教学,也不能与汉语教学完全分离,汉字教学毕竟是为汉语服务。大多数学生学习汉字的目的是为了更好的学习汉语,而不是研究汉字。因此,汉字教学要跟汉语教学体系相配合。各所大学的汉字教学都是采取随文识字,根据课文所出现的字来教,课文出现什么字就教什么字。各所大学使用简体字教汉字。先教拼音后教汉字。第一、二周会教汉字拼音,复习所学过的拼音,让学生掌握汉语语音的声母、韵母、声调。在第三周开始进行汉字教学。汉字教学主要介绍汉字的基本笔画与汉字笔顺的规则,利用课文出现的生词为例,老师在黑板上按笔顺做板书示范,把汉字的书写方法写给学生看,学生掌握这些基本规则后,往后的课文里出现的生词,学生就看《汉语教程》里的每一课后的"写汉字"部分,自己来练习。老师在课堂上会讲解课文、生词、语法点、做练习、阅读课文、翻译课文。为了让学生记忆所学过的生字、生词,老师在综合课上会让学生听写。到了学生有一定的程度(通常在一个学期后),老师会介绍214个部首中的常见部首给学生。再到了中高级阶段,老师会利用六书造字法、构字法等的方法来解释这个汉字为什么会这么写、会有这样的结构,来提高学生对汉字的认知,同时也让学生记得牢这个汉字的写法。

(二)教材使用情况

根据调查胡志明市五所大学在零起点教汉字时,只使用杨寄洲主编《汉语教程》北京语言大学出版社出版,为核心教材。到了中高阶段,有开设汉字课的大学,使用张静贤等《汉字教程》北京语言大学出版社出版,为基础,但由于课时有限,所以只从该教材中挑选一些最基本、核心的知识来传授。

调查结果表明,进行汉字教学时,每所大学使用的教材都是综合性教材,汉字教学识随课本出现的字进行的。而胡志明市大学中使用教材最多是北京语言大学出版社出版的对外汉语本科系列教材《汉语教程》。由于是综合教材,要兼顾各项技能,没有重视汉字方面的知识。汉字教学只是在每课的后边儿附上一项生字笔顺。

(三)教师

由于目前胡志明市还没开设汉语硕士点,所以大学教师大多数在国内读本科,然后到中国、台湾读研究生或进修。他们所学的专业大部分为课程教学论、语言学及应用语言学,极少教师念汉语言文字学。每年暑假,中国国家汉办会遣派专家到胡志明市为各所大学的汉语教师作短期培训。

(四)学生学习汉字所面临的困难

石定果、万业馨以中高级水平的35名留学生为调查对象,统计分析了其对汉字的看法、学习过程中遇到的困难等一系列问题。结果发现,留学生在学习过程中遇到的困难主要是——在读的方面表现为"见字不见音";在写的方面表现为笔顺问题和字形相似的细微差别。越南学生也存在同样的问题。

1、特点与性质

文字都起源于象形,但在长期的演变过程中,逐渐朝两个方向发展。一是以字母拼写词语为主的表音文字,一是以简单线条画出事物轮廓的表意文字。现存于今的表意文字代表就是汉字。

越文是拼音文字,拼音文字是表音文字,基本构成单位是字母,它通过形、音的结合来间接表音,听其音而记其字,见其字而发其音。而汉字是方块文字,是表意文字,基本构成单位是笔画。大部分汉字是由笔画构成的部件构成的,是形、音、义三方面的结合。通过字形可以大致推出其音、义。

汉字与拼音文字所属的语系不同。虽然无论哪种文字在语言信息的传达和表达功能上都是相差无几的,但是在表意表音方面就各有所长。长期以来,汉字表达着汉语,相辅而行。汉字是一字一音节,独立灵活。汉字以表意为主,形入心通,形声兼备,超越时空,浓郁的人文性与丰富的文化内涵尽在其中。越文的拼音文字是一词一音。以音辩词,区别词义。拼音文字的字形能充分表达辅音、元音。

方块文字与拼音文字的一个最大差异点,是在于它们以不同的方式记录着各自的语言,通过不同感觉的渠道进入人的大脑。汉字重于视觉;拼音文字重于听觉。

文字都是有形、有音和有义的。视觉文字重形,必定是形、义关系最为密切。这种文字便于克服语言音响时空上的局限性。方块汉字以象形为起点,表意性自然也就强。今天的汉字虽然并非个个都能"视而可识,察而见意",但基本形象仍模糊可见,有相当多的汉字仍能见其形而知其义。汉字是以"视"为主,音为次之。中国那么大,汉语方言各处不同,汉字的读音各异,却没有影响人们的交流,原因是汉字的形直接载负着的意义在视觉上仍在起作用。听觉文字重音,音、义关系最为密切。拼音文字以记音之形而知义,以"听"为主,不同的声音代表不同的意义,形为次之。表音文字的、"文字——读音——意义"这样一个过程,是由眼看、口读、心想的解码程序来完成的。表音文字的字体本身没有表义成分,只是以符号记音。拼音字母所具备的只是音值,只有在组成单词的整个语音形式以后,才能表达词义,表达概念。

2、字形

汉字是由笔画按照一定规则构成的方块字。汉字笔画的形状、部件的排列方式都有区别意义的作用。再说,由于汉字基本部件及基本结构模式的有限,使得汉字与汉字之间,存在着许多相同的成分,或具有很多形状相近的部件。多一画、少一笔,都会导致错别字的产生。而拉丁文字是由字母拼写而成,仅字母及其顺序就可以保证其书写是否正确。汉字形体结构的复杂性,对于习惯在仅仅几十个字母范围内单一线性排列的拉丁文字的越南学生来说,难免会感到难学、难认、难记、难写。例如:半——平——米——来,这一组字,由于基本结构相同,基本笔画也差不多,因而十分相似,易于混淆。再比如:清——请——情——晴,这一组字,由于结构相同,都有同样的部件"青",使得它们难于区分。再加上同音字的干扰,就更加令学生在认读记忆汉字时造成错误。

3、字音

越南语是拉丁文字,由一或多个字母排列而成,字形的结构是呈线状,像一条线似的依次排列,从左到右横向展开。字与字之间的区别在于字母的排列,所以,越南文是表示读音、意义,字形与意义毫无关系。而汉字是形、音、义为一体的体系文字。字形、字义、字音之间都有着密切的关系。从形声字的声旁,我们可以大概地知道字的读音,虽然不是完全正确,但也有助于学生记忆字形、认读汉字、分辨字形。(例如用"正"作为声旁的字:症、证、政、征……都读"zheng")、认读汉字(例如用"善"作为声旁的字:膳、鳝、缮……都读"shan")、分辨字形(仑,读作 lun,凡是从"仑"的字,都有韵母是 – un:轮、论、伦、沦……;仓,读作 cang,凡是从"仓"的字,都有韵母是 – ang:苍、舱、沧……)

六、越南胡志明市汉字教学的设想

汉字教学一直是现代汉语教学中的一个重点,也是个难题。由于汉字本身结构复杂、笔画繁复、同音字、一字多音、多义等问题,对很多学生来说,汉字难写、难认、难记。综合汉字与越南文的特点,教师试图从文化角度来进行汉字教学。首先,要正确指出学生所面临的困难的原因,概括起来有两个主要原因:一是汉字是表意文字,无法从字形直接拼读,学生常记不住汉字的读音;二是学生不明白字形与字意之间的关系,难以记住字义。这种客观状况会让学生产生畏难心理,从而对学习汉字失去兴趣。因此我们的汉字教学有两个任务,即激发兴趣和帮助记忆。掌握了汉字教学的技巧,比较容易取得较好的教学效果。知道难点原因后,应该"对症下药",采取有效的教学方法,汉字教学应该掌握两个原则,一是汉字教学的初期必须激发学生学习汉字的兴趣,二是必须坚持部件教学法。

(一)激发学生学习汉字的兴趣,教汉字的同时融入了文化特性。

1、从文化故事、文化意义入手

讲解给学生与所学的汉字有关的知识,让学生了解汉字的意义以及与其相关的词汇和意义。例如在教"天"字时,通过讲解,学生知道中国有开天辟地这样的传说;在古人的眼里"天"是至高无上,人们有畏天、敬天的心理。通过文化性的讲解,让学生对这个汉字产生了兴趣,并深深体会到在中国人眼里的"天",明白古人对天是一种崇拜和服从。又如讲解"男"字,男子力气大,以体力耕于田,所以在古代农耕时代处于生产中的主导地位,也决定了其社会地位的提高。"女"的初文,就是跪着操持家务的形象,女子由于退出了生产领域就不得不依附于男子,这就决定了"男尊女卑"的不平等现象。汉字背后蕴涵着文化、历史、汉字本身的特征、来源、形象、意义等。通过讲述文化故事和文化意义,可以避免学生机械地记忆汉字的字形及其意义。

2、从字源以及字形、字音关系入手

学生不了解汉字的字形与字音的关系以及汉字表意的起源,觉得汉字难学,在这种畏难心理下,很难对汉字产生兴趣。我们在汉字教学初期必须激发学生学习汉字的兴趣,帮助他们克服这种畏难心理,只有这样才能把汉字教学顺利地进行下去。激发学生的学习兴趣,克服畏难心理有两种做法,第一种是介绍汉字的起源,让学生了解汉字是怎样一步步演变到今天的样子的,汉字最初的形状是怎样来的,是怎样表达意思的。在介绍汉字演变的过程中同时让学生理解汉字的表意功能,特别是象形字和会意字以及形声字的形旁。第二种方法是介绍字形与字音、字形与意义的关系,让学生理解音义关系,打消畏难心理,也为汉字的记忆提供更多的提示线索。

介绍汉字起源,汉字的各种造字法,其中最直接表达意义的是象形字。从象形字入手介绍汉字起源,更容易让学生接受和理解。具体操作如下:给学生呈现几个他们已经学过的汉字的甲骨文,让学生猜一下这是什么字。学生会做出各种猜测,当然很可能猜得不对,这没有关系,学生发挥了他们的想象力之后,教师可以告诉他们是什么字。绝大部分的汉字字形已经有非常大的改变,和现在的简体字差别巨大,将最初的甲骨文与简体字进行比较,往往会引起学生的惊叹,学生会觉得很奇怪,也很有意思,这个时候教师就应给他们呈现这个汉字的发展历史,让学生明白是怎样一步步演变到今天这个样子的。例如,在黑板上写上"马"的甲骨文,让学生猜是什么汉字,然后告诉学生答案,学生会发现这两个"马"字差别很大,这时教师再给学生展示"马"字是怎样从象形逐步发展到现在的字形。

同样,也可以通过汉字演变的展示让学生了解会意字的表意功能,让学生通过最直接的视觉途径明白字素的组合是如何表意的。会意字是通过代表不同意义的字素的组合来实现其表意功能的,因此,通过字素分析我们就能较好地理解会意字的意义,如果在汉字演变的历史中去分析,将会更加明显,更容易理解,对学生理解汉字的意义会有很大的帮助。如"好",这个字是由一个"女"和一个"子"组成的。

在甲骨文里的字形是一个妇女抱着一个孩子,表示一个新孩子的诞生,这是一件好事,让人高兴的事,好的意义就是从这里引申出来的。在这种情况下,学生就会彻底明白好的表意功能。还有很多假借字,它们最初的意义和现在常用义已经完全不一样,在介绍汉字演变历史时,可以适当进行一下介绍,让学生明白这个字的意义来源和差别,加深理解,增强记忆。如"万(萬)",最初的意思是蝎子,是一个象形字,但是被假借作数目一万的"万"。这些知识会增加汉字的趣味性,让学生体会到汉字里面所包含的文化内涵。

(二)坚持部件教学法

1、从汉字的基本构造和象形字入手

从汉字造字法入手,汉字作为象形文字,是古代劳动群众在劳动生活中创造出来的,反映了当代社会、经济、政治的面貌。它近似于图画,对于外国学生初学汉字来说,可以从象形字开始,使汉字变得更加直观,便于记忆。虽然现行的简化字有所变化,变得简练,有很多字已经看不出原有的形状了,但是它们之间仍然与实物有相似之处。例如"日、月、牛、羊、山、水"等字。通过讲解或与实物对比,会让学生在理解、记忆、认知时容易得多了。象形字占的数量不多,其中很多字是汉字也是构成汉字的部件、部首。因此,掌握了象形字就基本掌握了汉字的基本构件,也等于能掌握一批由象形字作部件的会意字和形声字,因为形声字也是汉字教学的主要内容。

2、从偏旁、部件入手

部件教学可以让学生明白汉字各部分的关系,也可以减少学生记忆的数量。在部件教学中,不只是要让学生明白这种整体与部分、部分与部分的关系,还要通过具体的练习,有效地提高学生对这种关系的熟悉程度,提高这种熟悉程度能够提高识别汉字的速度,同样也可以加强记忆。可以通过汉字拆分练习和汉字组合练习来提高汉字部件的熟悉程度。

汉字拆分练习就是让学生把汉字拆分成几个部件。如"汉"可以拆分成"氵"和"又"。做这个练习的目的是让学生能够从整体到部分的角度来认识汉字,并能够理解汉字的组成,正确地拆分汉字。练习汉字拆分首先能够让学生认识到这个汉字是由哪些部件组成,其次能够理解整体与部分的关系,加强记忆。

汉字组合练习就是老师将汉字拆开,打乱顺序,让学生将其重新组合成字。如老师写出"宀"和"子",让学生将其组合成字,这个很简单,但是对于刚接触汉字的学生来说,并不是异常简单。做这个练习的目的是让学生熟悉汉字部分与部分之间的关系,感受汉字部件之间的组合规律。然后告诉学生汉字的各个部件出现的位置不是随意的,有一定的规律,如"氵"、"亻"、"忄"作构字部件时常位于最左侧;"刂"作构字部件时常位于右侧。

汉字的各部件的组合方式也就是间架结构有很多种,上下、左右、半包围、包围,还有它们的组合,先左右再上下,先上下再左右,先左右再半包围,先左右再包围等。这些结构的练习老师应该都计划到,并在教学中有合理的安排。长期坚持这个练习,学生会产生对汉字间架结构的敏感,书写的正确率会有很大提高。

有些部件是能够独立成字的,还有一些部件有相对应的汉字,只是在做部件时字形有了改变,如"心""衣""手""示"等。独体字的教学是汉字教学的不可缺少的部分,学生只有掌握了独体字的书写方法,才会正确地书写合体字和更难的汉字,为部件教学打下基础,同样,在形声字的教学中,声旁和形旁特别是声旁要单独教,学生只有充分掌握这些声旁独体字的发音,甚至形成不需要特别费力就能认读的能力,部件教学才能真正发挥作用。

结论

汉字教学技巧应该贯穿汉语教学的始终,只有坚持做才有效果,但这些练习技巧、讲解汉字的演变也会占去部分的综合课时间,教师应当预先作出合理的安排,哪些字应该深入讲解、哪些字只需要一带而过。此外,在越南众多华人生活的胡志明市,繁体字也是不可缺少的一部分。在日常生活当中,如商店的匾额、报纸等都是使用繁体字。虽然主张是推广规范的简体汉字,但身为教师也应当指导学生怎样简繁对换,在学好简体汉字的同时也会看懂繁体字。(本刊来稿 作者:张家权(TRUONG GIA QUYEN),男,越南胡志明市国家大学所属人文暨社会科学大学中国语文系讲师。研究方向:汉字教学、汉字文化;阮氏秋姮(NGUYEN THI THU HANG),女,越南胡志明市国家大学所属人文与社会科学大学中国语文系讲师。研究方向:传播及文化、汉语及汉字教学。)(本文在编辑过程中,文章中的原文引用等处略有删节)